大学生心理健康及心理健康教育的实施研究

郭馥铭　王一鸣　李红星　著

中国纺织出版社有限公司

图书在版编目（CIP）数据

大学生心理健康及心理健康教育的实施研究 / 郭馥铭，王一鸣，李红星著 . -- 北京：中国纺织出版社有限公司，2024.5
ISBN 978-7-5229-1775-7

Ⅰ.①大… Ⅱ.①郭… ②王… ③李… Ⅲ.①大学生—心理健康—健康教育—研究 Ⅳ.① G444

中国国家版本馆 CIP 数据核字（2024）第 097854 号

责任编辑：邢雅鑫　责任校对：王蕙莹　责任印制：储志伟

中国纺织出版社有限公司出版发行
地址：北京市朝阳区百子湾东里 A407 号楼　邮政编码：100124
销售电话：010—67004422　传真：010—87155801
http://www.c-textilep.com
中国纺织出版社天猫旗舰店
官方微博 http://weibo.com/2119887771
河北延风印务有限公司印刷　各地新华书店经销
2024 年 5 月第 1 版第 1 次印刷
开本：787×1092　1/16　印张：17
字数：380 千字　定价：99.90 元

凡购本书，如有缺页、倒页、脱页，由本社图书营销中心调换

前言

合格的人才不仅需要有扎实的文化知识,还应有健康的体魄、良好的心理素质和较强的社会适应能力。习近平总书记在全国卫生与健康大会上强调,没有全民健康,就没有全面小康。要把人民健康放在优先发展的战略地位,以普及健康生活、优化健康服务、完善健康保障、建设健康环境、发展健康产业为重点,加快推进健康中国建设,努力全方位、全周期保障人民健康,为实现"两个一百年"奋斗目标、实现中华民族伟大复兴的中国梦打下坚实健康基础。大学时期是人生知识积累和选择未来发展方向的黄金时期,大学生在这一时期的生理发育趋于成熟,智力和能力迅速发展,在这一时期开展好大学生健康教育,对提高大学生的身心健康水平具有重要意义。

随着社会经济的发展和科学技术的进步,人类已经进入信息社会的发展阶段。新时期的大学生不仅要具备充足的知识储备,还要具备良好的心理素质。在立德树人的根本任务中,不仅专业知识教学要受到重点关注,心理健康教育同样也是教学体系的重要组成部分。在信息复杂交融的环境中,学生所面临的社会结构也更加复杂,在这样一种环境中学生的心理压力激增,心理健康问题逐渐突显。为了切实解决大学生的心理问题,高校必须加强大学生的心理健康教育工作,在创新工作路径上不断寻求突破。

本书共分为十一章。其中,第一章对大学生心理发展的特点以及大学生心理健康的标准及影响因素进行了研究;第二章阐述了大学生心理健康教育的目标、任务、原则、方法以及大学生心理健康教育的误区与发展特征;第三章至第十章分别针对大学生自我意识、情绪情感、学习、人际交往、恋爱与性、网络心理、就业、压力、挫折、心理危机等方面的健康问题进行了探讨,指出了大学生在这些方面存在的心理问题,并给出了相应的心理调适方法;第十一章则对大学生心理健康教育的实践路径进行了研究,包括大学生心理健康教育课程与活动,以及大学生心理咨询与辅导员团队建设等。

  本书由吉林铁道职业技术学院郭馥铭、唐山职业技术学院王一鸣与北京理工大学珠海学院李红星共同编写，其中郭馥铭负责编写第一章、第二章、第三章与第九章共计 11 万字符，王一鸣负责编写第八章、第十章与第十一章共计 16 万字符，李红星负责编写第四至第七章共计 11 万字符，全书由郭馥铭统稿。

  本书在写作过程中参考了大量专家、学者的研究成果，在此表示诚挚的感谢！由于时间和精力的限制，书中内容难免存在疏漏之处，恳请广大读者积极给予批评、指正，以便再版时修改和完善。

作者

2023 年 8 月

目录

第一章 大学生心理健康的内涵及标准认知 …………………………… 1
第一节 心理健康的内涵 …………………………………………… 1
第二节 大学生心理发展的特点 …………………………………… 5
第三节 大学生心理健康的标准 …………………………………… 8
第四节 大学生心理健康的影响因素 ……………………………… 10

第二章 大学生心理健康教育科学认知 ………………………………… 15
第一节 大学生心理健康教育的目标与任务 ……………………… 15
第二节 大学生心理健康教育的原则与方法 ……………………… 18
第三节 大学生心理健康教育的误区与发展特征 ………………… 24

第三章 大学生自我意识与人格健康教育 ……………………………… 29
第一节 大学生自我意识与人格的一般规律 ……………………… 29
第二节 大学生常见的自我意识与人格心理问题 ………………… 38
第三节 大学生健康自我意识与人格的塑造 ……………………… 43

第四章 大学生情绪情感心理健康教育 ………………………………… 55
第一节 大学生情绪情感的一般规律 ……………………………… 55
第二节 大学生常见的情绪情感问题 ……………………………… 62
第三节 大学生情绪情感问题的调节 ……………………………… 65

第五章 大学生的学习心理健康教育 …………………………………… 75
第一节 大学生学习心理的一般规律 ……………………………… 75
第二节 大学生常见的学习心理问题 ……………………………… 85
第三节 大学生良好学习行为的培养 ……………………………… 88

第六章　大学生的人际交往心理健康教育 ············· 93
第一节　大学生人际交往的一般规律 ················· 93
第二节　大学生常见的人际交往心理问题 ············· 107
第三节　大学生人际交往问题的调适策略 ············· 112

第七章　大学生恋爱与性心理健康教育 ··············· 117
第一节　大学生恋爱与性心理的一般规律 ············· 117
第二节　大学生常见的恋爱与性心理问题 ············· 123
第三节　大学生健康恋爱与性心理的引导 ············· 129

第八章　大学生网络心理与就业心理健康教育 ········· 135
第一节　大学生网络心理与就业心理的一般规律 ······· 135
第二节　大学生常见的网络与就业心理问题 ··········· 144
第三节　大学生健康网络心理与就业心理调适 ········· 149

第九章　大学生应对压力与挫折的健康教育 ··········· 179
第一节　压力与挫折内涵分析 ······················· 179
第二节　大学生常见的压力与挫折问题 ··············· 196
第三节　大学生应对压力与挫折的方法 ··············· 200

第十章　大学生心理危机的健康教育 ················· 205
第一节　大学生心理危机的一般规律 ················· 205
第二节　大学生常见的心理危机 ····················· 212
第三节　大学生心理危机的有效干预 ················· 215

第十一章　大学生心理健康教育的实践探索 ··········· 223
第一节　大学生心理健康教育课程与活动 ············· 223
第二节　大学生心理咨询与辅导员团队建设 ··········· 244

参考文献 ··· 259

第一章 大学生心理健康的内涵及标准认知

第一节 心理健康的内涵

一、心理健康的含义

心理健康是人们在长期实践活动中总结出来的对人类健康的新认识。"无病即健康"的传统观念一直束缚着人们对健康的正确理解。随着现代尖端科学技术的提高，新的科技手段不断地被用于人的心理和健康关系的研究，人们对健康有了全新的认识。研究结果表明，人的心理的、社会的和文化的因素同人的生物因素一样，直接或间接地对人的健康和疾病产生影响。人们不仅关心自己的身体健康状况，更要关注自身的心理素质和社会适应能力，以便使自身发展适应社会发展的需要，去实现自己在为社会服务中追求的完美的人生价值。

世界卫生组织（WHO）1989年对健康下的定义是：健康不仅是没有疾病，还包括躯体健康、心理健康，社会适应良好和道德健康。可见，健康不仅包括身体各器官系统发育良好、功能正常、体质健全、精力充沛，还包括心理、生理、社会适应和道德健康等方面，这是相互影响、相辅相成的一个整体，使人处于一种身体上、精神上、社会上的完满状态，从而能够充分发挥个人的潜能，妥善地处理和适应人与人之间、人与社会环境的关系。

二、心理健康的特点

心理健康具有显著的特点，概括来说主要包括动态性、可逆性、相对性、连续性、平衡性、功能性六方面。

（一）动态性

即便是完全没有任何心理问题的人，其心理状态也不是保持在一个完美或者较为完美的水平上没有变化，而是能够通过不断地调整，将自我的心理状态保持在一个相对稳定、相对理想的水平上。

（二）可逆性

心理健康具有可逆性的特点。如果个体在平时不注意自己的心理问题，在发现问题之后也持有忽视的态度，那么长此以往，该个体的心理健康水平就会下降，心理承受能力也会变得比较弱，从而导致心理疾病或者其他更为严重的心理问题的出现；相反，如果个体在受到心理问题困扰时能够及时对待，并且想方设法进行调节，就会很快恢复健康的心理。

（三）相对性

人的心理健康具有相对性，与人所处的年龄、时代、环境、文化背景等方面的因素有关，不能单纯从个体的某一个行为或者动作就判断其心理是否健康。例如，有一位大学生平时性格开朗，和同学的关系很好，可是在一段时间内突然情绪低落，和任何人都不愿意多说话，学习成绩也一落千丈，那么可以认为他的心理不健康了吗？当时不是，经过询问才知道，这名大学生的家人去世了，导致他情绪低落，当得知这样的结果时，大家都会认为这名大学生的表现是完全正常的，是合情合理的，如果他不出现这样的反应反而是不正常的。

（四）连续性

我们通常所说的心理健康和心理不健康并不是两个绝对的对立面，二者经常是一种连续的状态。从良好的心理状态到不健康的心理状态，往往是渐进的、连续的，如果个体刚开始对不良的心理没有重视，那么慢慢地这种心理状态就会最终导致心理不健康的状态。

（五）平衡性

心理健康中的平衡指的是一个人具有调节自己心理状态平衡的能力，即便在某些时候会觉得状态很差，但是能够在一定时间内通过自我调节恢复到正常的水平，这样的人就是具备心理平衡能力的人。

（六）功能性

心理健康的功能性指的是一个心理健康的人，是具备一定的社会功能的，比如，能够生活自理、能够正常地与人交流、能够良好地进行学习和工作。总之，从整体上来看，心理健康的人能够较为良好地应对社会生活，这是一个心理健康的人所具备的社会功能。

三、心理健康的原则

心理健康的原则主要包括现实原则和快乐原则，这两个原则是心理健康的最基本原则，缺少任何一个原则，心理健康都是病态的。

（一）现实原则

自我感觉很好的人不一定健康。有些人整天以自我为中心，认为自己的感受是最重要的，一切都从自身出发，凡事都先考虑对自己是否有益，完全不考虑他人的感受及对他人的伤害。这些人很快乐，但他们的心理并不健康，因为衡量一个人的心理是否健康，除了自我感受外，还必须考虑其社会适应性，一个人的心理活动与外部环境是否具有同一性。

（二）快乐原则

快乐原则是衡量一个人心理是否健康的一个重要法则。人的任何行为必然伴随主观感受，主观感受指行为者自身的内心体验，这种体验中最基本的是本体感觉。无论是工作、学习还是待人接物，是靠内心体验来调整行为的。强迫症患者屈从于强迫性的需要，行为拘谨刻板，以程式化的方式对待身边的人与事，过分追求完美，这显然是本体感觉出了问题。当小孩子为了博得大人的好感，违心地表达自己的真实感受时，千万别太早地为孩子的懂事而高兴，我们得留意这个孩子的心理健康。过度地早熟与懂事会压抑孩子的本体感觉。因为当利他只是一种手段时，它可能不会给行为者带来真正的道德愉快。只有行为中的愉快真正来自本体且不依赖于他人的评价，利他行为才能成为健康行为。这种根据个人的主观感受做出自己是否处于健康状态的判断，一般是比较准确的。

四、心理健康的标准

（一）智力正常

智力是心理活动的认知功能表现，良好的智力水平是保证个体取得成功的重要基础。只有智力正常的个体才能更好地适应环境，才能更好地生活和工作，也才能最终取得成功。

（二）自我意识完善

心理健康的个体往往都有正确的自我意识，他们能够全面地看清自己，既知道自己的优点，同样也明白自己的缺点。对于自身的优点，他们努力使其扩大；而对于自己的缺点，他们努力去改正。他们对自己的错误主动承认，由于自身原因导致的一些问题他们也会主动承认并且积极改正，他们不自卑也不自傲，能够用积极的态度悦纳自我，人际关系和谐。

（三）情绪稳定乐观

情绪对一个人的心理健康具有重要的作用，拥有良好情绪的人思维敏捷、记忆力强，凡事都充满信心，而拥有不良情绪的人往往记忆困难，思维混乱，凡事都有一种悲观失望的心理。情绪稳定乐观的人会拥有良好的自制力和自控能力，能够合理调节自己的情绪，使自己能够融入社会，而情绪不健康的人往往自控能力非常差，经常将自己的坏情绪带到其他事件中，甚至对其他人也发泄自己的坏情绪，结果常常导致人际关系不和谐。

（四）反应适度

反应适度是人的基本心理活动对外部信号接收和反应的过程，人的大脑接受外界环境的各种信号，然后做出相应的反应，由于每个个体自身的条件不同，所以反应的程度也会存在差别。概括来说，心理健康者思维清晰，语言有条理，行为反应也适度；而心理不健康的人则思维混乱、语言没有逻辑性。

（五）意志坚定能够自制

心理健康的个体一定要意志坚定能够自制，这主要表现为个体对于自己认定的事情以及能够通过努力达到自己想要的结果的事情不轻易放弃，还表现为个体对任何事情都有自制的能力，在遇到事情时都有一定的判断能力，能够用冷静的心态对事对人。而心理不健康的个体往往表现出两种极端的心态，要么犹豫不决，要么武断独行。

（六）人格完整和谐

心理健康的个体往往自信、热情、勇敢、正直，拥有积极进取的人生观，并能不断通过自己的努力达到目标，而不健康的个体往往悲观、冷漠、自卑、恐惧、自私，他们的人生观往往是消极的、悲观失望的，他们势必会成为生活中的失败者。

（七）人际关系和谐

每个人都生活在一定的社会环境中，都需要与他人交往。个体的心理是否健康在与他人的交往中往往有所表现，心理健康的个体往往非常喜欢和他人交往，有知心的朋友，在交往的过程中也能很好地遵循适度原则，将人际关系维持得非常好。相反，心理不健康的个体往往对其他人持有疏远的态度，他们不愿意与人交往，人际关系也不和谐。

（八）心理行为符合年龄特征

在个体的生命发展过程中存在着不同的发展阶段，每个阶段都有特有的心理特点，在这些心理特点的影响下也会出现与之相符的心理行为，一个心理健康的人心理行为必须符合当时的年龄特征。

第二节 大学生心理发展的特点

心理发展是指个体随年龄的增长，在相应的环境作用下，整个反应活动不断得到改造，日趋完善、复杂化的过程，是一种体现在个体内部的连续而又稳定的变化。

一、心理发展的特点

（一）年龄特征

个体的心理年龄特征是指在发展的各个阶段中形成的一般的、本质的、典型的心理特征。年龄越小，生理发育对心理发展的影响越大。随着年龄的增长，社会化的发展对其心理发展的影响逐渐加强。

（二）方向性

在正常的条件下，心理发展具有先后顺序，既不会逾越，也不会逆向发展，个体都必须以同样的顺序，从低向高地发展，并且在不同的文化背景下和不同的个体身上都表现出较高的一致性。

（三）个别差异性

人与人之间存在个体差异，这种个别差异是人在社会化过程中，由于受到的遗传、社会生活条件、教育等因素不同造成的。这种差异主要表现在男女性别上的差异、发展类型和水平的差异、发展早晚的差异等方面。如在心理发展方面，有的人沉默寡言，有的人活泼好动；有的人粗暴鲁莽，有的人懦弱不前等。

（四）阶段性

心理的发展有一个从低级到高级、从简单到复杂、从不分化到逐渐分化的发展顺序。它既是相对稳定的，同时又是可以随着环境、教育、文化以及主体动机等的差异而有一定程度的可变性。

（五）连续性

心理发展的连续性表现在后一阶段的发展总是在前一阶段的基础上产生的，并且后一个阶段的发展既包含着上一个阶段的因素，同时也孕育着下一个阶段的性质。

（六）不平衡性

人的心理发展具有不平衡性，主要表现在以下三方面。

第一，个体不同方面的发展具有不平衡性，即个体某些方面的心理发展在年龄较小时就已经达到了较高的水平，而有一些则要在年龄较大时才会达到较高的水平。

第二，个体同一方面在不同年龄阶段的发展是不均衡的，如人的思维发展在不同年龄阶段的发展速度是不同的。

第三，社会因素让个体身心发展的不平衡性表现得更加突出，由于社会的发展对个体提出更高的要求，这就导致个体要花费更长的时间来学习，导致他们的心理成熟及社会性成熟相对后移。另外，由于社会的不断发展，人们的生活水平不断提高，膳食营养更加丰富，这就导致了个体生理成熟的年龄提前。

二、大学生心理发展的特点

（一）自我意识逐渐走向成熟

认识自己是一个非常漫长的过程，也是一个人心理成熟的重要标志。大学生也正是在人与人的交往过程中，在完成一个个学习任务的过程中，不断地认识自己，逐渐走向成熟。

（二）情绪强烈而不稳定

进入高校后，随着生活空间的扩大和文化层次的逐渐提高，大学生的思维异常活跃，情感丰富而强烈。虽然大学生已经具有了一定的自控能力和情感驾驭能力，但由于其价值观尚不稳定和平衡，加之他们的社会阅历较少，所以他们的情绪控制能力和情感控制能力还不健全和稳定，具有极大的可变性。大学生的这种情绪和情感往往具有明显的两极性：他们高兴起来经常忘乎所以，却也经常因为一点小事就痛苦万分。大学生的这种情绪强烈但不稳定的特征是由大学生的年龄特点和社会阅历等决定的，属于正常的现象，但大学生一定要及时意识到这种特点并及时调整，以免影响心理健康。

（三）性意识的萌动和稳定

随着大学生生理的不断发展和成熟，他们的性意识也不断发展，第二性征进入了性成熟期，这一时期的男女大学生不会因为自己第二性征的出现而感到羞涩，相反，他们会通过各种方式去展示自己的魅力。同时，对于男女之间的性别差异，大学生也基本都有了正确的认识，他们的各种性知识和性观念等基本达到了成人的水平，对于性问题，他们基本上能够妥善处理。

（四）大学生心理发展过程中表现出矛盾和冲突

1. 独立性与依赖性的矛盾

由于大学生缺乏社会经验，他们往往是刚离开父母独立生活，还没有摆脱依赖的习惯，往往不能独立地处理好各种问题。他们一方面渴望能够独立，另一方面又无法独立，于是便产生了独立性和依赖性之间的矛盾。

2. 理想自我与现实自我的矛盾

进入高校后，大学生认识了许多新的优秀的朋友，他们经常在一起畅谈人生，规划自己的人生目标，在学习中也学到了各种文化知识，于是，他们认为高校是一个他们能够得到发展的地方，他们雄心勃勃，希望理想的自我能够越来越好，希望自己定的远大目标能够尽快实现。然而，基本每一名大学生都会遇到不同的挫折，这些挫折让很多大学生的美好理想破灭，他们中的很多人慢慢会发现理想自我在现实面前变得困难重重。在理想和现实的巨大落差中感到茫然，会对自己的看法、自己的理想产生动摇情绪。

3. 自负与自卑的矛盾

进入高校后，大学生渴望成功，特别是在取得了一定的成功后，他们就暗自得意，表现出自负的举动，但当他们看到其他同学取得了更大的成功后，往往又对自己建立起来的优越感持有否定的态度，尤其是在表现出了一定的自负后受挫，他们更容易出现自卑的情绪，他们开始怀疑自己的能力，有的甚至自暴自弃。这些都和大学生对自己的不完整认识有关。

4. 交往需要与孤独感的矛盾

大学生在进入高校后，由于环境比较陌生，他们往往希望认识更多的人来使自己的高校生活丰富起来，于是，除了在自己的班级和学院开始人际交往外，他们还经常去参加一些社团以认识更多的朋友，丰富自己的高校生活。但在交往的过程中，由于很多大学生存在敏感、脆弱等特点，有时他们在交往的过程中缺乏主动性或者将自己的内心封锁起来，不轻易向别人吐露自己真实的想法，于是便产生了难以诉说的孤独感，这就导致大学生在发展过程中存在交往需要与孤独感的矛盾。

第三节 大学生心理健康的标准

一、智力正常

智力正常的大学生应该珍惜学习机会，保持对学习较浓厚的兴趣，求知欲望强烈，能克服学习中的困难，学习成绩稳定，能保持一定的学习效率，并能从学习中体验到满足与快乐。

二、意志健全

意志健全的大学生在进行各种活动时都目的明确，能够用积极的心态对待活动中出现的各种问题，并且会努力想办法去解决各种问题。另外，意志健全的大学生能够有效控制自己的情绪和言行，清楚地明白不良情绪可能会带来的各种后果。意志健全的大学生能较长时间保持专注和控制行动去实现某一既定目标，不为任何外来干扰所动摇，不达目的决不罢休。良好的意志品质一经形成，将对人的一生产生极为重大的影响。一个意志健全的大学生，肯定会自觉寻求自身最大的发展，实现自己的价值。

三、情绪健康

情绪健康的大学生常表现出愉快、乐观、开朗、满意等积极的情绪状态。心理健康的大学生并不是没有悲、怨、忧、怒等消极情绪体验，而是在遇到各种问题时，善于控制与调节自己的情绪，既能克制又能合理宣泄自己的情绪，不会被情绪左右而导致言行失调。

四、人格完善

完善的人格包括客观的自我认识和积极的自我态度；能准确地从别人的言语、行为中体察别人的思想；对别人的了解是建立在事实根据上的而不是主观臆测；有统一的世界观和人生观，人格结构包括气质、性格、能力、理想、信念、需要、兴趣和动机等各方面都会平衡发展。

五、人际关系和谐

和谐的人际关系是事业成功和人生幸福的前提。心理健康的大学生尊敬老师、团结同学，善于和别人交往，并能和多数人建立良好的人际关系。在人际交往中，对所有的人，无论职务高低、年龄大小，都平等对待；恪守诚信，与人为善；不在背后说别人的坏话，能换位思考；善于沟通，宽容待人；在学习和工作中善于与他人合作，在合作的基础上竞争，在竞争的基础上合作。

六、反应适度

个体的行为反应都是由一定刺激或者刺激的强化产生的，有反应是正常的，但一定要注意适度。例如，失恋时悲伤，朋友相聚时高兴，这些都是适度的反应，如果反应不适度，就会出现一些心理问题，所以一定要想办法调节。例如，某大学生在考试中取得了较差的成绩，在看到成绩后，他非常失望，这是非常正常的反应，但如果过了很长时间之后，他还是对此事耿耿于怀，并且因此而长期睡不着觉，那么这就是不正常的、不适度的反应。又如，在公交车上别人不小心踩了你一脚，别人对你道歉之后，你仍然不满意，甚至破口大骂，这也属于反应过度。

七、社会适应正常

心理健康的大学生能够正确认识社会、了解社会，并且通过各种方式尽快融入社会，与社会保持良好的接触，使自己的思想、信念和目标等跟上社会进步的步伐，使自己不落后于社会，并且努力尝试为社会做出贡献。如果社会的进步与发展和个人的发展存在一定的冲突时，努力调整，修正或放弃自己的计划和行动。

八、自我评价客观

自我评价是主体对自己思想、愿望、行为和个性特点的判断和评价。全面、客观的自我评价是衡量大学生心理健康的重要条件。大学生在日常生活、学习和工作中如果能够客观评价自我，就能够清楚地明白自己的优缺点，能够合理摆正自己的位置，既不妄自尊大，又不妄自菲薄，能够提出切合自身实际的人生目标，面对挫折与困境，能够自我悦纳，喜欢自己，接受自己，并能很好地约束和控制自己的行为和情感，能根据自己的认识和评价来调控自己的行为，使自身与客观环境等保持平衡。

九、心理行为符合年龄特征

大学生个体应该具有与其年龄特征相符合的心理行为，如果大学生的行为严重偏离自己所处的年龄阶段，无论是发展滞后还是超前，都是行为异常和心理不健康的表现，对此，一定要引起足够的重视，当发现问题后要及时进行调整，以免产生更为严重的心理问题。

第四节 大学生心理健康的影响因素

一、家庭因素

影响大学生心理健康的家庭因素主要包括以下三方面。

（一）家庭的经济地位

家庭经济状况会对大学生的心理健康产生一定的影响。一般来说，家庭经济收入越低，学生的心理健康水平越低，家庭条件贫困的学生更容易出现心理健康问题。来自农村和城镇出现心理健康问题的学生远多于来自城市的学生。经济水平显著影响着大学生的心理健康水平，贫困大学生在生活中更容易表现出强迫、抑郁、焦虑和人际障碍等心理问题。

（二）家庭结构

家庭结构主要涉及家庭结构是否完整和是否为独生子女。

1. 在家庭结构是否完整方面

在家庭结构是否完整方面，父母一方去世或父母离异及后组建家庭等家庭结构发生变化对大学生的心理健康会产生影响。家庭结构对心理健康总体水平及人际敏感、抑郁、精神病性均具有显著影响。调查显示，单亲家庭学生发生抑郁的概率明显高于完整家庭。

2. 在是否为独生子女方面

家庭中孩子的数量对大学生心理健康的影响也十分显著。一般情况下，独生子女的心理健康水平要高于非独生子女。

（三）家庭的教育方式

父母采用的教育方式对大学生心理健康也有明显的影响。父母婚姻状况好、民主型教养方式的大学生心理健康水平高于父母婚姻状况不良、专断型教养方式的大学生。

二、个体因素

从人生的发展阶段来看，大学生正处于青年时期。这个时期是脱离少年的稳定世界后进入成人期的固定心理结构之前不稳定的时期。在大学生的心理发展历程中，他们在校园期间也面临着沉重的心理发展课题，特别是刚刚进入校园的大学生，他们的心理发展相对而言并不是很成熟，情绪也不是很稳定，而且对于高校生活还充满了未知。由于周围生活环境和学习环境的改变，大学生很容易对新的生活和环境产生不良的心理情绪，从而出现各种各样的心理问题。大多数学生的心理问题都是由于个体在发展和成长过程中面临的困难和挫折感到不安、迷茫、恐惧等产生的。

三、生物遗传因素

第一，生物遗传因素是影响大学生心理健康的先天因素。虽然人的心理活动不能遗传，但心理活动的生理基础是受遗传因素影响的。统计数据与临床观察都表明，在精神疾病患者的家族中，其他成员患有精神疾病或某些心理异常的概率要显著高于无家族病史的人。

第二，脑外伤、中毒或病毒感染等也有可能造成脑损伤而导致器质性心理障碍或精神失常。如酒精中毒、煤气中毒、某些药物中毒对中枢神经系统造成伤害，继而出现心理障碍。

此外，严重的躯体疾病或生理机能障碍也可能成为心理障碍的致病原因，如甲状腺功能低下可导致思维迟滞、感觉迟钝、情绪低落等类似抑郁的表现；反之，甲亢则可能导致情绪高涨、精力活跃、易冲动等异常表现。因此，对大学生心理问题的关注与干预不能忽视生物遗传因素的影响。

四、学校因素

校园是大学生学习与生活的重要场所，学校环境因素也会进一步影响大学生心理健康。好的校园氛围能够促进大学生的健康成长，而高校生活中的各种变动也会成为压力的主要来源。

第一，进入高校意味着学习生活环境的改变。高校生活是独立的但又是集体式的，既需要自己安排衣食住行、学业与课余生活，又需要调和与室友之间的关系。许多大学生第一次离开家庭，自理能力不足；与室友之间也可能因为地域差异、生活习惯等原因产生摩擦。对学校环境适应不良，很容易让大学生陷入孤独、落寞等负面情绪。

第二，进入高校也使人际关系模式变得更为多元。同学之间的合作与竞争并存，在学业、择业等方面直接的竞争压力更大；师生关系也变得更加平等。如果社交技能不足，缺少适当的人际关系策略，会更容易在人际关系中遇到挫折，也更容易一蹶不振。

五、社会环境因素

现代社会是一个竞争激烈的社会。竞争在促进社会进步和发展的同时，也给处于竞争中的每个人带来了巨大的心理压力。激烈的社会竞争也必然会给在校大学生带来种种压力，使他们的心理出现变化。如考试压力、就业压力、工作压力，还有恋爱、结婚等各种社会压力，无形中增加了大学生的心理压力，越是敏感的大学生，这种压力感和紧迫感就越明显，以至于相当一部分大学生在未进入社会之前就感到紧张、恐惧。

六、互联网因素

互联网已经成为当代大学生学习和生活不可或缺的重要组成部分，同时也成为影响大学生身心发展的重要因素。从积极方面来讲，网络可以在一定程度上缓解大学生的心理压力。除了积极影响外，网络对大学生的心理健康也具有一定的消极影响，这主要表现在以下三方面。

（一）网络孤独

网络孤独是指大学生想通过上网来获得大量的信息，在网上进行各种娱乐活动，他们想通过这种方式来提高自己，并且使自己能够获得一定的改变，但长时间上网之后，他们发现自己忽视了现实生活中的人际关系，在网络上他们无法得到现实中的友谊和温暖，反而出现了孤独的感觉。

（二）网络依赖

网络依赖是指轻度网络沉溺行为。大学生网络依赖往往没有理由，通常表现为无节制地花费大量时间和精力在互联网上持续聊天、浏览，造成对网络的依赖，以致出现各种行为异常、人格障碍、交感神经功能部分失调，影响大学生的身心健康。

（三）网络成瘾

网络成瘾是指在无成瘾物质作用下的上网行为冲动失控，表现为由于过度使用互联网而导致个体出现明显的社会、心理功能损害。网络成瘾会使大学生沉迷网络，忽视现实，往往会造成人际交往障碍等一系列心理问题。

第二章 大学生心理健康教育科学认知

大学生心理健康教育是素质教育的重要组成部分。加强大学生心理健康教育，有利于促进大学生形成良好的心理素质和心理品质，使其获得全面发展。本章内容就对大学生心理健康教育的相关问题进行具体的分析。

第一节 大学生心理健康教育的目标与任务

一、大学生心理健康教育的目标

科学制订大学生心理健康教育目标对于大学生心理健康教育工作的顺利开展有着重要的意义。它能够指明大学生心理健康教育的方向，确定大学生心理健康教育的内容，同时也为大学生心理健康教育评价提供参照标准。由于大学生心理健康教育目标的制订涉及多角度、多层面，下面主要从心理素质的结构（即认知、情感、意志、个性四个基本层面）出发，对大学生心理健康教育目标进行探讨。

（一）大学生心理健康教育的认知目标

感知、记忆、思维、注意、想象等认识形式都属于认知。对认知进行研究，能够清楚地了解人类接受信息、整理信息、记忆和提取信息的方式方法。认知作为心理过程的"知"，与"情"和"意"是一种相辅相成的关系。由于学习活动是大学生活的主要内容，因此，大学生心理健康教育的认知目标应包括开发大学生的智能、掌握学习策略、改善学习品质三方面内容，以促进大学生更好地学习，不断提高大学生的学习品质。

（二）大学生心理健康教育的情感目标

情感是人在认识客观事物过程中所表现出的情绪与态度。对大学生进行情感教育，有利于培养大学生积极、成熟的情绪与情感，有利于促进大学生心理健康发展，使其潜能得以充分发挥。具体而言，大学生心理健康教育的情感目标主要包括培养大学生的社会性情感品质，增强大学生的自控能力等。这就需要高校通过大学生心理健康教育帮助大学生对情绪、情感有一定的认识，能够做到合理表达、控制情绪、情感。

（三）大学生心理健康教育的意志目标

对大学生开展心理健康教育，主要是为了使大学生能够根据自己的实际情况制订行动计划，采取有效的方法克服各种困难，逐渐完成自己的计划。因此，大学生心理健康教育的意志目标是提高大学生承受挫折的能力，培养其良好的意志品质，同时引导大学生消除自身消极的思想观念。

（四）大学生心理健康教育的个性目标

个性是一个人的整体精神面貌，其主要涉及三个层次，即个性的动力结构（需要、动机、兴趣、信念等），个性的自我调节结构（自我评价、自我控制等），个性的特征结构（能力特征和性格特性）。个性品质包括许多方面的个性特点，它是人与人之间相互区别的心理本质特征。一个人的个性品质主要通过他的性格特征、成熟程度及个人修养等体现出来。具有完善的个性品质是心理健康的重要表现，大学生心理健康教育的主要目的就是对个体不良的个性品质进行矫正，培养其良好的个性品质。因此，大学生心理健康教育的个性目标主要是通过培养大学生完善的个性品质来实现的。

二、大学生心理健康教育的任务

高校开展素质教育，不仅要培养大学生良好的思想道德素质、科学文化素质和身体素质，还要培养其良好的心理素质。因此，加强大学生心理健康教育是全面贯彻党的教育方针、实施素质教育的需要，也是促进大学生全面发展的重要途径和手段。

《教育部关于加强普通高等学校大学生心理健康教育工作的意见》明确指出，大学生心理健康教育的主要任务是，根据大学生的心理特点，有针对性地讲授心理健康知识，开展辅导或咨询活动，帮助大学生树立心理健康意识，优化心理品质，增强心理调整能力和社会生活的适应能力，预防和缓解心理问题。帮助他们处理好环境适应、自我管理、学习成才、人际交往、交友恋爱、求职择业、人格发展和情绪调节等方面的困惑，提高健康水平，促进德、智、体、美、劳全面发展。具体而言，大学生心理健康教育的任务包括多个方面，主要有以下内容。

（1）帮助大学生准确认识自我，树立自尊、自爱、自强、自信的意识和积极向上、乐观豁达的人生态度。

（2）培养大学生具有坚强的意志品质和战胜各种困难的勇气和决心，学会积极面对和处理生活中遇到的各种问题，以适应社会环境的变化。

（3）培养大学生具有健康的情绪情感，能够合理控制、调节自己的不良情绪，能够与他人和谐交往，树立团队精神。

（4）积极培养大学生的创新精神和实践动手能力，学会学习，促进学生各种潜能的综合开发与发展。

（5）帮助大学生解决成长过程中遇到的各种心理问题，排除心理障碍，不断优化他们的心理品质。

（6）指导大学生树立健康的性意识和性心理，使他们能够正确处理成长过程中遇到的各种性问题和恋爱问题，逐渐具备建设婚姻家庭的能力。

（7）指导大学生做好职业生涯规划，使他们掌握对自我的资源开发、补充、整合和利用的能力。

（8）积极预防大学生心理问题引发的各种突发事件，建立健全大学生心理危机干预系统，进行必要的危机干预。

大学生心理健康教育的任务应根据大学的阶段性以及学生的具体情况进行安排。例如，大一新生心理健康教育的重点应放在适应新环境等内容上，帮助他们尽快完成从中学到大学的心理转变；大二、大三学生心理健康教育主要侧重于帮助他们了解心理科学基础知识、初步掌握心理调适技能以及处理好各种心理问题；对于大四毕业生，要配合就业指导工作，帮助他们在对自我有一个准确认知的基础上做好职业生涯规划，做好就业的心理准备。

总之，在具体实施大学生心理健康教育过程中，不仅要重视智力因素的影响，更要重视智力因素以外的、对智力活动产生重要影响的因素。心理健康教育不仅要预防大学生的心理疾病，更应重视对大学生非智力资源的开发，通过心理教育优化大学生的心理品质，开发其心理潜能，进而促进其健康全面发展。

第二节 大学生心理健康教育的原则与方法

一、大学生心理健康教育的原则

大学生心理健康教育的原则主要包括以下十三个方面。

（一）面向全体学生原则

心理健康本身是一个动态的调适过程。大学生正处于从青少年向成人的过渡时期，面临一系列生理、心理、社会方面的适应问题。处在这一特定发展阶段的大学生们，由于心理发展得不成熟、不稳定，心理冲突与矛盾时有发生，甚至产生心理障碍或心理疾病。因此，在心理健康教育过程中，要贴近实际、贴近生活、贴近学生，充分调动学生参与教育活动的积极性和主动性。离开了学生的主动参与和自觉努力，学校心理健康教育的种种努力都可能是枉费心机。人都有理解自己、不断走向成熟的心理潜能，心理健康教育就是要启发和鼓励学生发挥这种潜能，促使其心理健康成长，而不是面对少数学生群体进行被动的、消极的、诊治式的心理咨询和心态矫治。

（二）系统性原则

大学生的心理具有系统性的特点，他们的心理过程、心理特征以及心理倾向是相互影响的，生理因素和心理因素也是一个有机的整体，因此，不能孤立、静止地看待大学生的心理健康问题，而应该遵循系统性原则，从总体出发。

（三）发展性原则

发展性原则是指在学校心理健康教育工作中，教师要注意以发展变化的观点来看待学生身上出现的问题。发展性原则有两层含义。

第一，在心理健康教育过程中，教育者必须以发展的观点来看待大学生的心理。

第二，心理健康教育活动必须立足于促进人的心理发展。

从发展性原则的第二层含义来看，是要全面地、正确地理解心理健康教育的目标。但即使是心理健康者也有心理品质的高下,唯有发展才是心理健康教育的最高目的。

(四)主体性原则

大学生是心理健康教育的主。学校在进行心理健康教育的过程中一定要注意充分调动大学生参与的积极性与主动性,只有大学生充分参与进来,大学生的心理健康教育才能取得理想的效果,否则做任何其他努力都是枉然。

(五)平等性原则

学校在进行心理健康教育的过程中,教师一定要遵循平等性原则,用平等的态度对待每一位学生,尤其是那些心理上有一定问题的大学生。研究表明,在进行心理健康教育的过程中,教育者与受教育者之间建立一种相互信任的关系是营造和谐的心理教育氛围的前提,也是心理健康教育取得较好效果的关键之一。

(六)整体性原则

众所周知,大学生的心理活动是由多种因素构成的有机整体。因此,在心理健康教育中,必须树立系统观、整体观,考察大学生成长的各种相关因素,分析其成长中出现的各类问题。在心理健康教育中还要充分考虑大学生人格的整体性发展,重视大学生德、智、体、美、劳全面发展,注重大学生知、情、意、行几个方面的协调发展。

(七)尊重与理解原则

尊重,就是尊重大学生的人格与尊严,尊重每个学生的个人价值以及个别差异,以平等的态度对待每位大学生的个体差异性。尊重是理解的基础。所谓理解,即站在学生的角度看待问题,实现"感同身受"的效果。当学生做了有违纪律、公德的事情而感到苦恼来找咨询老师倾诉时,辅导老师一定不能采取言语批评的方式进行教育。如果老师站在学生的对立面,那么心理健康教育将无法正常有效地开展。

(八)保密性原则

保密可以说是对心理咨询与治疗工作者的一项基本而普遍的要求,也最能体现心理学工作者的职业道德。保密性原则同样适用于学校的心理健康教育,保密既是教育者与受教育者双方建立相互信赖的关系的基础,又关系到学校心理健康教育工作的声誉。

（九）多样性原则

心理健康问题是复杂而多样的，因此，心理健康教育在形式上应该是灵活多样的，在内容上应该是开放的。为此，在实施心理健康教育的过程中，教师除了注意形式上要富于变化外，还应注意鼓励、引导学生表达不同的内心体验、感受和看法，并充分肯定其合理性。

（十）非价值性评价原则

心理学中有一种"自我证实循环"理论，这种理论认为，当我们对某人形成了某种看法时，我们就可能以某种态度来对待他。心理健康教育承认心理发展有先后之别。一切受教育者的心理状况都能得到良好的发展。

（十一）因材施教原则

"因材施教"历来是教育学生的一条基本原则，也是心理健康教育的一项基本原则。每一个大学生都是一个独特的个体。学校心理健康教育的目的不是要消除每个大学生身上的独特性以及每个学生之间的差异性，而是要使每个大学生的独特性、独创性在积极的方向上得到最充分、最完美的体现。"面向全体学生原则"是就心理健康教育的对象而说的；这里所说的"因材施教原则"是就辅导的具体方法和内容而言的。实际上，只有对具体问题做具体分析，个性化地对待每一个学生，才能给全体学生提供有效的服务，才能保证心理健康教育落到实处。

（十二）针对性原则

针对性原则是指在进行心理健康教育过程中，教育必须根据学生的身心特点和规律，有针对性地对学生实施心理健康教育。具体体现在以下五个方面。

第一，要与学生的年龄特点相结合。

第二，要与学生的性别相结合。

第三，要与学生的个性特点相结合。

第四，要结合学生的表现特点，有针对性地进行教育。

第五，要结合学生的发展特点，做好预防性教育与引导。只有根据不同阶段的发展特点对学生进行教育和引导，才能做到防患于未然。

（十三）相容性原则

这一原则是指在心理健康教育过程中，教育者（教师）和受教育者（学生）在人格上是平等的，在情感上是相容的。贯彻相容性原则要尊重学生，淡化教育与受教育的痕迹。心理健康教育要想实现促进人的心理发展、开发人的潜能的目的，首先要求教育者必须对学生心理发展的实际状况有一个比较清楚的了解，这就要求教育者主动接受受教育者，设身处地为他们着想，并待以真诚的关心和爱护。创造师生间最佳的"心理场"，"心理场"主要由师生之间的心理相互影响构成，它对心理教育效果的作用是不可低估的。彼此认知共识、情感融洽、行为相似，这种相容的人际关系，有利于师生之间最佳"心理场"的形成，对学生心理的发展无疑具有促进作用。

二、大学生心理健康教育的方法

大学生心理健康教育是一项艰苦而长期的任务，只有立足于现实，不断拓宽大学生心理健康教育的方法和途径，才能促进大学生的健康成长，使他们成为真正意义上的高素质人才。具体而言，当前大学生心理健康教育的方法主要有以下四种。

（一）设置系统化的课程

设置系统化的课程，让大学生系统地学习心理学知识，对自身发展变化的规律和特点有清楚的了解，做到合理调节和控制不良的心理情绪，进而实现心理的健康发展。

心理健康的课堂教育应充分考虑大学生身心发展的特点以及生活环境的现状，对大学生中普遍存在的心理问题进行集体心理指导。心理健康教育课堂教学应注重对学生健康的情绪、良好的生活态度等方面的培养，而不是侧重对心理障碍和疾病的分析。营造良好的课堂教学环境，对个别案例进行研讨，定期开展心理健康方面的讲座是大学生心理健康教育的常用手段。

（二）建立学校心理咨询中心

建立学校心理咨询中心是大学生心理健康教育的重要途径，具体包括以下四方面。

1. 通过发展性辅导提高大学生的心理素质

（1）利用团体辅导提高大学生整体心理素质。

团体辅导又称团体咨询，是一种在团体情境中提供心理学帮助与指导的重要方式，通过团体内的人际交互作用，促使个体在交往中通过观察、学习、体验，认识自我，探讨自我，接纳自我，调整和改善与他人的关系，学习新的态度和行为方式，以发展良好的生活适应能力。

咨询心理学家奈特认为，学生在团体咨询中可以学到以下内容：了解到真正存在的问题，并采取改进措施；逐渐掌握分析问题的能力；能够做到利用现有资源对问题进行研究和解决；对自我的内心有一定的认识；了解别人，并做到与之和谐共处；拟定长期的人生规划；平衡处理短期目标和长期目标；学习选择经验的标准；做到理论与实践结合；根据实际情况对目标和计划进行调整。可见，通过团体辅导能够有效提高大学生的自我认识、自我规划的能力，并不断提升他们的心理素质。

（2）利用个别心理咨询提高大学生个体心理素质。

个别心理咨询是指咨询员与大学生采取一对一的面谈形式，就大学生所面临的苦恼和困惑通过讨论、分析和指导，改变原有的认知方式或行为方式，提高其社会适应能力和心理素质的辅导方式。

一些学者将大学生的个别心理咨询分为大学生心理发展性咨询、大学生心理适应性咨询、大学生心理障碍性咨询三种。其中，发展性咨询的学生心理是正常的，没有明显的心理冲突，能够基本适应环境，这类咨询主要是为了让学生更充分地认识自己，做到扬长避短，充分发挥自身的潜能，进而提高学习质量；适应性咨询的学生具有明显的心理矛盾和冲突，这类咨询主要是为学生排解心理上的烦恼，减轻其心理压力，以更好地适应环境；心理障碍性咨询的学生通常患有某种心理疾病，已经影响到自己正常的学习和生活，这类心理咨询主要是对学生存在的心理问题进行矫正，并对其进行积极引导，排除心理障碍，进而促进其心理健康发展。

个别心理咨询的内容涉及多个方面，具体包括新生的适应问题、学习辅导、人际关系、情绪性格、就业择业、恋爱问题等。个别心理咨询主要采取一对一的形式，在充分尊重学生个别差异的基础上，对学生进行针对性的指导。要重点关注那些患有心理疾病或心理不健康的学生，保障他们的身心健康发展。

2. 通过拓展性心理训练提升大学生的心理能力

20世纪90年代，拓展性心理训练传入中国，并引起国人普遍关注。从本质上讲，拓展性心理训练是一种体验式培训，参加训练的大学生能够在活动中获得个人的体验和感悟，然后在培训者的指导下进行相互交流，分享个人体验，从而提高自我认识。拓展性心理训练不同于传统的以"教"为主的教育模式，重视学生在实践中获得认识，让学生在活动过程中不断提升自己，充分开发自己的潜能，培养其创新精神和实践能力，进而形成优良的品格。

3. 通过心理普查了解大学生的心理健康状况

随着社会的快速发展，社会环境对大学生心理健康的影响越来越大，当然，这种影响既有积极的方面，也有消极的方面。相关调查显示，近年来大学生的心理健康情况越来越复杂和多变，把握大学生心理变化情况和心理健康状况对于心理健康教育工作的开展发挥着重要的作用，这就需要积极落实心理普查工作。

心理普查工作的落实要做到全面、规范、深入、灵活。首先，心理普查工作要面向全体大学生，积极争取不愿意参加心理普查的学生。其次，心理普查应采用规范的心理测量量表，心理咨询师结合心理谈话、学生谈话、教师和同学的访谈等方式，通过质性评价和量化评价相结合，得出比较客观的结果。再次，心理普查工作不应停留在表面的普查结果上，还应根据学生个体的特殊情况，做进一步的咨询、调查，帮助检查出问题的学生进行心理康复。最后，根据学生的心理问题及恢复情况，对其进行灵活的指导。

4. 通过校园文化建设营造良好的校园心理环境

广播、学报、校刊、网站等媒体对大学生的健康成长起着潜移默化的影响。高校可以充分利用这些媒介向大学生宣传各种心理调节的方法，使大学生自觉关注自身的心理健康水平，并能够主动开展自主性的心理健康教育。

（三）完善心理健康教育工作队伍

大学生心理健康教育工作的开展，还需要建立一支以专业人员为主体的工作队伍，根据师生比例配备专职人员，并注重对心理健康教育工作人员进行业务培训。专职人员要进行定期的专业培训及督导，确保其能够准确了解和把握大学生心理发展的特点和规律。

除此之外，应在高校建立起一个完善的心理健康教育组织系统。在心理健康咨询机构下，以学生政治辅导员、学生班主任等为联系纽带，建立班级心理健康联络组，及时发现学生的心理问题和心理疾病，并及时进行解决，促进学生身心的健康发展。

(四)建立健全大学生心理危机干预机制

心理危机是指人在遇到各种各样的应激事件,自己不能解决和处理时发生的一种严重的心理失衡状态。当个体无法利用个人的资源和应对机制解决面临的困难时,就会产生紧张、焦虑的情绪,如果这种情绪得不到及时地缓解和控制,就会导致个体出现心理问题。

危机既可以造成危险,也可能变成机遇。这主要是因为危机能驱动个体积极寻找机遇化险为夷,进而使自己获得成长。因此,建立健全大学生心理危机干预机制是十分必要的。

第三节 大学生心理健康教育的误区与发展特征

一、大学生心理健康教育的误区

经过长期的探索与发展,我国大学生心理健康教育已经取得了一定的成就,但由于对大学生心理健康教育的认识仍存在一定的局限性,因此在开展大学生心理健康教育过程中存在以下五个误区。

(一)将心理健康教育与德育混同

大学生心理健康教育在实际开展过程中,部分教育者对心理健康教育与德育并没有一个明确的认识,常常出现将心理健康教育德育化倾向。心理健康教育与德育既相互联系,又相互区别。大学生心理健康教育主要是为了培养大学生完善的人格,提升其心理素质,它是以心理学为主要的理论基础,运用心理测评和心理辅导对全体大学生进行的特殊教育。德育主要是为了使大学生树立正确的人生观、价值观和世界观,具备优良的道德品质,它主要以马克思主义为指导。可见,二者属于两个不同的范畴。

从内容上看,大学生心理健康教育主要包括培养大学生正确的自我意识、健全的人格,对其进行健康的情感教育、人际关系教育、性心理教育等。德育的内容主要包括思想教育、政治教育、道德教育和心理教育四个方面。从教育方法上看,大学生心理健康教育通常采用课堂教学和个别交谈的方式,对出现心理问题的学生进行指导。德育则通常采取报告、讲座、评比、参观等公开的集体形式。大学生心理健康教育与德育具有明显的区别,因此,大学生心理健康教育和德育既不能相互替代,也不能相互排斥。

（二）重诊治，轻防范

由于对心理健康教育内容没有深入的认识，许多学者将处理学生的心理健康问题等同于处理其道德问题，他们只对个别学生出现的问题进行解决，而没有对大学生中普遍存在的心理教育问题予以充分的重视。并且他们只是在问题出现时进行救治，而没有做好心理教育防范工作，使得人们只注重对问题进行诊治和处理，而忽视了对问题的防范。

（三）重障碍性咨询，轻发展性咨询

心理咨询是大学生心理健康教育的重要途径。前面已经提到，障碍性咨询和发展性咨询是心理咨询的两种重要的形式，其中障碍性咨询主要针对的是有心理问题的学生，而发展性咨询的学生心理是正常的，只是为了获得更好的发展。我国大学生心理健康教育工作的开展主要是从解决学生的心理障碍入手的。因此，一些人错误地认为大学生心理健康教育主要是为了解决大学生中存在的心理问题，他们认为心理健康教育的对象只是存在心理障碍、人格缺陷的特殊群体，而与大多数心理健康的学生无关。

然而，具有严重心理障碍的学生只是少数，大多数学生面临的是自身发展的问题。这些问题虽然不属于心理疾病，但它们对大学生的身心健康发展有着直接的影响。如果存在心理障碍的学生不能通过障碍性咨询得到及时解决，就极有可能发展为严重的心理危机。但如果广大心理健康的学生不能通过发展性咨询了解自己在心理发展过程中有可能出现的心理问题，将无法充分挖掘自己的潜力，不利于自我的健康发展。可见，大学生心理咨询如果只侧重于障碍性咨询，则会忽略大多数学生面临的发展性问题，进而降低心理咨询的目标，还可能将大学生成长过程出现的发展性问题当作适应困难，纳入心理异常的范畴，不利于按照素质教育的要求对全体大学生开展心理健康教育。因此，应将发展性咨询贯穿于大学生成长的始终，帮助他们解决日常生活中遇到的问题，预防其心理问题的产生。

（四）设施手段不完善

从目前的发展情况来看，大学生中存在着不同程度的心理问题。大多数学校认为大学生能够独立解决自身在学习生活中遇到的问题，因此并没有对其予以重视，在心理健康教育设施提供上也表现出明显不足。

（五）对救助方式关注较低

目前，大学生心理健康普查过于关注大学生存在的心理问题，并根据调查结果采取相应的措施，而很少关注大学生在遇到心理问题时的心理求助方式。这就导致教育者在帮助有问题的学生时由于不了解学生乐于接受的方式，而降低了教育的效果。2013年美国心理学报指出，在遇到心理问题时，只有10%的学生会选择看心理医生，而45%的学生都情愿闷在心里，不对外交流，这表明学生对外界的帮助还不太信赖，导致自身的情况进一步恶化。

二、大学生心理健康教育的发展特征

在新的时代背景下，我国大学生心理健康教育在发展过程中表现出一些新的特征，具体有以下七点。

（一）系统规范化

大学生心理健康教育在发展过程中逐渐形成科学的、系统的、规范的工作模式，这主要以教育工作者专业化水平的提高为重要标志。教师是学校职能的集中体现，这就要求教师不仅要有专业知识和教学能力，而且必须要了解大学生的身心发展规律，了解心理健康教育的重要性，具备对大学生开展心理健康教育的能力，在教育实践中自觉体现和渗透心理健康教育。缺乏心理健康教育能力的教师不是合格的教师。随着时代的发展，教师的传统教育功能将逐渐减弱，而人格培养的功能将不断加强。因此，国家不断通过鼓励和引导继续教育，制定执教人员的专业标准等措施，逐步建立掌握专业知识和技能的师资队伍，这些都使我国的心理健康教育越来越规范化。

（二）对象普遍化

随着人们对健康问题认识的不断深入，心理健康与身体健康具有了同样重要的地位，人们认识到心理健康对个人发展乃至社会发展具有非常重要的作用。大学生心理健康教育在承认大学生个别差异的基础上，应对每一个大学生的价值予以充分尊重，相信每一个大学生都有发展自我的潜能，不仅仅凭借学习成绩、智力水平、家庭背景、经济状况等对学生进行衡量、评价，这也使大学生心理健康教育表现出越来越明显的对象普遍化特点。

（三）途径现代化

随着信息技术的高速发展，以及计算机网络技术的广泛应用，大学生心理健康教育的实施途径更加现代化。高校逐渐通过网络技术开辟网上心理咨询，对大学生各种心理档案

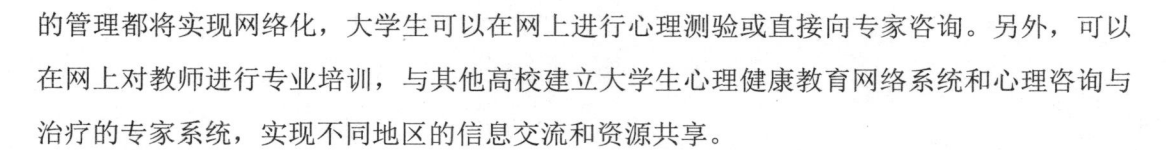

的管理都将实现网络化，大学生可以在网上进行心理测验或直接向专家咨询。另外，可以在网上对教师进行专业培训，与其他高校建立大学生心理健康教育网络系统和心理咨询与治疗的专家系统，实现不同地区的信息交流和资源共享。

（四）形式团体化

目前，大学生心理健康教育多采取团体辅导的形式。团体辅导形式多样，生动有趣，具有很强的实践性，有利于成员之间进行互动，而且适用面比较广，如心理健康教育课、课外活动等。因此，团体辅导在大学生心理健康教育中得到广泛运用，以此促进大学生身心健康发展。

（五）功能齐全化

之前，由于我国大学生心理健康教育发展尚未成熟，即使是其固有的功能也没有得到很好的发挥。随着社会、学校、家庭及大学生自身对开发心理潜能的重视，大学生心理健康教育越来越重视人的全面发展和自我实现这一目标，高校也在最大限度地集中教育的人力资源，给大学生以更全面的影响，达到初级、中级和高级三层功能，这些都使大学生心理健康教育的功能更加齐全。

（六）内容潜能化

我国大学生心理健康教育最初只是为了指导大学生提高心理适应能力，减少心理问题。随着心理健康教育不断普及和深化，大学生心理健康教育越来越注重对学生心理潜能的开发，进而为其今后长远的发展打下良好的基础。因此，大学生心理健康教育的内容也开始转向大学生创造力的培养、心理潜能开发、情绪管理、压力处理以及人际交往训练等方面，从而使大学生心理健康教育的内容表现出潜能化特点。

（七）领域狭窄化

目前，我国大学生心理健康教育侧重于培养大学生良好的个性，对心理障碍进行防治，虽然也涉及学习指导和个人发展指导，但针对全体大学生开展的学习辅导、就业辅导仍比较少。我国大学生心理健康教育的领域有进一步拓宽的趋势，根据学生的需要为学生成长和发展提供多元的服务与指导。

总之，我国大学生心理健康教育工作会随着社会不断发展得到进一步的完善和提高。

第三章 大学生自我意识与人格健康教育

自我意识是隐藏在个体内心深处的心理结构，是个体意识发展的最高阶段。个体正是通过自我意识来认识自己、激励自己、控制自己，与环境求得动态的、和谐的平衡。自我意识是自我教育的基础，它的发展直接影响着大学生人格的形成与发展，标志着其心理成熟的水平。人格是伴随着人的一生不断成长的心理品质，人格的成熟意味着个体心理的成熟，人格的魅力展示着个体心灵的完善。因此，创造良好的社会心理条件，培养、增进、塑造健全的自我意识与人格就成为心理健康教育的一项重要任务。特别是大学生身心发展正处于青年期，这期间不仅身心会发生急剧的变化，自我意识也将由分化、矛盾冲突逐渐走向统一，这正是大学生自我意识与人格发展、完善的重要时期。所以每个大学生都应该关注自己的自我意识与人格状况，积极主动地塑造自己，逐步使自己的人格走向健康、完善。

第一节 大学生自我意识与人格的一般规律

一、大学生自我意识的一般规律

（一）自我意识的结构

同对客体的意识一样，自我意识也可从知（自我认识）、情（自我体验）、意（自我调节）三个方面进行分析。自我意识正是通过自我认识、自我体验、自我调节这三种形式表现出来的。

1. 自我认识

自我认识是自我意识的认知成分。它是人对自己的身体面貌、个性品质、自身社会价值与周围世界关系等方面进行的自我感觉、自我观察、自我分析和自我评价等。人的自我评价尽管不是固定不变的，但自我评价毕竟是个体在一定时刻对自身做自我感觉、自我观察和自我分析的结果，集中体现着自我认知的一般状况和发展水平，它是自我意识的核心部分，也是自我体验和自我调节的基础。目前心理学关于自我意识的研究，大量地集中在自我评价方面。

2. 自我体验

自我体验是自我意识的情绪成分。它其实就是人对自己的情绪状态的体验。如果说客体的情绪体验是他对客体的认知同其主观需要之间关系的反映，那么自我体验就是他对自身的认知同其主观需要之间关系的反映。一个人如果希望在某件事上获得成功，但他失败了，他认识到行动的失败不符合他成功的需要，就会对自己产生不满的情绪体验。自我体验可以表现为自尊、自豪、自怜等情绪状态。人的自尊程度直接维系于他的自我评价状况，一般与自我评价成正比关系。如果个体的自我评价越积极、肯定，它就越能接受、尊重自己，从而促使个体自我积极进取、不断发展。在自我体验中，自尊和自信是最重要的成分。自尊、自信的程度也会对个体自我调节的方向和力度造成不可忽视的影响。

3. 自我调节

自我调节是自我意识的意志成分。这里的自我调节指的是个体自觉的过程。人的某些能力，特别是某些简单行为可实现无意识的自动调节，不在此处讨论的自我调节之列。自觉的自我调节是对自己的主观世界，包括自己的行为、心理活动、个性品质等方面的调节。正常的人都是凭着自我意识来调节自己的思想和行为，使之适宜恰当。自我调节包括自我检查、自我监督、自我控制、自我暗示、自我教育等形式，其中主要的调节方式是自我控制和自我教育。所谓自我控制是个体为达到自己的某种目标对自身和行为的主动掌握、约束和控制。自我调节体现了意志力量的"自制力"。所谓自我教育是指个人主动提出道德修养目标，并以实际行动努力完善或培养自己人格品质的过程。自我教育是自我调节的最高级形式，集中体现了意志品质中的自我激励力量。

自我调节的实现受自我认识、自我体验的影响和制约。生活中可以看到，某些人对自己的评价特别高，而他心中理想自我的标准又特别低，于是这种人便自己感觉良好，骄傲自满，他们在自我调节方面通常不太在意，表现在行动上是刚愎自用、放纵自己，难以做到严格地约束自己，审慎地对待别人。当然，个体自我调节的状况也可以反过来通过心理和行为的调节，对他的自我认识和自我体验的过程产生影响。既然自我调节是自我意识中直接作用于个体行为的环节，它就是一个人自我教育、自我发展的重要机制，自我调节的实现是自我意识的能动性质的集中表现。

由上所述，自我意识的结构包括自我认识、自我体验、自我调节，三者共同构成了个性心理面貌的重要组成部分。通过自我认识，使个人明确自己到底是一个什么样的人；通过自我体验，可以认识到自己能否真正接受自己；通过自我调节，尤其是自我控制和自我教育，可以最终解决自己应当成为一个什么样人的问题。

（二）自我意识发展的形式

人类在与外在世界的相互作用过程中，尤其是在同社会的人的相互作用中逐渐形成自我意识的能力。自我意识在人类婴幼儿时期发生之后，一直持续地发展着。但在整个儿童期，自我意识的发展是平缓的、渐进的，自我是一个笼统的整体，自我意识的内容是反映自我的外部行为特征以及外部周围世界，很少或没有触及自己的内心世界。进入少年期后，自我意识急剧发展，出现了分裂—矛盾—统一的基本形式。

1. 自我意识的分裂

进入少年期，个体的抽象思维能力发展起来，认识能力得到极大提高。同时，生理方面出现了第二个发育高峰，促使少年增强了自我存在的意识。据调查研究，12～14岁是自我意识急剧发展的关键时期。这时的少年突然发现了自己，令其激动、兴奋，同时又紧张、焦虑。他们热衷于探索自己内心深处的心理奥秘，逐渐窥视到自己的内部心理活动和个性品质，于是，自我意识发生了裂变，原有整体的"我"一分为二，一个是主体的我，观察者、认识者的我；另一个是客体的我，即被观察者、被认识者的我。自我意识的分裂，使少年的内心活动变得越来越复杂，他们表现得好反思、内省，一般伴随着困惑和焦虑，喜欢通过写日记诉说自己的苦恼，实际上这些日记中的内容就是主体的我对客体的我的认识、观察和评价。自我意识的裂变，使自我意识的发展进入一个崭新的阶段，并为主体改造主观世界提供了可能。

2. 自我意识的矛盾

自我意识未分裂前，整个自我是笼统的、一体化的，没有矛盾产生。儿童很少有激烈的内心冲突以及由此产生的苦闷等深刻的情绪体验。一旦自我发生裂变，主体的我和客体的我就要发生矛盾斗争，突出表现为"现实的我"和"理想的我"之间的矛盾。"理想的我"与主体的我相联系，反映了个体希望成为什么样的人，具有什么样的形象，它作为个体奋斗、成才的目标而存在；另外，与客体的我相联系的便是"现实的我"，它反映个体实际上是什么样的人，具有什么样的品质，它作为个体的现实目标而存在。正由于"理想的我"和"现实的我"不可能完全吻合、统一，那么它们就永远存在矛盾和冲突。在青少年期，由于自我意识的矛盾，个体经常表现出激烈的思想斗争和冲突，内心动荡不安，总是伴随着强烈的情绪体验。

3. 自我意识的统一

任何事物的发展都是矛盾的双方相互依存、相互斗争而推动的。青少年自我意识矛盾的存在，使主体的内心产生冲突，主体就要设法使"现实的我"和"理想的我"在新的水平和方向上达到协调统一，从而清除冲突感、紧张感。自我意识的统一，是自我意识发展的关键环节。青少年的自我意识经过不断的分裂—矛盾—统一的螺旋上升过程，自我意识得到发展并逐渐成熟，自我形象逐渐树立，自我观念逐渐形成。当然，这是一个充满艰辛、曲折的过程，需要有优良的外部教育环境的引导，更需要个体发挥主观积极性，形成自我教育机制。

（三）自我意识发展的过程

自我意识的发展表现为自我意识内容的发展以及自我意识各成分的发展，它们的发展过程如下。

1. 自我意识内容的发展

自我意识的内容就是主体从哪些方面观察、认识客观的我，从而形成自我形象。在自我意识尚未分化前，儿童主要意识到自己与周围人的关系，自己在家庭、学校中的角色，自己的外部行为特征。自我意识的内容较贫乏和狭窄。在自我意识急剧发展分化的少年时期，由于身体的急剧变化和第二性征的出现，男女少年都会异常关心自己的外貌和身体仪表。少年们对自己的容貌仪表的评定非常苛刻，通常以崇拜的偶像为标准。随着年龄的增长，个体才逐渐从对身体外表的关心转向热衷于探索审视自己的内心世界。心理学家们曾多次在不同国家和不同的环境中让不同年龄的儿童续写尚未完成的故事或照图编故事，其结果往往是一致的，儿童和少年初期一般是描写外貌、动作、事件，少年晚期和青年期则主要对人物的思想和情感进行描写。少年的年龄越大，他就越易因故事的心理内容而激动，而"事件"的外部结构就越对他失去意义。由此，可以说自我意识的内容有一个从外部到内部的发展过程。自我意识发展到比较成熟的阶段，个体尽管还会在一定程度上关注自己的外貌仪表等，但自我认识的侧重点逐渐转移，个体不再满足于片面地、零星地、肤浅地了解自己的内心世界，而希望全方位地、深入地认识和了解自己的心理活动及个性品质。他们十分注重自己的能力、特长、性格、气质等，希望以此来赢得他人的尊重和喜爱，获得自尊和自信。随着个体社会生活的深入，他们还在更加广阔的社会背景上对自己的个性品质进行重新认识，并产生完善自我个性的愿望。

2. 自我意识中各成分的发展

（1）自我认识的发展。

自我认识的发展是自我意识发展的主要成分。其中，自我评价集中代表了自我认识的发展状况，它的发展表现出以下三个特征。

第一，从自我评价的主动性和独立性而言，儿童期个体自我评价主要是依据教师、家长等的权威性评价，具有依附性和被动性。之后，逐渐发展到依据周围更多的人对自己的态度来进行自我评价。最后，能够达到依据自己的理想、价值体系等进行主动的、独立的自我评价，而对他人的评价持辩证的、批判的态度。

第二，从自我评价的广泛性和全面性来看，儿童在进行自我评价时，经常从外表、长相、外部行为、与周围人狭隘的人际关系的角度来进行评价，显得空泛、狭窄、片面。到少年和青年时期，自我评价的范围得到极大拓宽，能从各个角度、从内外各个层次上对自我进行全面、广泛的评价，使自我形象日益丰富、细腻、立体化。但在少年期依旧表现为对自己的自我评价能力落后于评价别人能力，在多数情况下，他们对自己的评价偏高，会出现"严于责人，宽于律己"的现象。

第三，从自我评价的概括性和抽象性来看，儿童只能从片面的、个别的、具体的情境中的某些外部行为现象做出肤浅的、零星的、感性的评价。到少年和青年时期，随着思维能力的提高，个性的自我评价逐渐带有概括性、理论性、整合性、辩证性。

（2）自我体验的发展。

自我体验是在自我认识，特别是在自我评价的基础上发展起来的。它的发展表现为以下两个特征。

第一，自我体验日益丰富、细致。儿童的自我体验是粗糙的、贫乏的，而少年和青年时期个体的自我体验却日益丰富细腻，对于自我评价较高的方面，产生喜悦、兴奋、自豪或幸福的情绪体验；反之，则产生苦闷、彷徨、忧郁甚至痛苦的情绪体验。他们的自尊心和自信心日益强烈、突出，成为自我体验中两个最重要的成分。

第二，自我体验日益深刻、稳定。儿童的自我体验较为肤浅、平缓，发展到少年和青年时期，经过最初的矛盾和动荡后，变得稳定、深刻。少年和青年时期自我体验的发展落后于自我评价能力的发展，出现了明显的滞后状态。这是由于理性认识能力发展了，但转化为情感还需要一个过程，因而造成了二者发展不同步的现象。

（3）自我调节的发展。

儿童时期，由于缺乏自我认识和自我评价，他们对自己的某些思想和行为的约束和制止主要是靠外部环节（如教师、家长等）的压力和干预而实现的，是被动的自我控制。少年和青年时期，在教育者的正确引导下，这种被动的自我控制才发展为主动的自我控制，并且日益经常化、稳定化，进而导致个体自我教育机制的形成。作为自我调节的最高形式，自我教育使学生通过自励来不断地发展和完善自我，促进自我的积极统一。

（四）大学生自我意识的发展

在个体的发展过程中，童年期是人格开始形成的时期，少年期和青年期则是人格初步形成并定型的时期，成年期是人格成熟时期。大学生的自我意识正处于从定型到成熟的时期，期间其自我意识经历了分化—矛盾—整合的过程。

1. 自我意识的分化

（1）主我与客我的分化。

青年期的自我意识是分化的，大学生自我意识的发展也是以此为基础。自我意识的分化，意味着"我"一分为二——主观的我（I，主我）与客观的我（me，客我）。

当个体进行自我觉察时，主我是认识的主体，是行为的发起者，同时还是观察者和评价者；客我则是认识的对象，即被观察者和被评价者，它包括一个人所持有的关于他自己的所有的知识与信念。主我和客我的分化使大学生得以观察自我、评价自我和提升自我。

（2）理想自我与现实自我的分化。

除了主我与客我之分，大学生的自我还特别存在着"理想自我"与"现实自我"的分化。前者指个体的自我期待，即"我希望自己未来成为什么样的人"；后者则涉及对真实自身的觉察，即"我当下的真实情况是什么样子的"。

2. 自我意识的矛盾

自我意识的矛盾主要表现为以下六个方面的冲突。

（1）主观我与客观我的冲突。

主观我与客观我本应是统一的，但由于自我结构的多样性及个体所处社会环境不同，主观我与客观我并不总是统一的。大学生是同龄人中的佼佼者，他们对自身的正面评价很高。但是，由于他们缺乏社会经验，再加上高等教育大众化的发展和社会对他们认知的回归，因此大学生身上的光环渐渐褪去，这就造成了他们的主观我和客观我之间的矛盾比较突出。

（2）理想自我与现实自我的冲突。

在现实生活中，理想的自我和现实的自我之间总会存在一定差距，合理的差距可以促使一个人不断进步。但是，当落差太大时又会造成个体的自我分裂，从而引发一系列的心理问题。因此，对大学生来说，在理想自我与现实自我发生冲突的时候，很有必要重新调整并评估自己，积极地进行自我调适。

（3）自负与自卑的冲突。

自信代表着一个完整的自我意识和成熟的个性。但是，因为大学生的心理还没有完全成熟，他们的自我意识还处于发展过程中，因此对自己的认知经常会有一些自信的偏差：自卑或者自负。相对于其他人群而言，大学生们展现出了更高的自尊和自信，他们不愿意被人甩在后面，总是想要往前走，对成功充满了强烈的渴望，在获得了成功之后，他们很容易表现出骄傲自满、自我中心和极度自负。在遇到挫折和困难的时候，往往会对自己的能力产生怀疑，甚至是自暴自弃，变得自卑起来。这与大学生对自我认识的偏差和自我定位的偏差密不可分。

（4）独立与依附的冲突。

大学生身心的发育和成熟，使他们在生活、学习和工作上都有了独立的意识。但是，长时间的大学生活使他们缺乏相应的社会经历和经验，所以在遇到压力的时候，他们希望自己的家人、老师和同学可以帮助他们解决问题。此外，在社会生活中，他们在精神上的自立和经济上的自立之间，也存在着鲜明的对比。他们渴望摆脱束缚，追求独立，但又无法真正脱离父母和教师的支持。特别是对一些独生子女家庭来说，独立性和依赖性之间的矛盾更加明显。

（5）理智与情感的冲突。

大学生的情绪有一个明显的特征，那就是两极分化严重，波动较大，易冲动，难以控制。但是，伴随着身体和心理的发展，以及大学生认知水平的提升，他们逐渐变得成熟起来。

当大学生面对客观问题的时候，他们不仅想要满足自己的情绪与情感的要求，还想要服从于社会及他人的需求。特别是在感情受到巨大冲击的时候，虽然理性上可以理解，但从感情上来说却是无法接受的。

（6）渴望交往与心灵闭锁的冲突。

大学生从来没有像现在这样，对友谊和爱情充满渴望，期待获得同龄人的认可和接纳。但是，大学生的自我表露又受心灵闭锁的影响，他们总是不经意地将自己的真实感情隐藏起来，有意无意地与同学保持着一定的距离，不能彻底打开心扉与人交流，这使大学生经常觉得大学同学之间的交往没有中小学之间的交往那么纯粹和真诚。

3. 大学生自我意识的整合

自我意识的矛盾冲突往往使大学生产生一种心理上的困惑，促使大学生追求自我意识的统一性，实现自我意识的统一性。由于自我意识的复杂和多维性，大学生们会从多个角度来审视和调节自己，不断地接近自己的理想自我，这也就是自我认同的确立。从多维角度来看，个体的自我认同程度较高，个体的个性也较完整。然而，由于大学生的成长环境、家庭教养方式、个人志向和职业目标等方面存在着很大的差别，因而其自我意识的整合效果和方式也各不相同。从自我意识的本质来看，大学生对自我意识的整合评价结果，如表 3-1 所示。

表 3-1　大学生自我意识的整合评价结果

自我意识	综合评价
自我肯定	自我肯定是积极自我，即对自我的认识比较清晰、客观、全面、深刻 这种积极自我的特点是大学生在经过痛苦的选择与调整之后，逐渐成长，使自己的理想自我与现实自我趋于统一，主观我与客观我趋于一致。积极的自我不仅了解自己的长处与优势，也了解自己的不足与劣势，能够分析哪些是通过努力可以达到的，哪些是属于无法企及的，从而进行积极的自我肯定，向着理想自我迈进
自我否定	自我否定是消极自我，包括自我贬损与自我夸大两种类型 自我贬损型的人由于总在积累失败与挫折的经历，对现实自我的评价较低，并常伴有没有价值感、自我排斥、自我否定。表现为没有朝气、随波逐流、缺少激情，生活没有目标，结果则更加自卑，失去进取动力 自我夸大型的人对自我的评价非常高，往往脱离客观实际，常常以理想自我代替现实自我，盲目自尊，虚荣心强。其行为结果要么表现为缺乏理智，情绪冲动；要么自吹自擂、自我陶醉，却不去为实现自我做出努力
自我冲突	自我冲突是难以达到整合的自我意识，包括自我矛盾型与自我萎缩型两种类型 自我矛盾型的大学生内心冲突激烈，持续时间长，自我控制不稳定 自我萎缩型的大学生缺乏理想自我，但又对现实自我深感不满，他们消极放任、自怨自艾，甚至麻木、自卑，以至于越来越消沉、对自己丧失信心，严重的还可能导致精神分裂症或绝望轻生

二、大学生人格的一般规律

（一）人格的结构

人格是一个复杂的结构系统，它包含着各种成分。简单地说，主要包括人格的倾向性和人格的心理特征两个方面。

1. 人格的倾向性

人格的倾向性是指人格的动力，是与人们在行动中的需要、动机和兴趣等有关的一种心理特性。需要指出的是有机体内部不平衡状态的反映，表现为有机体对内外环境条件的欲求，是有机体活动的动力和源泉。动机是一种基于需要而产生的，能促使人们向某一目标而行动，并使之保持下去的一种内在的心理行为。兴趣是指人对某一件事情或从事某一活动期望有所认识的一种心理倾向。人格的倾向性对人对现实的态度、人对认识对象的趋向和选择起着决定性作用，是人格结构中最活跃的因素。

2. 人格的心理特征

人格的心理特征是人与人之间的不同，是人的各种心理特征的一种特殊组合，最终形成了一个人的心理面貌，并解释了心理面貌的个体差异。人格的心理特征由三方面构成：性格、气质和能力。性格指的是人对客观事物的态度，以及与这种态度相适应的行为方式上的人格心理特征。比如，有的人大公无私，有的人斤斤计较；有的人朴实肯干，有的人懒散拖拉等。气质指的是可以体现在心理活动的强度、灵活性等动力特征方面的人格心理特征。比如，有的人活泼好动，有的人沉默寡言；有的人暴躁，有的人温柔等。能力指的是人们可以顺利、有效地完成某种活动，所必须具备的心理条件的一种个性心理特点。比如，有的人善于用语言表达，有的人具有想象力，有的人在音乐上表现出了自己的天赋。性格反映着一个人的基本精神面貌，在人格的心理特征中处于核心的位置。

人格的倾向性和人格的心理特征是相互联系又相互制约的，是一个有机的整体。人格对心理活动有积极的引导作用，能促使个体有针对性地、有选择性地对客观事实进行反映。健全的人格是保持大学生心理健康的关键。

（二）人格的发展与大学生人格的特点

人格形成和发展的过程就是人的社会化过程。人作为一个生物性个体，一来到这个世界上，就置身于错综复杂的社会环境中，从幼年到老年，人格在社会化过程中持续地形成与发展。通过社会化过程，个人从自然人转化为社会人，形成不同于他人的心理与行为特征，即形成和发展自己独特的人格。

  心理学针对人格形成和发展过程有各自不同的看法，这里主要引用新精神分析理论的代表——埃里克森的理论进行叙述。根据埃里克森的观点，人格形成和发展的过程会持续人的一生，其动力不是性本能，而是机体生物学上的成熟和社会文化环境之间的矛盾与冲突。埃里克森提出，人格形成和发展的过程可以分成婴儿期（0～1.5岁）、幼儿前期（1.5～3岁）、幼儿后期（3～6岁）、学龄期（6～12岁）、青春期（12～18岁）、青春后期（18～25岁）、成年期（25～50岁）、成年晚期（50岁以后）八个时期。其中大学生正处于青春后期和成年期，期间，大学生人格形成与发展主要表现出以下两方面的特征。

  第一，在青春后期，大学生人格发展任务是建立自我同一感，防止同一感混乱。自我同一感是一种关于自己是谁，在社会上应占什么样的地位，将来准备成为什么样的人以及怎样努力成为理想中的人等一系列的感觉。同一性并不产生于青春期，早在学前期，大学生便已经形成了各种同一性，但是进入青春后期后，早期形成的同一性已经难以应对眼前必须做出的各种选择和决断。因为大学生身体迅速发展，性成熟开始以及新的指向未来的思维能力的出现，加之即将面临的各种社会义务和多种选择，如异性朋友、职业理想等，就使大学生开始怀疑原已形成的自我同一性。此时，大学生迫切要求了解自我，以形成一个真正独立的自我。而如果大学生在幼儿前期、幼儿后期、学龄期便已经形成了积极的人格品质（信任感、自主感、主动感、勤奋感），他就能够较好地解决同一性危机；反之，同一性危机将持续到其人生发展的后继生活中。

  第二，到了成年期，恋爱与婚姻是这一阶段的主要特征，所以大学生的人格发展任务是获得亲密感，避免孤立感，体验着爱情的实现，积极的成果是恋爱。

第二节 大学生常见的自我意识与人格心理问题

一、大学生常见的自我意识问题

  大学生常见的自我意识问题主要包括以下六方面。

（一）自我体验方面的偏差

适度的自尊心和自卑感是个人健康成长中的一种心理品质，同时也是个体自我意识发展的一种表现。这两种表现普遍存在于大学生中，这两种品质只要适度，对大学生就不会产生太大的影响，但如果不适度，就会成为自我体验偏差的表现。

1. 自尊心过强

自尊心是指一个人接纳并尊重自己，包括责任感、进取心等多种积极的心理品质。自尊心较强的大学生拥有自信，能够努力克服遇到的困难，取得成功；如果自尊心过强，往往就和骄傲、自大联系在一起，拥有过强自尊心的人缺乏自我批评，也受不了别人批评自己，这样的人往往以自我为中心，凡事都考虑自己，不能与人很好地相处，人际关系不和谐。

2. 自卑感过强

自卑感是一种对自己持有否定态度的情感体验。自卑感过强的人凡事都认为自己不行，缺乏主见，遇事从众。在高校期间，优秀的大学生很多，无论是容貌、品德、学习成绩还是人际交往等方面，优秀的人有很多，自己的某一方面无法与这样的学生相比也是很正常的，因为人无完人，但如果因此而贬低自己，无法看到自己拥有的优点，自卑感过强，那么这名大学生无论做什么事情，注定是失败的。只有认清自己的优缺点，才能树立信心，为自己定好目标，从而朝着目标不断努力。

（二）理想我与现实我之间的偏差

理想我是个体完善自我的最终目标，是个人想要达到的完美形象。现实我是个人根据自己的实际情况认识自己，往往主观性较强。通常情况下，现实我要远远落后于理想我，个体希望通过采取一些措施来减少这种差距。当二者的差距处于合理的范围时，个体就能够产生动力，努力缩小二者之间的差距。反之，如果二者的差距超出了合理的范围，那么就可能给个体的心理造成过大的压力，使个体产生自卑，导致一系列心理问题。

大学生成就动机强烈，渴望有朝一日到达辉煌的大洋彼岸。他们为自己描绘了一幅美丽的蓝图，在这幅蓝图中为自己做了清晰的定位。

此时，理想我与现实我的冲突和差距成为他们自我意识发展中的一个重要问题。在这里，需要注意以下两个方面的问题。

第一，理想我与现实我二者之间必然会存在一定的差距，这种差距在一定的范围内其实是正常的，适当的差距可以使大学生向着理想我不断努力，产生源源不断的动力。

第二，理想我与现实我的差距过大时，容易给大学生的心理造成负担，使其产生心理问题，不能正确看待自己，甘于平庸，变得没有动力。

（三）主体我与客体我之间的偏差

自我可以分成两种，即主体我与客体我，主体我用来表示我会怎么样，是个体主观能动性的积极反映；客体我则用来表示别人会对我怎么样，是一种被动的反映。事实上，二者应该是互相统一的。但是，由于自我意识的多层次性和多结构性，再加上生活环境的差异，主体我与客体我也会出现分歧。

大学生的主体我与客体我的矛盾相对突出。因为在同龄人中，他们接受了相对高水平的教育，希望对自我有一个较高的评价，但由于他们远离社会，缺乏社会经验，长期生活在安逸、和谐的校园，对社会的了解缺乏切肤的感受与客观的目光，所以他们对主体我的定位并不准确。另外，由于我们国家教育体制存在的弊端，导致许多大学生重理论轻实践。大学生身上光环的消失使他们产生失落感。

（四）追求上进与自我消沉之间的偏差

许多大学生都有强烈的自尊心和上进心，他们希望依靠自己的努力来实现自身的价值。但是在实现自己价值的过程中，难免会遇到各种各样的困难，对此，不少大学生常常出现情绪波动，在困难面前望而生畏、消极退缩，但是在内心深处又不想对其放弃，还想奋力一搏，故而内心极为矛盾。

（五）渴望交往与心门紧锁之间的偏差

大学生渴望得到他人的感情，尤其是来自同伴的感情。这种感情既包括友情，也包括爱情。在这个时期，一方面，大学生不愿意成为孤独的个体，渴望与他人交流，分享有无，渴望自己的身边能够有精神沟通的知己，希望成为群体中受尊敬与欢迎的人；另一方面，大学生又不愿意完全把自己的内心敞开，他们总是喜欢隐藏自己，在不经意间与同学保持着距离。具体来说，形成这种冲突的原因主要有以下两个方面。

1. 过度从众

许多人都有从众心理，大学生也不例外。因为个体生活在群体中会不知不觉地遵从群体压力，放弃自己的主张，趋向于与群体中的多数人保持一致。适当地从众其实也是一种正常的心理现象，但如果从众心理过强，就会导致个体缺乏自己的主张，自我意识薄弱，独立性差。如果大学生的从众心理过强，一旦在学习和生活中遇到问题，就不能独立应对，很容易自乱阵脚，甚至迷失方向。

2. 过度以自我为中心

过度以自我为中心的最大特点就是凡事从"我"出发，不顾及他人的感受，当自我的需求不能得到满足时就会发脾气。虽然此时的大学生已经处于成年时期，但他们还是会出现过度以自我为中心的可能。

（六）自我评价方面的偏差

1. 自我为中心

在自我意识的发展中，一些人表现出以自我为中心，突出表现是凡事从"我"出发，对他人的感受、建议不屑一顾，当愿望不能满足时就会发脾气。那些以自我为中心的学生，想问题和做事情都从自己出发，人际关系也会出现不和谐。

2. 分裂的自我

外在的自我和内在的自我缺乏同一性，即个体物质的我、社会的我、心理的我的各个方面不能彼此相互联系，不能整合成一个完整的自我。内在的我与外在的我的不统一，会导致对自己缺乏信心，常常出现退缩、逃避等行为表现。

3. 自负的自我

自负是一种自我膨胀，即过度的自信。多数人有较强的自尊心，好强、不甘落后，但如果把握不好度，就会物极必反，导致骄傲、自大、自我膨胀。

除了上述的自我意识问题外，还有其他一些自我意识的问题，如个人的我与社会的我互相冲突等。这些问题的出现是正常的，大学生自我意识发展的过程中必然会出现这样或那样的问题，关键是要对其进行正确地引导并解决。

二、大学生常见的人格心理问题

大学时代既是学习掌握知识的黄金时代，也是人格发展的重要阶段。但在大学生人格发展中普遍存在着不足，出现了一些人格心理问题。大学生常见的人格心理问题如下所示。

（一）无聊

无聊心理的主要特点是空虚、幻想、被动，感觉不到自我存在的意义与人生的价值，其核心在于没有确立合适的人生目标。空虚是因为没有制订目标或制订的目标太低，人一旦失去目标的牵引，就会缺乏生活的动力，不能对生命意义形成正确的、深刻的认识，从而出现混日子的现象，对生命意义的否定发展到极端是对生命的否定；幻想是由于目标定位不准确或者目标太多而导致的心理负担，实质是对责任的恐惧；被动是由于目标不是自己内心的渴望，没有获得内心的自觉与认同，只是为学习而学习，为考试而考试，缺乏主动性和创造性。克服无聊心理的根本方法是确立恰当的人生目标，并由人生目标牵引着实现自己的人生价值。

（二）不良意志品质

不良意志品质是指意志发展的不良倾向，主要表现为：生活缺乏目标、无所事事、懒散倦怠、浑浑噩噩、醉生梦死、沉溺网恋或者网游；还有人意志发展不成熟，对意志品质缺乏正确的理解，甚至把我行我素、率性而为视为果断，把徘徊、踌躇视为沉着、理性，把自以为是、不听劝告视为顽强、个性十足等，不良意志品质一经形成，会带来很多性格缺陷，最后发展为人格缺陷。克服不良意志品质的办法是及时发现并改正自我认知中的非理性观念，对意志品质的内涵予以正确理解，发展自觉性、果断性、坚韧性和自制力。远大的理想、坚定的信念和正确的世界观，是人奋斗的动力之源，确立适当的行动目标后要付诸实践。

（三）懒散

大学生本应该是充满朝气和活力、开拓进取的群体，但事实并非如此。部分大学生表现得十分慵懒、疲沓、闲散、拖拉、松垮，情绪不佳，犹豫不决，顾此失彼，活力不足，缺乏计划，随波逐流，常常是踏着铃声进教室，无法将精力集中在学业中，无法从事自己喜欢的事，得过且过，缺乏进取精神。懒惰是不少大学生为之感到苦恼却又难以克服的一种人格发展缺陷，是意志活动无力的表现。处于懒惰的大学生也因此常常感到内疚、自责，但又觉得无法自拔，心有余而力不足，其主要原因是：想得多而做得少，缺乏毅力。克服这种人格缺陷的方法是要充分认识到懒散的危害性，确立一个坚定而有价值的理想；振作精神立即行动，从日常小事做起，并努力做到不给自己找借口，不原谅自己的偷懒，力争今日的事今日毕；多与人交往，多参加有益于身心的社会活动，多关心外部世界。

（四）偏狭

偏狭是人们常常说的"小心眼"，主要表现为肚量小，爱记仇，对人对事挑剔，容易对他人嫉妒。偏狭是一种有百害而无一利的人格特征。偏狭人格多出现于性格内向者，特别是女性。偏狭是后天形成的，因此，克服偏狭人格首先要学会宽容，正确看待生活中出现的矛盾冲突，对事不对人；其次要思想坦率接受力强，拓展自己的眼界。人一旦心胸狭窄，就容易用孤立的、片面的观点看问题，只看到局部，看不到整体或全部。

（五）环境适应不良

环境适应不良主要是指大学生对大学学习、人际关系、异性交往等方面表现出的不适应，表现为强烈的失落感、孤独感，不能够适应环境的改变。事实上，在构成环境的诸多要素中，人是最重要的要素，个体不仅受制于环境，而且影响与改变着环境，因此大学生要多了解自己所处的环境，培养自我调节的能力，能够主动适应环境并成为环境的改造者。

第三节 大学生健康自我意识与人格的塑造

一、大学生健康自我意识的塑造

（一）正确认识自我

有人说，每个人都是一座"金矿"，关键是要真正地认识自我，有自知之明。大学生正确认识自我需要从多角度认识自己。

1. 通过他人的看法来认识自我

心理学家库利提出了"镜中我"的理论，即通过他人对自己的评价来了解自己。这一理论给人们带来了很多的启示。确实，人们常常会从他人身上看到自己的影子。所以通过他人的看法来更好地认识自己是一种非常有效的方法。大学生应该积极投身于各种社会活动中，在行动中不断丰富自己对自然、社会和他人的认知，学会从他人对自己的看法中客观地看待自己，认真地分析自己，对自己有一个清晰的了解。

2. 通过正确的自我评价与反思认识自我

自我评价和反思就是指通过对自己外部行为表现进行评价，并实施一定的反思。通过自我评价来认识自己，大学生最应该注意的就是，制订健康、正确的自我评价参照标准。具体来说，大学生的自我评价参照标准不应是片面的、割裂的，而应是全面的；不应是消极的、负面的，而应是积极的；不应是静态的、固定的，而应是动态的、持续变化的；不应是盲目从众的，而应是适合大学生的实际发展情况的。这就需要大学生积极参与到生活中，不断积累社会经验与人生经历，并根据自己的心理分析与反思，建立自我评价参照标准。没有自我反思就很难实现自我完善，因而大学生在自我评价的基础上还应当认真分析自己成功或失败的原因，以正确定位自己、调整自己，提高对自我的认识程度。

3. 通过有效的社会比较了解自我

大学生进行有效的社会比较，需要打开自我信息通道以此来保证信息渠道的畅通无阻，也就是说大学生要积极参与到各项社会活动中，同时在此过程中做自我观察的有心人，进而积极主动地搜集并整理有关自我的信息。在进行有效社会比较时，大学生首先应当学会欣赏他人，寻找他人身上的优点；其次要站在客观的角度，对自己进行动态的、多方位的社会比较，寻找自己身上的不足，从另一角度把握真实的自我。

（二）积极悦纳自我

悦纳自我就是在正确认识和全面评价自我的基础上，欣然接受自我，恰当地评价自我，喜欢并接受自己，具有较高的自我价值感，是发展健康自我意识的关键。积极悦纳自我要做到以下八方面。

1. 全面、正确地评价自己

悦纳自己首先就要全面、正确地评价自己，要实事求是地评价自己。大学生对自己的长处、短处不能夸大，也不要贬低。

2. 要理智、乐观地善待自我

大学生要用全面的、发展的眼光来分析自己，既要看到自己的长处，又要看到自己的不足。要做到胜不骄、败不馁，树立远大的理想和志向，培养开朗的性格和乐观的生活态度。

3. 要坦荡、无条件地接受自我

大学生对于自身存在的而又无法改变的东西都要敢于面对，并欣然地接受；而对于可以改变的缺点，要主动地通过自己的努力去改变。

4. 寻找个人自信的支点

个人自信的支点就是指自己的长处和优势。我们可以通过这些长处和优势，去创造成功的记录,从而在这个过程中逐步提高自己的自尊与自信。大学生可从以下四方面入手寻找个人自信的支点。

第一,要善于扬长避短。"八仙过海,各显神通",以点带面,利用优势,促进自己的进步。

第二,及时了解自己各方面的发展、进步和成绩,从而肯定自己的能力。

第三,不能只注意自己的不足,更不要因为一两次失败就全盘否定自己。其实,"尺有所短,寸有所长",每个人都有自己的优点和优势方面。

第四,找好正确的参照标准。不能以己之长比人之短,也不应该以己之短比人之长。应该从各个方面综合地比较,从中找出自己的优势和长处,提高自己的自信心。

5. 要有正确的方向

正确的方向是大学生成功的基础,因此,只有确立和把握正确的方向,树立远大的志向,才有可能成功,也才能增强大学生的自信心。

6. 要正确认识挫折和失败

每个人的一生都会遭遇挫折和失败,但不同的人会有不同的反应。有的大学生对自己的期望过高,总希望自己在各方面都表现很出色,但往往越是这样就越容易导致失败,从而灰心丧气,而有的大学生能够从失败中吸取教训,最终走向成功。

7. 及时调整自我的期望值

自我的期望值是指个体在从事某项实际工作之前估计自我所能达到的成绩目标或水平状态。在现实生活中,自我期望值与实际成就之间总是存在着差距,当自我期望值小于实际成就时,就会体验到成功的喜悦,而当自我期望值大于实际成就时,就会体验到失败的痛苦。大学生既不能树立过高的目标,也不能将期望值降得太低,要把自己的期望与自身的实际情况相结合,学会不断调整和控制自己的期望值,建立一个适度的理想目标,以保证理想的顺利实现。

8. 努力创造成功的记录

成功是一个人自信的基础,所以创造成功的记录也是增强个人自信的重要方面。大学生可从以下三方面入手创造成功的记录。

第一,选择适当的目标,即根据自己的能力量力而行。一步步地积小胜为大胜,有了成功的经验,自信心就会越来越强。

第二，要勇敢地实践自己所制订的目标。光说不做只是一句空话，只有在实际行动中，才能逐步提高自己的能力，体验到成功的喜悦，从而不断地增强自信心。如果不能当众很好地表达自己，就应该多举手发言，不能因为自己表达能力不强就不去做，这样能力永远也不可能得到提高。

第三，在实践过程中要注意克服依赖心理。一般情况下，依赖心较强的人，在独自完成一件事的过程中会感到很吃力，没有主见，缺乏自信，难有成功。因此，大学生要注意纠正平时养成的不良习惯，提高自己的动手能力，自己能做的事一定要自己做，自己没做过的事要锻炼着做，而且可以主动要求担任一些院系或班级工作，慢慢培养自己独立做事的能力，使自己有机会去独立地面对问题，能够独立地思考，增强自己独立的信心。

9. 适当运用积极的自我暗示

为了避免自尊心受到伤害，不妨采取一些策略性的自我美化的暗示。大学生可以采取"比下有余"的社会比较方式；可以采取自我照顾归因，将成功归于自己的努力和能力，将失败归因于自己的不努力和运气不佳；可以采取选择性遗忘，忘记失败和挫折，记住成功和快乐。当然，大学生只能适当运用这种积极的自我暗示，过多或过少都会影响大学生对自我的正确认识和由此产生的应对行为。

（三）有效控制自我

有效控制自我的过程，即大学生主动定向对自我进行改造的过程，也就是通过主动改变"现实我"来实现"理想我"的过程。这一过程也是培养积极自我意识的重要途径。大学生要实现自我的有效控制，需要从以下四个方面努力。

1. 确立合适的"理想我"

美国的心理学家艾金逊曾经进行过一个有关抱负水平的投环实验。他通过让被试者自由对投环距离进行选择，从而按照投中与否、距离远近等指标来进行综合评估与计算成绩。实验结果表明，一般成就动机较高的人，也就是那种努力工作追求成功的人，他们通常会选择中等距离的位置进行投掷；而那些成就动机相对较低的人，则大多会选择很近或很远的位置来进行投掷。通过上述实验表明，成功者大多希望在适度又有一定的冒险的情况下做出一定的努力，因而他们的抱负水平相对而言是比较适中的；但是那些成就动机低的人，则是在完全没有把握或完全碰运气的情况下进行工作，因而其抱负水平通常不是偏低就是过高。可见，大学生在确立抱负水平的时候，必须立足实际现状，从自身的具体情况出发，制订出通过一定努力便能够实现的恰当的目标，也就是确立合适的"理想我"。

2. 培养顽强的意志力

对自我有效的控制几乎都离不开坚强的意志。一个人的意志力主要表现为：对目标认识的主动性与自觉性，对实现目标的决心，排除干扰的能力，克服困难的能力，对成功的态度，以及对失败与挫折的承受能力。因此，培养大学生的意志力，首先应当使他们与目标相结合，注意分解目标，并经常检查目标的实现情况，及时进行自我反馈；其次应当使他们树立正确的成败观，让他们将自己在某件事情上的成功归功于稳定因素，如能力很强或任务相对比较容易等。

3. 进行自我批评

可以从以下两方面来进行自我批评。

第一，进行自我反省，看到自身存在的不足，从而使自己成为更好的自己。

第二，自责。对于某些失败的事情，首先应该从自身寻找原因，以免后期出现同样的后果。

4. 进行自我监督

对自己进行检查、督促，包括以下四方面。

第一，自知，正确评价自己，不卑不亢。

第二，自尊，要有个人自尊心和民族自尊心。

第三，自警，暗示，提醒，克服不良的心理习惯。

第四，自勉，鼓励自己成为对社会有用的人。

（四）不断完善自我

自我完善，追求有意义的人生，使人生达到相当完满的境界，这是一个自我改造、自我塑造的过程。具体来说，大学生完善自我应该从以下六个方面努力。

1. 摆脱错误的信念

我们每个人都会在内心给自己一定的心理暗示，如长期流传下来的观念没有错误，别人的观点都是正确的。但其实这些暗示都是不应该出现的。不管你是什么人，不管你自认为多么失败，你本身仍然具有才能和力量去做使自己快乐而成功的事。例如，很多人都不相信自己有完成某件事情的能力，于是他们对自己产生了怀疑，这种怀疑在很大程度上阻碍了人们通向成功，或是寻找到幸福，因此，人们只有尽快从这种状态中脱离出来，才能走向成功，也才能使自我更加完善。

2. 制订合理的目标

制订合理的目标是大学生走向成功的关键，也就是说合理的目标能够为大学生指引正确的方向。因此对大学生来说，提出自己的目标，并能够有步骤地实现目标是非常重要的。在实现目标的过程中，应该把远大的目标分成不同的阶段，这样大学生就可以按阶段来评价自己实现目标的情况。每一个阶段的目标都是总目标的一个分支，最终大学生在实现了一个个阶段目标之后实现总目标。

需要注意的是，目标可以作为一种刺激，因为理想可以把大学生的现在和将来的区别摆在眼前。对大学生来说，理想是他们前进的动力，催促他们不断挑战自己、改变自己。如果大学生只是空想，而没有把这种理想转换成动力，那么即使有理想也没有任何改进。

3. 做出正确的决策

要想做出正确决策，大学生就应该明白，在传统观念的影响下，一旦毫不怀疑地认可决策之后，就会产生错误的决策。因此，要想改变这一情况，大学生必须在决策的过程中基于事实而不是基于之前的理论。一味地照搬之前的理论或者是靠感觉来判断事物，很容易走上错误的决策之路。

4. 战胜各种压力

人有压力才会有动力。一定程度的压力对大学生来说是一件好事，因为它可以促使大学生的"内部机制"加速运转。但是，如果压力过重，转化成焦虑情绪，那么它就会产生不良的影响。当受压力（紧张和焦虑）支配时，大学生应该认识到，问题的关键在于自我控制情绪和积极的反应。只要正确地处理了这些压力，大学生就能够在自我完善的道路上向前迈进。

5. 从挫折中吸取经验

挫折是一种情绪上的感受，当人们的某个目标或者是某种愿望不能实现时，这种感觉就会产生。对大学生来说，如果他们的学习成绩不能达到自己预期的目标或者是不能与他人友好交往时，他们的内心就会产生受挫的情绪体验。不过大学生必须懂得，在学习和社会生活中，必然会出现这样或者那样的问题，这些问题的出现在一定程度上都是正常的，对此，大学生应该在这些挫折中吸取教训。而随着各种经验教训的不断积累，大学生也会在此过程中不断完善自我。

6. 培养自己的归属感

大学生生活在集体中，从宿舍到班级再到社团，都会让他们产生一种归属感。这种归属感可以使他们的内心感到安全，情感得到寄托。归属感越强，越容易对自己产生健康、恰当、肯定的自我认识。培养归属感的最好途径就是参加集体实践活动。主要原因包括以下三个方面。

第一，实践活动有利于大学生在集体中找到自己的位置。例如，大学生最主要的活动就是学习活动。大学生自我意识发展水平的高低，对学习活动调节、影响作用的大小，只有在实际的学习活动中，才能做出正确的判断。一个学生各方面的能力，如观察力、记忆力等，都是通过他最终的学习成绩体现出来的。这样，他们才能根据自己在学习活动中的表现找到自己在集体中的位置。

第二，实践活动是个体获得自尊心、自信心的有效途径。实践活动给每个大学生都提供了表现自我的机会。大学生可以在集体活动中尽情地展示自我，把自己的长处展现在别人面前，从而获得他人的赞美和认可，证明自己的价值，获得价值感，增强自信心。一个充满自信的人，才能在集体中具有较强的主人翁意识，从而真正建立起归属感。

第三，集体实践活动为大学生融入整个集体创造了有利的环境。在实践活动中，大学生是集体的一员，因此，在思想行动上应该与集体最终的活动目标达成统一。在集体的实践活动中，要求每个大学生努力发挥自己的聪明才智，而实践活动的效果又可以在一定程度上鼓励每个参与者，使每个成员在心理上得到满足。大学生在这些实践活动中，能够感受到来自集体中他人的关心、尊重和爱护，感受到自己是集体中不可缺少的一部分，感受到自己被集体接纳和需要。集体的归属感正是在这样一次次的实践活动中得到培养的。

二、大学生健全人格的塑造

（一）健全人格的基本特征

1. 正确的自我意识和社会意识

能努力做到正确看待自我，认识自我；不自高自大，也不妄自菲薄；从实际出发，确立自我价值，认识和理解个人与社会的统一；人不可能脱离集体，个人也只有在集体和社会的熔炉中，才能真正实现自我。

2. 相对和谐的人际氛围

良好的人际氛围是一个人健全人格的基本特征之一，它有利于个体在与他人交往中传递信息，不断调整行为，更新观念和态度。人格健全者的心胸往往比较开阔，善解人意，尊重自己也尊重别人，在人际交往中具有吸引力。

3. 人格整体协调与和谐

大学生应真正领悟"品学兼优"的内涵，塑造健康和谐的整体人格，这也是大学生解决"如何做人""做什么样的人"的根本问题。

在社会改革时期，面对现代文化和传统文化的冲突，大学生要注意调整自己的主体价值，注意自身的文化修养、高尚审美意识的培养。那些将调侃和庸俗视为美，热衷于"厕所文化"等人与高等学府学子的形象极不相配。

4. 知行合一

健康、优良的人格只有在实践中才能得以体现，也只有在实践中才能获得更好的发展。健康的人格不是只停留于口头上，而是要付诸行动，杜绝"拖拉"和克服"懒散"等不良人格也只有在实践中才能得以实现。

（二）塑造大学生健全人格的意义

1. 时代的要求

21世纪以来，社会迅速发展，现代化带来了社会的发展和人民的幸福，也带来了负荷和危机，它在增进人们健康的同时，也制造了有害身心的因素。现代化改变了人际交往的方式，修改了人际关系的准则，它一方面使天涯如咫尺，另一方面又使咫尺如天涯，面对四通八达的交通网，耸入云霄的摩天大楼，到处可见的电气化、自动化设备，人们会不时涌起孤独、渺小、无力、自卑、冷漠、茫然无助的感觉。这些都容易使人陷入焦虑、不安、压抑、苦恼中，从而产生了各种心理问题。因此，只有培养健康的人格，才能使大学生从根本上保持健康的心态。

2. 大学生自我发展的需要

社会的进步、经济的发展和科技的创新与他们的高素质和健康的人格塑造是分不开的。现在人们越来越多地认识到，影响一个人成才与成功的因素除了智力因素外，更重要的是非智力因素，而人格因素是非智力因素的重要组成部分。现在的大学生都是将来的建设者。在就业市场上，拥有健全人格的毕业生的就业机会就多，事业成功的机会也相对较多。因此，培养健康的人格，具有完美、独立的人格是大学生自我发展的需要。

3. 学校教育改革发展的需要

现代的学校教育注重学生能力和个性，特别是创造性的培养，提出了创新学习的概念，这与健全人格的培养是一致的。但是有不少学生虽然没有智力缺陷，却在情感和行为方面存在着明显障碍，过于冷漠甚至冷酷，或极不稳定、变化无常，或自制力差，容易受偶然动机、本能欲望的支配。可见，没有积极、健康的人格作为支持，教育改革是难以成功的。

（三）塑造大学生健全人格的方法

1. 培养良好的习惯

要培养健全的人格，就要培养良好的习惯。一个人的果敢坚毅、勤劳勇敢、细致周密等都是长期慢慢形成的良好品格。例如，一个人经常把东西摆放得整整齐齐，房间打扫得干干净净，衣服穿得整洁，鞋子擦得光亮，这些日常小事"聚沙成塔"，最终形成优良的人格。

2. 培养良好的思维品质

实践证明，不良的思维容易导致大学生产生不正确的认识，出现不良行为，久而久之易形成不良的人格。因此，大学生要有意识地培养良好的思维品质，必然有助于促进自己的良好人格的形成。

3. 完善自我意志

意志品质是构成个体人格的稳定因素，良好的意志品质会使个体成为一个意志坚定的人。要培养一个人的坚定意志，要做到以下三方面。

第一，树立正确而高尚的行动目标。有了理想，人才能克服行动中的重重困难，不屈不挠。

第二，要在实践活动中取得锻炼意志品质的直接经验。任何成功的路都不是一帆风顺的，人在做决定、完成理想的过程中，总会遇到来自内部和外部的阻挠，这正好可以对意志品质进行磨炼和检验。如果能正确树立合理目标，将远期目标与近期目标有机结合，通过顽强努力达成预定目标，个体的意志品质就能在实现目标的过程中得到极大锻炼。

第三，要注意加强意志的自我锻炼。既可以通过分析自己意志品质在实践中的表现，来获得成就感的体验，增强自我锻炼的决心；又可以通过名人名言、榜样人物、道德纪律的要求来激励自己。

4. 形成积极认知

认识自我、悦纳自我、延伸自我和创造自我，是健康人格的四部曲。自我调控具有创造的功能，它可以变革自我、塑造自我，不断完善自己，将自我价值扩展到社会中，在对社会的贡献中体现自己的价值，把实现自我的个人价值变为实现自我的社会价值。具有自知的人能够客观地分析自己，会有效地利用个人资源，发挥个人长处，努力完善自我。自我塑造伴随人的一生，需要不懈地为之而努力。

5. 培养良好心态

心态是指人的心理状态，它包括积极心态和消极心态两种。积极的心态有助于人们发挥潜能、积聚力量、克服困难、获得成功、拥有健康和快乐。人生的好坏取决于心态。大学生应该对身边的人或者事怀着一颗感恩的心，要感谢生活赐予我们的美好，学会珍惜所能拥有的一切。相信他人的真诚和关爱，懂得奉献和回报，这样才能感受到身边的幸福；要心存感激，产生对生活和一切美好事物的信念和向往，保持积极乐观的心态，才会获得力量。

6. 营造良好的环境氛围

人格的培养与形成受社会各方面潜移默化的影响，是个人与他人、家庭、学校、社会相互作用的过程。现在，有些家长只重视孩子智力的开发而忽视了其他方面，或家长本人的人格有缺陷，对孩子就会产生消极影响。通过人际交往，人们可以他人为镜，从与别人的比较中认识自己人格上的优、缺点；通过交往也可以了解自己的哪些方面受到赞扬、鼓励或受到指责、批判，从而有针对性地调整自己。

7. 确定积极可行的生活目标

第一，生活态度乐观自信，对前途充满希望，对未来充满信心，在实现目标的过程中，体验到胜利的喜悦，享受到生活的乐趣。

第二，培养健全的人格，大学生要积极进取，有自己奋斗的目标并努力实现，追求自我价值的实现。

第三，选择健康的人格品质作为努力的方向，如勇敢、热情、勤奋、刚毅、正直、善良、自信、开朗等，针对自己人格上的弱点予以纠正，如自卑、胆小、懒散、任性、粗心、急躁等。

8. 学会在智能结构上优化组合

学习文化、增长智慧的过程也是人格优化的过程。事实上，无知使人自卑、粗鲁，丰富的知识使人自信、坚强等，知识之间相互联系又相互促进。对大学生来说，只有处理好人格全面发展与专业成才的平衡关系，纠正其人格缺陷，才能更好地适应社会。

9. 加强人际交往

发展良好的人际关系对大学生塑造健全人格是至关重要的。

第一，在与人交往互动的过程中，可以更好地以他人的人格特征或信息反馈为参照，全面客观地认识自身人格的优劣。

第二，可以从多角度、多方面审视自己，适时地对自己做出有针对性的调整，使自己的品质更加完善。

第三，可以将那些具有优良人格品质的对象作为自我完善和提升的榜样。

第四，可以培养自己宽容、博爱的心态，学会以感恩的心对待一切事物，使自己的人格得到升华。

10. 积极参加社会实践活动

大学生应该积极参加社会实践，学校同时也应予以支持，以有利于大学生健康人格的塑造。大学生可以参加的社会实践活动一般包括以下两方面。

（1）军训。

军训有利于大学生克服自我中心意识和懒散作风，树立国防观念、纪律观念和集体观念，培养吃苦耐劳的精神和克服困难的坚强意志。因此大学生在军训期间应该积极参与，而非以各种理由逃避。

（2）学科专业和学术性研讨活动。

它们不仅可以在实际生产、生活运用中加深大学生对专业知识的理解，还可以增加对科学知识、科学技术价值的积极情感体验，从而让自己更加热爱知识，积极地进行创造性活动。此外，还包括社会政治性的调查活动和各类社会服务活动，如勤工助学、社区劳动、青年志愿者活动以及科技、文化、卫生"三下乡"活动等。

第四章 大学生情绪情感心理健康教育

在很长一段时间里，人们对"健康"一词的认识只是局限在生理健康的角度，即人体各器官发育运行良好，功能正常，因而将加强营养、讲究卫生视为保持健康的重要方式，而忽视了情绪、情感可能会给人带来疾病，这一观点在高校健康教育中也存在了一段时间。随着素质教育的推进和人们健康观念的更新，社会各界逐渐意识到保持健康的情绪情感对于大学生的重要性，因此也将情绪情感心理健康作为大学生心理健康教育的重要内容予以推进。本章主要在分析大学生情绪情感的一般规律的基础上，对大学生常见的情绪情感问题进行分析，并在此基础上分析如何在素质教育的背景下调节大学生的情绪情感，以便不断推进大学生心理健康教育。

第一节 大学生情绪情感的一般规律

要了解大学生情绪情感的一般规律，首先应明确情绪与情感之间的区别与联系，在明确情绪情感与大学生关系的基础上，才能更好地将其代入大学生群体，从而把握大学生的情绪情感的一般规律。

一、情绪和情感的区别与联系

作为人对客观事物是否符合自身需要而产生的态度和体验，情绪情感都是对需要满足状况的心理反应，属于同一类而不同层次的心理体验。它们之间既存在一定的区别，又存在一定的联系。

（一）情绪和情感的区别

首先，就其概念上而言，根据《中国大百科全书·心理学》的解释，"情绪"和"情感"

虽然被归为一个条目，表示两个词可以通用，但它们所表达的内容却存在一定的差别。其中，"情绪"主要用来表示人们短暂而强烈的具有情景性特征的感情反应，像恐惧、愤怒等。早在两千多年前，《礼记·礼运》便记载了人的七种情绪，即"喜、怒、哀、惧、爱、恶、欲"。而"情感"则用来表示人们稳定而持久的、具有深沉体验的感情反应，像自尊心、热情等。人的情感复杂多变，类型多样，从不同的角度可以分为不同的类型，如根据它所反映的价值关系可以将情感分为正向情感和负向情感。正向情感如信任、感激等，负向情感如嫉妒、仇恨等。从这一层面来说，情绪会随着情境的改变而产生相应的变化，因而相比情感具有一定波动性、短暂性。

其次，就个体情绪和情感产生的过程而言，一般情绪发展在前，而情感体验在后。换言之，情绪是个体受一定的情境刺激而产生的一种情感反应，而情感则是个体在与社会接触的过程中逐渐产生的情感反应。例如，婴儿受到惊吓会产生恐惧的情绪反应，它是在惊吓的情境中立时便产生的。而婴儿对母亲的依恋的情感反应则是在不断受到母亲爱抚、关怀的过程中逐渐产生的。

再次，就个体情绪情感和生理需要满足的关系而言，一般情绪更多的是与个体的生理需要是否满足相关，如在饥饿的状态下，有东西吃人就会产生愉快的情绪；而情感则更多的与个体的社会性需要是否满足相关，如个体在社会群体活动中，如果长时间得不到应有的重视，其得到他人认同的个体需要得不到满足，便会产生自卑的情感。从这一层面来说，人和动物都有情绪，但人的情绪受到社会生活方式与文化素养的影响，与动物的情绪有着本质的区别。

最后，就各个体情绪和情感的表现而言，情绪表现出明显的冲动性和外部性特征，如咬牙切齿是人愤怒情绪的一种外部表现；而情感则会表现出一定的内在性，它一般不会被轻易表露出来，且多以内心感受和内心体验的形式存在，但会对行为有重要的调节作用。

（二）情绪和情感的联系

情绪和情感的区别是相对的。虽然它们所表达的主观体验在内容上有所不同，却常常融合在一起，如在强烈的情绪反应中会蕴含着稳定的主观体验，而个人的情感也常常会通过一定的情绪反应表现出来。因此，情绪和情感是具有一定的联系的，这种联系主要体现在以下两方面。

首先，情绪是情感的基础，情感则是在一定的稳定情绪的基础上建立起来的，并且会通过情绪表露出来。因此情感是离不开情绪的。

其次,对人类而言,情绪离不开情感,情感的深度决定着情绪表现的强度,情感的性质决定了在一定情境下情绪表现的形式,因此情绪发生的过程中往往蕴含着一定的情感因素,它是情感的具体表现。

二、情绪情感与大学生的健康

对于情绪情感与个体健康的关系,我国早在古代便有了相关的论述,如中医把情绪变化和五脏健康关联,认为"怒则气上伤肝""喜则气缓伤心""思则气结伤脾""悲则气消伤肺""恐则气下伤肾"等。到了现代社会,自1936年开始,心理学家们便开始探索情绪情感如何引起身体疾病这一机制。时至今日,经过不断地研究,人们逐渐发现,情绪情感对于个体的健康会产生很大的影响,其中尤以坏情绪情感对人健康的影响最大,它会通过神经系统对器官和肌肉产生过度刺激,对一个或多个内分泌腺产生过度刺激,从而使人的健康状况下降。

大学生也是如此,根据相关调查发现,大学生中常见的一些疾病,如神经衰弱、心律不齐、月经不调、头痛、哮喘、神经性皮炎、十二指肠溃疡等都和不良情绪情感有关。

为了深入调查情绪情感对大学生健康的影响,国外曾有一个由两名著名医生及其助手组成的研究小组,他们将拥有不同类型情绪情感的45名大学生分成三组,并对他们进行了为期30年的追踪观察。观察发现,存在多愁善感、过于拘谨、情绪一直不佳的人患病的概率为活泼开朗、举止大方、情绪保持较佳的人的三倍多,且患的病多是癌症、高血压、心脏病以及精神障碍性疾病等。此后,这两位医生又对另外127名大学生进行了同样的跟踪观察,结果与之前基本相同。

可见,消极情绪情感会对大学生的健康产生不利影响。从大学生自身的学习与生活环境来看,当前,由于大学生人数的连年升高和我国部分劳动力市场的相对饱和,以及目前高等教育领域中存在的一些重理论、轻实践等问题的影响,再加上近年来高校教学的开放性不断扩大,大学生虽然处于"象牙塔"中,但依然会受到社会环境的影响,因此总体上来说他们都是处于紧张的大环境中的。在这种环境背景下,如果大学生不善于适应这种富有竞争性的环境,或对自己期望与要求过高,精神长期处于紧张状态,就会导致各种"心身疾病",具体如图4-1所示,即在这个由反馈信息不断对过程予以强化或弱化的封闭系统,大学生如果长期保持不良的情绪情感，必然会造成人的生理—心理反应出现恶性循环。

而乐观、开朗、心情舒畅的人，各种内脏功能正常运转，对外来不良因素的抵抗力也会增强。此外，良好、愉快的情绪情感不仅可以取代引起神经和精神紧张的不良情绪情感，减少和消除对肌体的不良刺激，还可以直接作用于脑垂体，保持内分泌平衡，从而使全身各系统、器官的功能更加协调、健全。

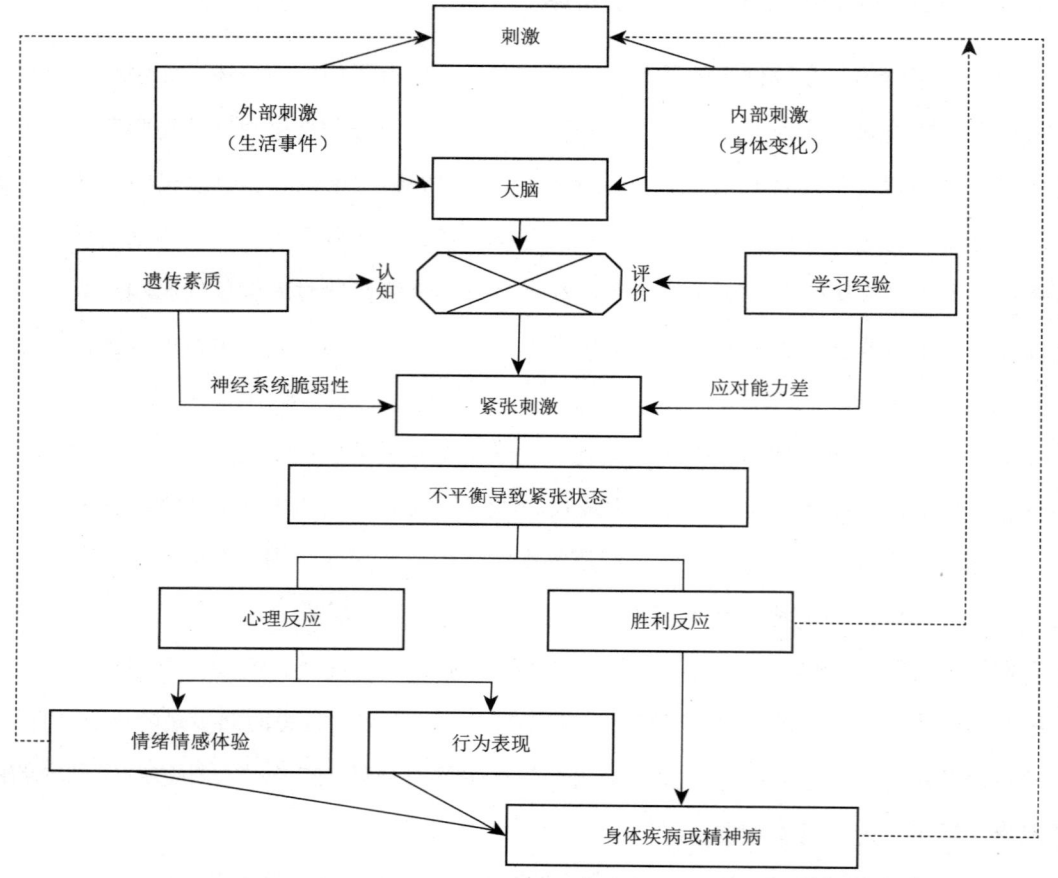

图 4-1　不良情绪情感导致生理—心理反应的恶性循环

总之，积极、成熟的情绪情感反应，对大学生的学习、健康和各种行为都有有益的促进作用，它能为机体增添新活力，充分发挥个体的潜力。而消极、不成熟的情绪情感的反应则会起到完全相反的作用。

三、大学生的情绪情感规律及其特点

虽然大学生的各种情绪情感表现往往是复杂而微妙的，但从总体上来看，大学生在情绪与情感上也常常表现出一些规律和特点。

（一）大学生情绪的规律及其特点

大学阶段是人的情绪充分发展的时期，期间大学生的情绪世界正日趋强烈，并产生了一系列对自己行为的责任感和严肃对待生活的态度。从总体上来看，大学生的情绪主要表现出以下规律和特点。

1. 情绪活动日益丰富

进入大学以后，随着自我意识的不断完善，大学生会不断产生各种新的需要，且这些需要的强度也在不断增加。由于新的需要不断涌现，大学生的情绪活动也会日渐丰富，突出表现为大学生的自尊心、自信心、自卑、自负等情绪体验更加强烈，且会体验到越来越多的友情、爱情方面的情绪。

2. 体现出鲜明的层次性

大学生的情绪会经历一个由不成熟到成熟、由简单到丰富的过程，因此在情绪发展上，大学生会表现出鲜明的层次性。具体来看，刚进入大学的一年级新生由于刚刚脱离了父母来到一个全新的环境中，缺乏必要的独立生活的思想和资历能力，常常表现出很强的不适应性，这也使他们常常思乡思亲之情较重，留恋中学的生活和父母，集体观念淡薄。还有一些大学生由于大学生活、学习环境与中学的截然不同，在跨入大学校门的飘飘然与面对新环境的茫然而又不知所措中，常常伴随着时隐时现的自卑与焦虑，因此他们格外希望得到别人的关心和鼓励。他们对一切充满了美妙的幻想和憧憬，常常将事情理想化，但由于他们摆不正个人与社会、与集体的关系，从而使他们在行动中表现得过于盲目自信和自负，对自己的认识缺乏系统分析的态度。

进入大学二、三年级后，随着大学生对大学生活环境的熟悉和适应、年龄与阅历的不断增长，以及专业基础课和专业课的逐步展开，大学生一般普遍存在适应感、随意感和自信感，情绪较一年级时更为稳定，不再像一年级时那样盲目，也不像四年级时临近毕业那样紧张，而变得比较复杂和有一定的主见，也更为强调自我独立性和自我表现性。同时，随着他们对周围事物了解程度的加深，他们越来越迫切地希望自己能够在学业等诸多方面取得优异的成绩，希望能得到别人的关注和青睐。

四年级的大学生经过了几年的学习后，大致上已经掌握高等教育教学大纲所要求的各种知识，形成了一定的世界观，在分析和解决问题上的能力也会相应地有所提升。与此同时，他们的情绪日渐稳定，并能较为理智地去对待和处理各种问题。但由于面临毕业和择业，再加上近年来大学生就业形势严峻等问题的影响，四年级的大学生会不同程度地存在以下三种心理状态：一是紧迫感，即感觉时间不够用，希望能够在毕业前自己的各方面均能得到全面发展；二是忧虑感，即担心自己学得不到位，不能承担起具体的工作任务等；三是责任感，即对政治、经济中的一些大事件更为关心，并注意将其与自己未来的工作联系起来考虑，希望社会更团结稳定等。

3. 体现出微妙的隐蔽性

相比中学生而言，大学生的情绪不再那样天真直露、一引而发，而会由于自我意志的不断提升和对社会生活接触的加深，表现得更具文饰性、内隐性和曲折性，他们常常将自己真实的内心情绪封闭和伪装起来，不肯轻易向别人吐露心声，以免暴露自己的秘密。在特殊的情况下，他们外显的情绪与内在的体验并不一致，表现出心口不一的特色，因而常常让人难以把握他们真实的思想脉络。这些表现实际上都是大学生自我调控能力增强所引起的，其原因在于，社会生活有时候要求人们有一定的自我调节和克制情绪的能力。当然，大学生情绪表现的这种状态并非一贯的，与成年人相比他们阅历较浅，涉世未深，还比较坦诚和直率，当意志不完全能控制情绪的时候，他们也会锋芒毕露、咄咄逼人。

（二）大学生情感的规律及其特点

当前的大学生是非常特殊的一代，他们处于市场经济和改革开放的大潮中，成为社会舆论经常讨论的群体。再加上信息时代的来临，现在的大学生均处于一个市场经济迅猛发展的环境里，也面临着十分严峻的问题，如日益严峻的就业问题、独生子女的人际关系问题、学习任务繁重、恋爱变化大与性心理问题等均困扰着当前的大学生群体。在这样的情况下，大学生的情感表现出以下的规律和特点。

1. 情感体验更加强烈

部分心理学家会用"暴风疾雨"这个词来形容大学生的情感体验，这实际上表现的便是大学生情感体验的强烈性。大学生兴趣广泛，而且对外界的事物较为敏感，加之他们年轻气盛且具有从众心理，因而在情感体验上表现出较大的冲动性。大学生情感的冲动性与大学生的激情具有密切的关系，这种短暂的、爆发式的情绪状态会让大学生表现出两极化趋向，即在正确引导下，激情会转化为较大的助力，使大学生在学习和生活中取得较大成绩；而在强烈的情绪驱使下，大学生也有可能走向盲目的狂热，如果不予以正确引导，这种激情可能会给学生本人及社会带来危害。

2. 情感不稳定

研究发现，大学生的情感在时间上的持续程度具有明显的不稳定性，即大学生的情感易变，容易从一个极端走向另一个极端。因此，在生活中，我们常可以看到大学生有时高兴得忘乎所以，有时又灰心丧气，这就是大学生情感不稳定的表现。这种情感不稳定性与大学生缺乏必要的生活经验密切相关，随着他们专业学习的深入、社会经验的不断完善，他们的情感会日趋稳定。

3. 爱情逐渐成为情感体验的一个方面

爱情是一种特殊的情感，同时也是人类十分高尚的情感，是异性个体之间友谊进一步发展的情感。拥有诚挚的爱情，对于塑造一个和谐完美人格而言是必要的。在大学时期，学生的身体发育基本成熟，性意识也日渐觉醒，并且十分期望得到爱情的体验。由于大学生活往往在开放、活跃的环境中进行，因此异性学生之间接触的机会增多，从而为大学生获得异性的爱情提供了条件。在这种环境中，大学生的爱情会因不同的动机而蕴涵着不同的内容，并且也会在不同的层次上逐渐发展起来。

尽管大学生的学习环境相对较为宽松，可是处于黄金求知时期的他们，为了更好地迎接未来的挑战，同样面临着极为繁重的学习任务。因此，这些压力会使得他们必须集中精力完成学习任务。如果大学生对爱情与学业、爱情与事业等的关系处理不当，将过多的时间花费在恋爱之上，甚至乐此不疲，那么便会造成十分消极的后果。高校管理者和教师对待大学生的恋爱问题既不能消极回避，也不能放任自流，更不能采取压制、堵塞等手段，而是要加强对他们正确恋爱观的教育和培养，使他们将主要精力用在学习之上，并向需要帮助的大学生提供必要的爱情心理咨询。

4. 情感能力欠缺

当代大学生是一群伴随着改革开放的步伐，伴随着国家现代化进程，伴随着电视、电脑、网络成长起来的"新新人类"，他们的情感能力相对欠缺，即缺乏对态度体验的驾驭与调控能力，这主要表现在以下两方面。

第一，大学生的情感较为单一且不成熟。大学生是一个独特的群体，他们在生活经历上有着相似的地方，即都通过了高考这座"独木桥"。而为了顺利通过高考的考验，大学生在入学前一般都是将大部分心思放在学业上，埋头于课本中，这一点使他们在情感问题上较其他人群更为单纯。但与此同时，由于入学前将大部分心思花在学业上，从而使大学生在中学时期被隔离在复杂的社会环境外，这也使他们没有受到更多现实观念的影响，从而在情感上十分单一，且不成熟。

第二，大学生正处于青年阶段，不管是在生理上还是在心理上，都在由不成熟向成熟转变。但由于阅历尚浅，社会经验不足，独立能力不强，因此在情感方面十分敏感，一方面容易受到社会上流行的各种思潮的冲击，产生各类情感问题；另一方面会因为缺乏必要的自我激励能力，在生活和学习中无法进行自我激励，遇到困难时若没有他人的激励便会一蹶不振。

5. 高级情感日趋成熟、稳定

随着大学生知识经验的不断增多，能力的逐渐提高，他们的道德感、理智感和美感都获得了较高水平的发展，并且日趋成熟、稳定，成为个性特征的重要部分。

在理智感发展方面，相关研究表明，大学生的求知需要在其众多需要中占有重要的地位。正是这种强烈的求知需要，为大学生理智感的高度发展提供了内在基础。他们在学习新知识的过程中，往往会出现迫不及待的紧张感，会由于一个理论观点而争得面红耳赤，或者也会因一道难题冥思苦想而倍感学习中的甘苦喜忧。

在道德感发展方面，大学生随着对社会认识的不断深入，其道德意识也得到了相应提高。主要表现为：热爱祖国和人民，有高度的使命感和责任感；期望平等、和谐的人际关系，憎恨不正之风；颂扬助人为乐、无私奉献的道德行为；珍惜集体荣誉，崇尚团结、正义。

在美感发展方面，大学生的审美观念和审美情感日渐成熟，对美的感受力日渐敏锐，且会保有较强的追求美的事物的需要。受其审美情感发展的影响，大学生越来越喜欢在自然美景、人际交往等方面不断陶冶自己的情操，增强自身修养以追求人格的完美。

第二节 大学生常见的情绪情感问题

一、焦虑

焦虑是由几种情绪混合而成的情绪体验。焦虑情绪可能突然发生，也可能缓慢产生。

产生焦虑情绪时，人们会感到内心有一种难以适应的紧张与恐惧。一般情况下，当造成情绪紧张的外部刺激消失后，紧张就会解除，机体就会恢复到原来的正常状态。因此，从心理健康的角度来看，紧张和焦虑并非一定是消极的，适度的紧张往往会产生积极的效果，如有利于集中注意力，认真分析现实，积极思考消除紧张的对策和方法；有利于分析动机，修正目标；有利于调动潜能和思维。而过分的焦虑则会出现严重的后果，具体来说，过度焦虑的表现如下。

第一，从生理反应来看，出现心跳加快、出汗、失眠、食欲不振、神经过敏等表现。

第二，从心理行为来看，总觉得心慌意乱，坐立不安，浑身无力，情绪消沉，思维杂乱，注意力分散，做事急躁，言语激动等。

焦虑情绪的产生往往与缺乏自信心和出现认知障碍等有密切关系。

二、狂喜

人逢喜事精神爽，春风得意马蹄疾。快乐的情绪对每个人都是必要的，对人的身心健康和事业成功也是有益的。但如果遇到高兴的事，就欣喜若狂、手舞足蹈、忘乎所以，就会起到相反的作用。俗话说乐极生悲，有的大学生取得一些成绩便沾沾自喜，久久不能步入正常的学习生活，影响了学业。还有的同学为了满足自己的兴趣爱好，尽情地跳舞、游玩、打牌、下棋、参加体育比赛，弄得精神疲惫，无心学习，这说明适时适度的积极情绪是有利于身心健康和成才的，但积极情绪也会因反应过度对人的全面发展造成不良影响。

三、自负

自负情绪的产生往往与对他人评价和自我评价有关。那些能力强、知识面广、机灵、学习好、家庭条件优越的大学生容易产生自负情绪。有些同学的自负情绪产生于对别人的过低评价和过高的自我评价。这样的同学往往只看到自己的长处和别人的短处。其后果可能是削弱上进心，学习成绩下降。大学生自负情绪的表现不像中小学生那样外露，但也能从言行举止中明显地表露出来，如常常表现出对别人的讲话、成绩不屑一顾等。

四、抑郁

抑郁是在持续的精神刺激作用下而产生的一种以情绪低沉为特点的情绪体验。愁绪满怀、郁郁寡欢、意志消沉，甚至日不思食、夜不能眠等，都是抑郁情绪的典型表现。抑郁情绪也有正常和不正常之分。

正常的抑郁情绪大多与客观原因有密切联系，如高考落榜、情场失意、亲人亡故、学习和事业受挫等，这些客观原因往往能导致人的精神受到严重创伤和刺激。但这种由有形原因引起的抑郁情绪反应，往往不会影响人参加正常的学习和生活，而且经过一段时间后，这种情绪反应逐渐减弱甚至可以消失。

不正常的抑郁情绪则刚好相反：一是持续时间长；二是情绪低落但找不到明确原因。在这种情绪状态下，良辰美景、鲜花圆月、轻歌曼舞都变得毫无生气。这种较严重的抑郁情绪往往使正常的学习和生活受到明显影响，严重者还会反复出现自杀的念头和行为。

处于抑郁状态的大学生，需要的是周围朋友的耐心陪伴和感受到被接纳，同时，更重要的是让抑郁状态的大学生动起来，当行动占据了更多时间，从行动中得到成就感，渐渐建立价值感，抑郁状态就能得到缓解。

五、嫉妒

嫉妒是自尊心的一种异常表现，具体表现为：当看到别人长得比自己漂亮或者穿着打扮超过自己时，内心就会出现愤怒、痛苦等感觉，当自己嫉妒的对象遭遇到困难和挫折时往往暗自高兴。

嫉妒是一种情绪障碍，这种障碍会扭曲人们的心灵，对于人与人之间的交往极为不利。嫉妒心强的大学生不但容易患上疾病，而且对于自身的发展也具有阻碍作用。对于嫉妒，大学生应该努力调节，可以通过不断提高和完善自己来调适这种情绪。

六、冷漠

冷漠是一种对人和事都漠不关心的情绪体验。一般来讲，大学生正处于人生的金色年华，对于很多事情都会产生浓厚的兴趣并注入极大的热情。但有的大学生却表现出对一切都冷漠的态度，比如对学习漠然置之，对成绩好坏满不在乎，对集体漠不关心、不闻不问，对他人冷漠无情，对环境无动于衷。这种情绪的产生大多与个体所处环境以及个性特点有很大关系，如家庭关系失和的体验，导致对亲情友情认知出现偏差，而不相信人间真情。冷漠的学生表面上看是无动于衷、冷漠无情，但实际上内心却十分痛苦、孤寂，有一种"说不清"的压抑感。结果本人更加痛苦，而且会造成人际关系紧张，后患无穷。

七、愤怒

愤怒是由于客观事物与人的主观愿望相违背，或因愿望无法实现时，人们内心产生的一种激烈的情绪反应，特别是在所遇到的挫折或失败是不合理的，或被人恶意中伤时，最容易产生愤怒。正处于青春期的大学生身心在发生急剧的变化，情感丰富强烈且起伏波动较大，与其他年龄段相比，会更加敏感且争强好胜，容易在外界刺激下产生愤怒情绪。心理学研究表明，愤怒的爆发往往是由于外界的刺激在大脑皮层引起强烈的兴奋灶，以致造成意识狭隘的现象，愤怒的发生不仅会使人体心跳加快、心律失常，还会使人的自制力减弱甚至丧失，思维受阻，行为冲动，做出一些后悔莫及的事。

第三节 大学生情绪情感问题的调节

一、调整认知

在现实生活中，大学生出现的一些困扰很多都不是由诱发事件直接引起的，而是由自身不合理的认知引起的。大学生合理的认知会出现合理的情绪，而不合理的认知则会出现各种不良情绪。因此，大学生一定要调整自己的认知，用合理的认知对待人和事，大学生可以从以下三个方面来调整自己的认知。

第一，调整对自己的不合理认知。

第二，调整对他人不合理的认知。

第三，调整对周围环境及事物的不合理认知。

二、加强性格锻炼

一般来说，性格特征倾向于外向的人，比较乐观、开朗，生活中遇到不顺心的事情时，一般能够想得通，易于在情绪上自我解脱；性格特征倾向于内向的人，在困难面前优柔寡断，在危险面前出现恐惧和畏缩，在受到挫折以后，常心神不安，不能迅速转向新的情绪。

三、善于克制和宣泄情绪

大学生对不良情绪要加以克制，善于制怒和适当忍让、回避，以减少或避免激情爆发宣泄的方式多种多样，如有的学生愤怒时往往暴跳如雷，声音近似怒吼，实际就是一种发泄。盛怒时可以找一份体力活，或者作诗、作画、书法；在过度悲伤时，不妨大哭一场，释放情绪。需要注意的是，情绪的发泄不应毫无顾忌，而应以不影响他人的学习、休息和工作为原则。

四、提高挫折容忍力

（一）对挫折有充分的思想准备

对挫折有充分的思想准备，遇事考虑到可能遇到的挫折，有了思想准备，就能披荆斩棘不徘徊。

（二）加强意志力的培养

要树立积极的人生观和远大的目标，有意识地寻找一些有一定难度的事磨炼自己的意志，培养百折不挠、勇于探索的精神。

（三）健全心理防卫机制

防卫机制有积极与消极之分。

1. 积极的防卫机制

积极的防卫机制促使人产生奋发向上的力量，是战胜挫折的根本方法。它主要包括以下内容，具体如表4-1所示。

表4-1　积极的防卫机制

类型	具体阐述
升华	指个体将因挫折产生的压力引向崇高的、对社会具有创造性和建设性的作用的活动上去。如大学生失恋后全身心投入学习活动中，即是一种升华
理智	指以积极的态度承认和正视挫折，分析其原因和总结经验，并以坚定的信念、顽强的意志和科学的方法战胜挫折。它是一个人心理成熟的重要标志
幽默	幽默也是一种积极的防卫机制。大学生在遇到挫折时如果能够具有幽默感，那么消极情绪就会缓解很多
补偿	当某种动机受到挫折不能达到目标时，以另一种目标代替。例如，有的大学生因有某种生理缺陷无法在运动场上胜过别人，因而在学习上加倍努力以取得好成绩来维护自尊

2. 消极的防卫机制

除了积极的防卫机制外，人们在遭受挫折后还会使用一些带有消极性的防卫机制来保护自己，具体如表 4-2 所示。

表 4-2 消极的防卫机制

类型	具体阐述
投射	认为他人具有与自己类似的动机、情感或欲望，以此为自己的行为辩护
文饰	为自己的行为寻找社会可接受的理由以维护自尊，缓冲失败与挫折
自居	把他人具有的，使自己感到羡慕的品质附加到自己身上，以使自己得到间接的荣耀，降低挫折感
反向	行为向动机相反的方向进行，如虚张声势可能反应内心的惧怕
压抑	设法使自己不注意那些引起焦虑的特定思想、愿望或记忆而减轻焦虑

上述消极的防卫机制使人否定或脱离现实，曲解引起焦虑的事件，因而能暂时将焦虑减少到最低限度，使内心获得平衡。但消极性的防卫机制只可作为缓解痛苦，避免精神崩溃的权宜之计，使用过多过久，则可能导致焦虑加重的恶性循环。大学生们应着重发展积极的防卫机制，提高战胜挫折的能力。

五、创造健康的社会心理氛围

健康的社会心理氛围是大学生情绪健康的良好基础。某些不良的情绪刺激是社会生活环境导致的。另外，大学生应积极营造良好的心理氛围，陶冶情操，训练情感，积极寻求宣泄情绪的社会途径。心理咨询是大学生情绪调适的有力支持手段。

心理咨询服务有很多，包括帮助求助者宣泄、排解和疏导感情冲突，缓解其情绪压力，协助求助者改进认知结构，以新的正常经验代替旧的反常经验，树立对人、对己、对事的正确观点与态度；帮助求助者更好地适应社会，建立和谐的人际关系，提高学习和生活效率，挖掘自身潜能；帮助求助者排除心理障碍，促进自然恢复与成长。

20 世纪 80 年代以来，除了一些大中城市精神病院和部分综合性医院开设了心理咨询门诊外，许多高等院校也建立了心理咨询机构，这对广大青年学生的身心健康和全面发展产生了积极影响。寻求心理咨询已成为当代大学生排除心理障碍、预防和治疗心理疾病、保持心理健康的重要途径。

六、培养高级情感

情绪和情感都是人在活动中对客观事物所持的态度的体验,但两者又是有区别的。情感不仅与个体需要相联系,更与社会需求密切相关。因此,培养健康情绪的一个关键环节是高级情感的培养。

(一)大学生的高级情感及其特征

高级情感是指人的复杂的社会情感,可分为理智感、道德感和美感三种。

1. 理智感

理智感是人在认识客观事物、探求真理的过程中,求知欲、兴趣和创造意识等需要是否获得满足时所产生的情感体验。理智感在智能活动中产生。所以,理智感实际就是人们追求真理的情感。理智感在人的智能活动中的作用是巨大的,它是大学生重要的精神力量和必备的心理素质。凡涉及大学生智力活动的场合,大学生的理智感都有明显的表现,如对获得新知识、新思想时愉快、满意的情感体验等。大学生理智感的状况与志趣的取向有密切的联系。这主要表现为同一学生对不同学科的兴趣差异将影响理智感的状态。反过来讲,对学科缺乏兴趣是影响大学生理智感发展的重要原因。

2. 道德感

道德感是反映一定社会道德规范所形成的道德需要是否得到满足而产生的情感体验。这是在一定社会文化背景下,根据道德准则和规范来认识和评价他人和自己的言行所产生的主观体验。对大学生来说,道德感主要包括:对祖国和民族的自豪感和尊严感;对敌人的仇恨感;对学习、劳动及社会活动的义务感、责任感,对事业的使命感等。经过十几年的校内外教育,绝大多数大学生已初步形成了鲜明的、正确的和健康的道德感。具体表现在对祖国、对人民的热爱,对歪风邪气的憎恶,强烈的集体荣誉感和责任感表现大学生道德感逐渐成熟的一面。与大学生其他心理发育一样,许多大学生道德感也有不成熟的一面。例如,道德观念与道德行为不一致,出现一些违反道德准则和规范的行为,有些人甚至堕落犯罪。

3. 美感

美感是客观事物是否符合个人审美需要而产生的情感体验。美感的水平同文化修养、能力和个性特征密切相关,也与时代性、民族性有着不可分割的联系。按照审美对象来划分，美感可分为自然美感、社会美感、艺术美感和科学美感等。美感是从具体的形象得来的，因此具有形象直观性和可感性。如对自然事物的赞美；对社会生活的向往和对人与人之间和谐关系的称羡；对音乐、美术、舞蹈的欣赏；通过人类对大自然的意志力量和创造力量来体验科学美感等，无一不体现这种特性。由于美感包含内容的丰富性和复杂性，以及大学生校园活动的特殊性，决定了大学生的各类美感都有一定程度的发展。但是文化水平、能力和个性特征的差异性，又决定了其比其他情感有更明显的差异性。

（二）培养高级情感的主要途径

培养高级情感的主要途径包括以下内容，具体如表 4-3 所示。

表 4-3　培养高级情感的主要途径

途径	具体阐述
认识自己、认识社会	只有对自己有较全面而深刻的认识，才能发现自己需要什么，也只有认识社会，才能在个体需求和社会规范、社会需求中建立和谐的联系
丰富知识和经验	对客观事物所持的态度和体验往往是与个体对客观事物所知多少及已有的经验分不开的。积累大量的生活经验，是以丰富的生活内容为基础的。如果一个大学生不乐于参加各种活动，整天过着宿舍、食堂、教室三点一线的单调日子，就会感到生活单调、无聊，甚至精神空虚，理智感、道德感、美感必然得不到良好的、健康的发展

七、不断增强自信心

自信心是一个人对自己积极的感受。拥有自信对个体具有重要意义。概括来说，可以通过以下四方面来增强自信。

第一，明确知道自己的长处。

第二，要经常鼓励自己。

第三，要时刻看到自己的进步。

第四，对于自己出现的错误积极寻找原因，无论是什么原因，都不要厌恶自己，而是想办法积极处理。

八、保持和创造快乐情绪

人类不仅具有改变不良情绪的能力，更具备创造快乐情绪的能力。以下四种方法可以帮助我们保持和创造快乐的情绪。

（一）知足常乐

知足常乐的秘诀在于把理想和需要定得切合实际，增加获得成功体验的机会。

（二）创造快乐

第一，善于用微笑迎接困难，从战胜困难的努力中寻找自己的乐趣。

第二，善于从身边平凡的琐事中发掘乐趣，积极参与生活，体验生活乐趣。

（三）多交朋友

朋友之间可以相互谈心，可以经常将自己的一些不良情绪倾诉给朋友听，这样做可以减轻自己的痛苦，增加快乐的情绪。

（四）多点宽容，少些责备

这里的宽容既包括对自己也包括对他人。对处于成长关键时期的大学生来说，对自己严格要求，为自己设立一定的目标并为之努力，是进取的表现。但当目标过高，对自己要求过严甚至苛刻时，就会给自己的身心带来不良影响。对他人也是如此。多点宽容、少些责备，则有助于保持快乐情绪。

九、采用各种行之有效的方法

人在遇到挫折时，有时候难免会心情不好，有各种不良情绪反应，运用适当的方法，可以有效地改善情绪。

（一）转移注意法

在某种情绪影响自己或将要影响自己，而自己又难以进行控制时，对这种情绪不予理睬，并将自己的注意力转移到其他有益的方面去，这种情绪调节方法称为转移。当我们注意某一事件时，这一事件对我们才会产生影响。当我们把注意力放在其他事情上时，原来的事件对我们影响就会降低或消失。这是一种利用环境的调节和活动的转移来排忧解难的心理疗法。比如，当余怒未消或忧愁未解时，可以听听音乐、看看喜剧、欣赏名画，或者外出逛逛街、赏赏景、散散心，也可以找知心朋友聊天。

（二）自我安慰法

自我安慰法是指当一个人遇到挫折或者不幸时，为了避免精神上的痛苦，可以找到一个自己可以接受的理由来说服自己不必陷入痛苦中。如当大学生在考试中没有获得优异的成绩时，虽然难免会出现失望等情绪，但大学生可以和自己说："没事，这次是因为我生病了没好好看书才导致我成绩不好，下次我努力下肯定会考出好成绩。"有效的自我安慰可以使大学生很快摆脱不良情绪的困扰。

（三）理智消解法

理智消解法应做到以下三方面。

第一，要承认不良情绪的存在，并主动认识自己的不良情绪。

第二，要弄清不良情绪产生的原因，弄清自己所气恼、忧愁、愤怒的事物是否真的可恼、可忧、可怒。若发现事出有因、情有可原，不良情绪也会得到消解。

第三，寻求适当的方法和途径来解决引起不良情绪的问题。只要解决了引起不良情绪的原因，不良情绪也就自然消解了。

（四）压抑遗忘法

压抑是指对一些既无法升华又不能转移的不良情绪，用意志的力量将它们排除出自己的记忆予以遗忘，来保持心理的平衡。如由于误会遭到他人无端的猜疑、打骂或侮辱，既不能报复，又无法补偿；因为过错受到自己爱慕的异性同学的耻笑，既不便解释，也无法转移。这些因人为因素造成的挫折会使人的情绪更加愤怒、沮丧。若总是郁积于心，挥之不去，这种情绪会不断蔓延，日益加重，在这种情况下，压抑遗忘就不失为一种缓解情绪的有效方法了。挫折被暂时遗忘，便暂时达到了心理的平衡，挫折被永远遗忘，因这种挫折而产生的不愉快的情绪体验便会消失。在发生重大挫折时，人们往往力图变换环境，离开或改变产生挫折的情景，有利于遗忘所受的挫折，或者随着时间的推移，所受挫折产生的情绪逐渐减弱以至于消失。不过，压抑不是消失，受挫后的痛苦体验只是在意识的管辖下暂时潜伏着，或者说，由意识的境界转入潜意识的境界，只是在意识之下，而不在意识之外，一时被重新意识，仍可能重新唤起力图遗忘的记忆。从心理健康的角度分析，压抑是必要的，一定的压抑可以免受各种挫折和痛苦，维持心理平衡。但压抑也有一个限度，压抑过久或过度，又会引起各种心理疾病。因此，对于无法压抑的情绪要以符合社会行为规范的适当方式宣泄出来，如无端受辱可以去法庭起诉，使犯罪者受法律的制裁等，以此来达到心理平衡。

（五）音乐催化法

音乐可以使人的精神得到慰藉和净化，帮助人从狭小的、喧闹的现实进入崇高广阔的精神境界。一个人因焦虑、忧郁、紧张而失眠，可以听听古典音乐或轻音乐，调整大脑神经系统，减轻疲劳程度，从而达到心理平衡，缓解情绪。

（六）提高升华法

这是一种最为积极的情绪自我调节控制方法，是最有效的情绪宣泄方式。在现实生活中，一个犯有错误的同学用洗刷污点，勤奋学习的形式来创造美好的未来；一个学习、生活、恋爱上受过挫折的人，把痛苦转化为对事业的执着追求，因失误带来内疚，就用高尚行为来弥补；具有严重进攻性特征的人，将其精力转向为热爱各种体育项目等，这些都是有意义的升华。

（七）幽默缓冲法

高尚的幽默是情绪的缓冲剂，当个体发现某种不和谐的或于己不利的现象时，最好的办法是用谐谑的手法机智、巧妙地表达自己的情绪。这样做能使紧张的精神放松，解放被压抑的情绪，避免刺激或干扰，摆脱难堪窘迫的场面，消除身心的某些痛苦，调节和保持身心健康。研究表明，幽默可以活跃气氛，减轻焦躁；可以使人心情开朗舒畅，充满信心。

（八）语言暗示法

语言是人的情绪体验与表现的强有力的影响工具，通过语言（即使是不出声的内部语言）可以引起或抑制情绪反应。在情绪激动时，可以自己默诵或轻声警告"冷静些""不能发火""注意自己的身份和影响"等；陷入忧愁时，提醒自己"忧愁没用，于事无补"；有较大的内心冲突和烦恼时，用"不要怕，不能急，安下心来"等言词给自己安慰和鼓励；也可以针对自己的弱点预先写上"制怒""镇静"等条幅置于案头或挂在墙上。

（九）合理宣泄法

为了降低精神上的过度紧张，避免产生因心理因素而出现的疾病，很有必要将受到较大挫折后积压在心头的愤怒、悲伤等紧张情绪发泄出来。当然，这种发泄必须有节制，我们称这种有节制的发泄为合理宣泄。大学生可以通过以下三种方法来合理宣泄自己的情绪。

1. 痛哭

若遇到意外打击，产生较大的悲伤、愤怒、委屈时，也可以用痛哭的办法宣泄自己的情绪。生理学家经过化学测定发现，人因情绪冲动流出的眼泪，能把体内精神受到沉重压力而产生的有关化合物发散出来并排出体外。因此，人们在痛苦流泪之后总会感到舒适轻松一些。

2. 诉说

即将自己的情绪用恰当的语言坦率地表达出来，把闷在心里的苦恼倾诉出来，把所受到的委屈全说出来，这样当事人双方都能增进了解，减少矛盾和冲突。

3. 行动

在无对象诉说或不便于痛哭的情况下，也可以面对着沙包狠擂一通，或找个体力活猛干一阵；到空阔无人的旷野引吭高歌或放声长啸，同样能借此释放聚集的能量，减轻、缓解情绪，达到宣泄的目的。

第五章 大学生的学习心理健康教育

第一节 大学生学习心理的一般规律

一、学习的内涵及特点

（一）学习的内涵

学习的概念有广义和狭义之分。从广义上说，学习是人和动物在生活过程中获得个体经验的过程。从狭义上说，学习是专指学生在学校里的学习，即学习是学生在教师的指导下，有目的、有计划、有组织、有步骤地获得知识、形成技能、培养才智的过程。

（二）学习的特点

概括来说，学习的特点主要包括以下两方面。

1. 意识性

人类是有意识的，意识使人能够按照一定的计划和目的进行学习，所以说，人的学习具有意识性的特点。

2. 社会性

人们都生活在一定的社会环境中，在这样的环境中，个体除了可以通过直接参与的方式来获得社会经验外，还可以通过学习的方式来获得人类长期积累下来的历史经验，从而使个体的知识得到丰富。这种社会历史经验有助于人去适应、改善和发展社会生活，使社会生活日益美好。由此可见，人的学习更主要的在于满足其社会生活的要求，这种社会性需要就成为激发人的学习动机的基本动力。所以，无论从学习的形式与内容看，还是从学习的动力与作用看,人的学习都具有社会性的特点。

二、大学生学习的特点及方法

(一)大学生学习的特点

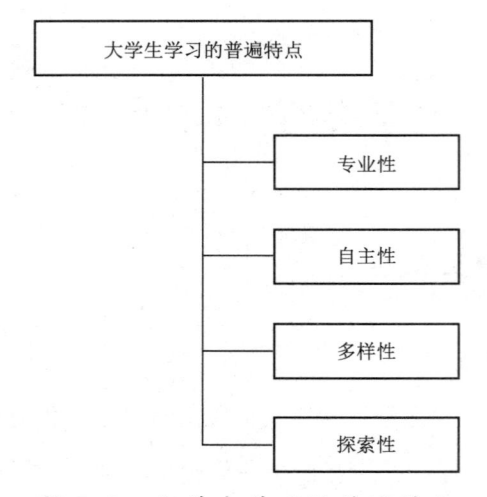

1. 大学生学习的普遍特点

大学生学习的普遍特点主要包括以下内容,如图 5-1 所示。

图 5-1 大学生学习的普遍特点

(1)专业性。

进入大学校园后,每个人都要根据自己的兴趣、爱好等选择自己所要学习的专业方向。大学生要在专业定向的基础上学习各类知识,努力把自己培养成为社会需要的合格人才。

(2)自主性。

大学阶段的学习虽然也强调教师教学的重要性,但是除了在课堂上,其他时间的学习基本上需要学生自己独立完成,这样一来,大学生就有很多的时间可以自由支配,这些时间如果安排得好,大学生能够利用这些时间自主学习,那么大学生基本就不会出现适应不良的情况,相反,如果这些时间不能被大学生合理支配,那么就有可能出现适应不良的问题。

(3)多样性。

之所以说大学生的学习具有多样性的特点,是因为在大学阶段,大学生除了可以在课堂上获得知识外,还可以通过阅读、听讲座、上网查资料等途径来学习,这些途径虽然在中学中也采用,但被大学生采用得更多,因为他们有足够的时间通过这些方式来学习。

（4）探索性。

探索性是指大学生在学习过程中对书本结论之外的新观点的寻求和钻研。爱因斯坦曾强调教育必须重视培养学生会思考、探索问题的本领。这就要求学生不但要掌握所学的知识，而且要掌握知识的形成过程，了解学科和专业发展状况、存在的问题以及解决这些问题的可能性，掌握学科的研究方法和培养独立思考、探索创新的精神。而死记硬背、缺乏灵活性与创造性的大学生将会感到压抑和不适应。

2. 大学生学习的阶段特点

大学阶段的学习可分为三个阶段，即进校初期、进校中期和毕业阶段。阶段不同，大学生的学习特点也不同。

（1）进校初期。

由于该阶段主要是学习基础理论课，为今后学习专业课打好基础，所以此阶段也称打基础阶段。打基础阶段的学习，需要新同学对知识、信息的理解和掌握能力发生质的飞跃。因此，这一阶段的学习需要由依赖教师、书本的模仿、再现知识的机械性，转变为自觉地、独立地获取知识、主动性地掌握信息。

（2）进校中期。

这一阶段的学习进入了专业基础课程与专业课程的学习阶段。这个阶段要完成由基础知识的掌握提高到实际运用课程或工科技术学科的学习，并获得解决实际问题的能力或实际动手的能力，培养创造精神，明确专业主攻方向，初步形成自己的才能。

因此，大学中期阶段非常重要，这一阶段要从以下四方面适应过渡。

第一，学会选择专业主攻方向。

第二，处理好必修课与选修课的关系。

第三，学会搞好课程设计或学年论文。

第四，学会做好实验，写好实验报告，或参加课堂讨论、小型学术讨论会。

（3）毕业阶段。

这是学生完成学业的阶段，也是从学校走向工作岗位的过渡阶段。此阶段学习最紧张，也是大学生学习的高峰。因此，这一阶段要求学生要具有创造进取精神和成熟的组织管理能力。学习的方式则主要是向工厂、企业及社会获取各种信息，通过毕业设计或毕业论文，全面检查学习的成果及所具备的能力。

（二）大学生学习的方法

1. 自学的学习方法

（1）自觉培养自学的能力。

第一，培养基础知识的储存能力。基础知识是自学的前提条件，它具有对自学指导、扩展、再生的作用。因此，要储备各种基础知识。①要有意识地回顾、整理已有的基础知识，并与新的有关基础知识结合起来。②对新的基础知识本身，要把握其系统的逻辑结构、层次、基本概念、基本原理或原则定理公式，进而把握各种概念、原理等之间的关系，并将之整理归纳成容易掌握、中心突出的知识体系。

第二，培养驾驭语言、文字信息的能力。学生的自学对象主要是书刊，方式主要是看、读、写、练。另外还有有声信息，要靠听获取。因此，要在自己的看、读、写、听、练中，不断提高对语言、文字信息的汲取、辨认、选择、整理的能力。这是自学的一种基本的能力。

第三，培养对知识信息的心理反应能力。这种能力是完善大脑准确、高速处理知识信息功能的条件，是感性、理性思维能力的相互渗透、相互作用的整体效应。这里所说的感性思维，主要是指自学过程中对书本知识的感性洞察能力，对实验、实习的观察能力。感性知识量的积累会引起质变，萌发同学们的创造能力。

（2）掌握自学的技巧。

自学的技巧比较多，但主要的有下列三个。

第一，循序渐进。循序渐进，由浅入深，由易入难，从基础知识到专业知识。大学的课程是按照循序渐进的原则设置的。序，就是次序，就是科学内在的规律。在学习上，跳是跳不过去的，绕也是绕不过去的。唯一的道路，是一步一个脚印地循序渐进。大学生们在学习中要克服好高骛远、急于求成、一步登天、一蹴而就的思想，克服见到困难绕着走，弄不懂就"跳"过去的思想；要踏踏实实、认认真真地学好基础知识及专业知识。

第二，多疑好问。学问，要学要问。最善于问的人，往往是学得最好的人。学习，就是由不知到知。不知，就是有问题，有疑就问。问号是打开科学大门的钥匙。如果通过询问，你把一个个问号拉直，变成了惊叹号，你就大有进步。当然，问要问在点子上，问在关键处。不要钻牛角尖，那样耗尽精力而进步不大。

第三，专深博闻。所谓专深博闻，就是专业范围之外，你尽可能多懂一些。当代科学的特点是分工越来越细。分工精细，越有利于科技工作者集中精力攻关。但是，分工不等于"分家",不能"隔行如隔山"。当代科学的另一个特点是彼此交叉,在边缘地带不断产生新的学科。这就要求科技工作者尽量博闻,不能只懂一门科学。大学是培养科技精英的园地,是莘莘学子学习知识、打好基础的摇篮。大学生们在学好本专业知识的基础上,也应重视文史、社会科学知识的学习,文理兼容,更能使你如虎添翼、运用自如。

2. 教学环节的学习方法

(1) 课前预习。

预习的目的是提高听课效率,加深对听课内容的理解,培养独立思考能力,赢得时间积累。但是,预习不必太细太深,也不必只图形式,而应是实实在在地思考。具体来说,课前预习应做到以下三方面。

第一,课前预习可以做到心中有数,争取听课的主动权。课前预习对原有知识是一次复习,对于新内容也有思想准备,容易抓住老师的思路,掌握重点、难点、关键点,同时听课兴趣也会相应提高。

第二,课前预习可以改变学习的被动状态。如果不预习,听课不主动,课后理解不了,作业要花更多的时间完成,显得时间更紧张,就更谈不上预习,这样循环的结果是更不会争取时间。因此,对于学习困难的同学,预习就显得更为重要。

第三,课前预习有利于提高课堂独立思考能力。预习是一种自学,久而久之,养成良好习惯,独立思考能力会得到提高,在老师的启发下,很容易产生创造灵感。

(2) 记笔记。

记笔记是大学学习区别于中学学习的一个重要特点。大学生课堂听课,不仅要记笔记,还要学会善于记笔记。记课堂笔记作用很多,如记下课堂讲授的主要内容和思路以备复习;记笔记可以集中听课思想,利于培养逻辑思维能力;记下尚未明白的疑点,有待课后钻研等。可见,记笔记是必要的。正确对待记笔记,要处理好四个关系。

第一,正确处理快、准与美的关系。记笔记要力争快、准、美,但对于听课吃力,课堂理解力较困难的同学,以求快和准为主。

第二,正确处理听与记的关系。课堂上听与记两者的关系是,以听为主,以记为辅。"听"与"记"的比例要因人而异。对于接受力强的人,可多记一点,对于学习较吃力的人,可少记一点,或课后再补记。不记笔记的学习方法是不可取的。

第三,正确处理该记与不该记的关系。对于定义、定律定理的推演等可不记,但对于老师指点的承上启下的关键、治学的体会、学科动向的新信息、本章节的重点难点、老师的思路，以及老师所下的结论及对章节的归纳应及时记录。

第四，正确处理"死记"与"活记"的关系。死记就是为笔记而记笔记，这种方法是不可取的。活记则是侧重记老师的思路，记重点、难点、关键点。长期坚持活记，学习能力会得到较快的提高。总之，记笔记是一种学习功夫，可以参考以下经验：详略得当选择记，结合理解灵活记，板书时间迅速记，不懂问题特殊记。

（3）复习。

复习是用来消化、巩固、应用所学的知识。复习这一环节不仅可以弥补课堂听课的疏漏，更重要的是它可以完成知识的积累。在复习时要抓住重点，另外，独立思考能力更为重要。因为只有通过积极的思考，才能将所学知识消化、吸收，真正变为自己的东西；只有通过积极的思考，才能真正理解所学的知识，从而把它记住。除了做好及时复习外，还要做好单元复习、阶段复习和期终总复习。总复习时应尽量将相似科目隔开，以避免干扰，提高复习效果。连续复习时间不宜太长，要注意劳逸结合。

三、大学生学习心理的一般规律

在人的生命过程中，学习是一种贯穿始终的活动。而对大学阶段的学生来说，学习既是其最为主要的任务，也是其生活的主旋律。因此，对大学生的学习心理进行培养，使其形成健康的学习心理，继而不断地提高学习质量是十分必要的。所谓大学生的学习心理，就是大学生在学习过程中的心理反映、特点及其活动规律。

（一）大学生的学习心理结构

所谓大学生的学习心理，就是大学生在学习过程的心理反映、特点及其活动规律。而要对大学生的良好学习心理进行培养，首先需要对大学生的学习心理结构进行了解。一般来说，大学生的学习心理结构主要由三个方面构成：一是智力因素；二是非智力因素；三是特殊能力，如图5-2所示。

1. 智力因素

对大学生来说，要想学会学习，必须具有智力因素这一必要的心理条件。

所谓智力，就是人脑对客观事物和信息的反映、认识、存储和处理的能力。通常认为，智力由五个要素构成：一是注意力；二是观察力；三是记忆力；四是思维力；五是想象力。

这五个要素贯穿在学习活动中，相互联系和区别，并作为一个整体发挥重要的作用。

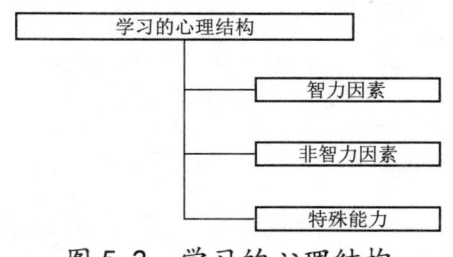

图 5-2　学习的心理结构

相关研究表明，智力水平的高低会直接影响到学习的质量，一个在智力上存在障碍的人，往往会在学习中比其他人面临更多、更大的困难。因此，在进行学习时，不能缺乏智力这一必要的心理条件。

2. 非智力因素

对大学生来说，要想学会学习，还必须要具有非智力因素这一重要的心理条件。所谓非智力因素，从广义上来说就是除智力以外的其他因素，包括生理因素、心理因素和环境因素；从狭义上来说就是对认识过程起直接制约作用但不直接参与认识过程的心理因素。

（1）非智力因素在学习中的作用。

在学习中，非智力因素起着十分重要的作用，具体来说表现在以下四个方面。

第一，非智力因素在学习中具有始动作用。这里所说的始动作用，主要是针对学习动机而言的，它对学习活动具有启动和助推的作用。

第二，非智力因素在学习中具有强化作用。比如，坚强意志和良好情感既能够促进良好学习品质的形成，也能够在一定程度上对学习效率的提高进行强化。

第三，非智力因素在学习中具有指向作用。这里所说的指向作用，指的是能够帮助学生确定合理的智力发展目标或者说学习的目的，并促使学生为了实现目标或目的而不断努力学习。

第三，非智力因素在学习中具有互补作用。一些学生的智力由于受到先天或后天等客观因素的影响而存在一定的缺陷。这时，依靠一些非智力因素能够对智力起到一定的补偿作用。"勤能补拙""笨鸟先飞"便是对非智力因素在学习中的互补作用的形象描述。

第四，非智力因素在学习中具有调节作用。学生在学习的过程中，会伴随自信、沮丧等多种多样的心理，而为了确保学生能够始终在学习中保持良好的心理，就需要借助一些非智力因素如兴趣、意志等对不良心理进行有效调节。

（2）非智力因素对学习效率的影响。

相关研究表明，非智力因素对学习效率具有重要的影响作用。而非智力因素在对学习效率进行影响时，主要通过以下三个方面实现。

第一，情感状态。所谓情感，就是一个人对自己和他人的情感进行管理的综合能力。在学习过程中，情感对学习起着一定的调节作用。若情感是积极向上的，则能对学习起到促进作用；若情感是消极堕落的，则会对学习产生阻碍作用。因此，大学生在学习中应积极培养自己积极向上的、正确的情感，随时对自己的不良情感进行调整，以便能用最佳的学习状态获得最佳的学习效果。

第二，意志水平。在学习过程中，不可避免地会遇到各种各样的困难，这时就需要依靠坚强的意志，努力克服困难，继而在学业上获得重要成果。

第三，学习动机。所谓学习动机，就是能够推动和引导学习者进行学习的内部动力，是激发学习、维持学习并将学习导向某一目标的内部动力，是学生将学习需要和愿望转变为学习行为的心理动因。

学习动机具有多种多样的类型，而且依据不同的标准可以分成不同的类型。其中，以学习动机的来源为标准，可以将其分为两类：一类是外部学习动机，即来源于学习者之外的学习动机，通常只能保持较短的时间，且在这种学习动机下进行的学习活动具有鲜明的被动性特点；另一类是内部学习动机，即来源于学习者自身的学习动机，如学习者的兴趣、学习者的爱好等，通常能保持较长的时间，且在这种学习动机下进行的学习活动具有鲜明的主动性特点。以学习动机的内容为标准，可以将其分为两类：一类是直接的近景性动机，其与学习活动本身相联系，是对学习的直接兴趣以及对学习活动的直接结果的追求引起的；另一类是间接的远景性动机，其与社会意义相联系，在一定程度上是对社会要求的反映。以学习动机在学习活动中所起的作用为标准，可以将其分为两类：一类是主导性学习动机，另一类是辅助性学习动机。

一般来说，学习动机在学习中主要表现为三个方面：其一，有强烈的求知欲；其二，对未知世界充满好奇和兴趣；其三，学习态度认真而积极。而且，不论是学习的方向，还是学习的进度、学习的效果，都深受学习动机的影响。因此，大学生在学习过程中，应对学习动机形成正确认知，并积极培养自己的学习动机。

学习动机对学习具有推动作用，但学习动机的强度与学习效果之间不存在正相关关系。相关研究表明，在学习活动中存在着最佳的学习动机水平，并会因任务性质的不同而表现出一定的差异，具体如图 5-3 所示。因此，大学生在学习过程中，也能以学习任务难度为依据对自己的学习动机强度进行纠正，以尽可能使自己的学习动机始终保持在最佳的水平。

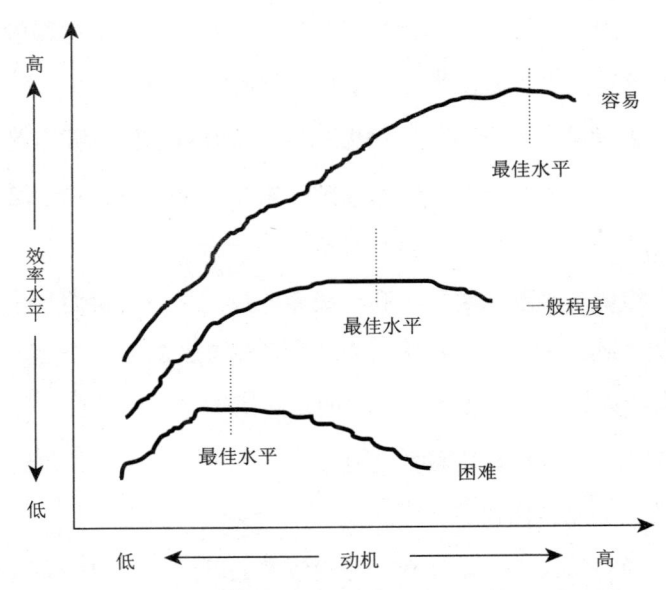

图 5-3 学习任务难度对学习动机水平的影响

3. 特殊能力

人的特殊能力是受人的智力支配的、改造事物的各种操作动作组成的、稳固的实际行动能力，是在某种专业活动中表现出来的能力，它是顺利完成某种专业活动的心理条件。如音乐家区别曲调的能力以及画家的形象记忆力等都属于特殊能力。

（二）大学生的学习心理特点

相比中学学习阶段来说，大学生在大学学习阶段会呈现出独特的学习心理特点。具体来说，大学生的学习心理特点主要表现为以下三方面。

1. 因学习转折而产生心理不适应

大学生从中学进入大学，在学习上会面临一系列的转折，其中最为主要的有两个：一是从中学学习到大学学习的转折；二是从大学低年级基础理论学习到高年级专业技能学习的转折。

(1) 从中学学习到大学学习转折而产生心理不适应。

从中学学习到大学学习的转折，会导致大学生产生一系列的心理不适应，具体来说表现为以下两个方面。

首先，不适应大学的学习方式，具体表现为既不会自学和主动学习，也不会有重点、抓难点地进行学习。因此，一些学生虽然很用功地学习，但无法取得较好的学习效果；一些学生在课后总是感觉无事可做，学习效果也可想而知。

其次，不适应大学的专业学习。一些大学生在选择专业时，要么是受到父母的影响，要么是对专业不够了解。因此，当其进入大学开始专业学习时，由于这样或那样的原因对专业学习提不起兴趣，从而导致专业学习困难。

(2) 从大学低年级基础理论学习到高年级专业技能学习转折而产生心理不适应。

从大学低年级基础理论学习到高年级专业技能学习的转折，会导致大学生产生一系列的心理不适应，具体来说表现为以下几个方面。

第一，无法快速、有效地确定科研选题。

第二，创造性思维能力比较差。

第三，想要在择业的人际关系处理中花费较多的时间，又担心会对自己的学习产生不利影响。

第四，想要考研，又担心考研失利使自己失去主动择业的机会，即面临考研与就业的冲突。

2. 学习意识日益成熟

只有形成良好的自我学习意识，才能真正地学会学习。大学生随着主体意识的萌芽，自我意识会不断得到发展，学习意识也会日益成熟，最为鲜明的表现就是在学习中具有了更强的独立性、自主性和可控性。

3. 自我学习评价能力不断增强

大学生随着自身知识的不断丰富以及能力的不断提高，对自我学习包括学习动机、学习方向、学习内容、学习效率、知识和技能掌握程度等进行评价的能力也大幅增强。在其影响下，大学生能够以自身的实际为依据，合理安排、调节自己的学习活动，进而获得最佳的学习效果。

第二节 大学生常见的学习心理问题

一、学习适应不良

（一）学习适应不良的表现

1. 学习环境不适应

进入高校后，由于学习环境和学习方式的变化，原大学生的自尊心受到了挫伤，优越感荡然无存，如若不能正确对待，很容易由"自尊"转为"自卑"，常常由于"理想之我"与"现实之我"的矛盾，而处于苦恼不安中，甚至对学习失去信心。

2. 学习方法不适应

自觉自主的学习是高校学习活动的核心。面对不断增加的新课程和日益加深的学习内容，不少学生学习不得法，几次考试成绩不理想，便对今后的学习产生很大的心理压力。心理素质差的整天垂头丧气，情绪低落。更有甚者，会由此发展成为精神崩溃，甚至轻生，而心理素质较好的学生，则会努力去适应学习方法的变化，将压力变为前进的动力，从而激发自己的学习热情。

3. 专业学习不适应

大学生的学习有一定的专业方向，是围绕着培养目标进行学习的，所以说，专业学习是大学生成才的需要，是大学生走向成功、实现理想的重要起点。但新生入校后，有不少学生对自己所学的专业没兴趣，甚至一上专业课就头痛，有的认为自己的兴趣、爱好都不在此，为此感到前途渺茫，导致学习动力不足。有些人因此变得消沉或厌学，学习情绪低落，学习成绩上不去。此外，还有些大学生对感兴趣的东西花费了很多心思，为此占用了大量学习专业课的时间，结果导致专业学习考试不及格，于是总处在烦躁不安、怨天尤人的状态中，结果是专业学不好，爱好也没有兼顾到。

4. 自主择业不适应

随着毕业生就业制度改革的不断深入，多数学生在毕业后将在国家有关政策指导下，通过人才市场自主择业。在应聘中，学生的学习状况、专业需求状况和个人素质是决定能否找到满意职业的关键所在，因此，专业对口、企业急需、个人素质好、实际工作能力强的毕业生普遍受到用人单位的欢迎，反之，用人单位则不愿意接收。这种双向选择的竞争态势，直接影响着在校大学生，并给部分学生造成心理压力。在竞争中成才，已成为大学生的普遍心理，这本是市场经济的必然要求，但有的同学在竞争的学习氛围中，却表现出一种畏惧心理。另外，比较容易的专业，学生学习积极性就高。反之，冷门专业，择业比较困难的专业，这些专业的学生补考率往往高于其他专业的学生，有的学生甚至留级、退学。

（二）学习适应不良的原因

1. 客观原因

相对于中学来讲，高校的学习在教学特点、方式和内容上有着很大的不同。高校的老师一堂课讲述的内容多，而且有时会与教科书上的内容有出入，注重教学的内在逻辑严谨，而不太注意学生的反映。另外，在陌生的新环境中，一切要从头开始，从自己做起，这种种巨大变化，给心理素质尚未成熟的新大学生带来了情绪的波动和不安，从而影响了学习的正常进行。

2. 主观因素

一般来讲，大学生的自我意识觉醒，独立的成人意识强烈。但是由于现在的大学生绝大多数是从中学直接升入的，生活的阅历浅、经验少，形成了强烈的成人认同意识与欠缺丰富的社会经验之间的矛盾。加上中学时在高考竞争的压力之下，无论是学校还是家庭，大多只重视知识的学习，强调分数，而忽视了能力的培养，这就使大学生虽然有着强烈的成人意识，但在心理上仍然不自觉地对父母、师长有着强烈的依赖性。在学习上，仍然希望教师日日在侧，父母天天督促，因而在现实的学习生活中感到很不适应，产生了消极甚至厌烦的情绪，妨碍了学习。

二、学习过度焦虑

造成学习过度焦虑的原因是多方面的。有些同学在环境影响下，学习目标定得过高，或是希望通过学习保护自己的自尊心，而自信心又不足，于是心理压力很大。此外，个性偏敏感、易焦虑的大学生，往往容易产生学习过度焦虑。

由于过度焦虑，这些学生在学习中不能正常发挥心理效能，注意力难以有效集中，有些学生为了减轻学习焦虑，对学习采取回避、退缩的态度和方式，逃避、害怕、厌烦学习和考试。或是因心理压力过大，导致神经衰弱等心理障碍。

三、缺乏学习动机

刚进入高校，课余时间比较自由宽裕，竞争意识弱化，部分学生便产生了"松口气，歇歇脚"的心理，结果生活懒散，学习松懈，学业荒疏，成绩下降，甚至出现多门功课考试不及格，并因此心理受挫，产生苦闷和悲观的情绪。作为一名大学生，学习动机的确定是至关重要的，没有学习动机的学生，胸无大志，缺乏学习内驱力，学习成绩因而下降，有的甚至留级、退学。

四、学习无助感

（一）考试焦虑和怯场

考试焦虑是指因各种原因造成的情绪紧张致使原来已形成的熟练的识记内容不能重新再现。严重焦虑会导致应试中出现"晕场休克"。其实，应试时的紧张感是一种正常的应激——指由外界情况变化，主要指比较紧急的或危险的状态所引起的一种情绪表现。考试焦虑和怯场的原因有以下三个方面。

1. 缺乏自信

有些同学由于种种原因曾经经历了考试失败的打击，这在心理上就会形成失败定式。所谓定式是指以前具有的解决类似问题的经验，对后来解决类似问题的影响。作为失败定式——"上次没考好"会像个阴影一样干扰和妨碍自己，于是打破了心理的稳定性，分散了精力，在考试中遇到问题时，就会联想曾经有过的失败，由此产生恐惧和慌张，从而影响考试水平的正常发挥。

2. 动机超强

对考试成绩的要求很高，把分数看得过重。在这种强烈的动机促使下，造成精神的极度紧张，过分担忧自己考试的成败。而进入考场中，一旦真的遇到难题，更是联想万千，从而影响了应试的正常进行。

3. 身心过度疲劳

一方面，作为正常的应试，已使自身在体力和体能上有所消耗，考试本身就让人有一种压力感和紧张感，所以，每当考完最后一门课时，都会感到轻松。另一方面，是人为的紧张因素。为了能考得好，有的同学打乱了以往的生活规律，头悬梁，锥刺股，夜以继日地复习，导致身心极度疲劳，因而产生了负诱导。即在大脑皮层的兴奋点周围产生抑制作用，抑制兴奋过程的扩散，这也是大脑的一种自我保护功能，而且这两种神经活动过程是相互引起和相互加强的作用。所以，抑制作用一出现，就会出现记忆再现的障碍。越心急越加强负诱导，越想不起来就越急，最后达到超限抑制——晕场休克。

（二）作弊心理

每一次考试，总会有人不惜"以身试法"，并因此而受到处分。而助人作弊者也往往株连难免。

可以说，作弊有百害而无一利。既欺人，又自欺。不仅妨害良好校风的树立，更重要的是恶化了自己的人格品质，与大学生本应追求和拥有的真、善、美相去甚远。

五、学习心理疲劳

心理疲劳不同于生理疲劳，生理疲劳是由于肌肉活动过度，使血液中代谢废物如二氧化碳和乳酸增多，导致腰酸背痛、乏力等。心理疲劳是大脑细胞活动持续时间较长，导致脑细胞处于抑制状态。学习心理疲劳在大学生中并不少见，造成这种现象的原因包括以下四方面。

第一，在学习活动中，不注意用眼卫生，学习内容长、时间过于单调或生活中缺乏劳逸结合。

第二，学习内容难度较大、学习过于紧张，使大脑神经持续处于高度紧张状态。

第三，对学习活动缺乏兴趣，学习中情绪低落，从而导致大脑神经活动处于抑制状态。

第四，学习心理疲劳若得不到及时有效的消除，不但影响学习效果，而且使精神状态不良，甚至引起神经衰弱等心理障碍。

第三节 大学生良好学习行为的培养

一、提高心理效能

可以从以下方面努力提高心理效能，具体如表 5-1 所示。

表 5-1　提高心理效能的途径

途径	具体阐述
确立明确的奋斗目标	目标明确性是人的意志特征之一，是指一个人能控制自己行为，使之服从于自己稳定的人生目标。这一目标能指导人的一切行动，使人有决心、有计划、有能力为实现这一目标而奋斗
增强学习动力	增强学习动力，从外部的环境而言，需要一种重视教育、重视知识、尊重人才的良好社会氛围和学校浓厚的学习、学术风气。但这有赖于社会的发展、教育改革的深化，并不是一朝一夕可以达到的。因此，增强学习动力更需要自身的调节能力
培养学习兴趣	兴趣是情感的凝聚。一个人若是对一件事有兴趣，就会深入持久地去做，以达到预想的目的。它是重要的心理动力之一，推动人们的实践和创造活动

二、顺利完成角色转换

高校生活对每一位新生来说，无疑是一次很大的变化。这就要求我们能尽快调整自己，找自己在新的大学生活中的最佳位置。具体来说，应做到以下三方面。

第一，要平定情绪，不要被一时的不适应吓倒。"角色转换"在人的一生中会经常出现，其间所出现的不适应到适应是很正常的。

第二，尽快从成功的陶醉和入学的新奇中摆脱出来，使自己及早进入角色中。

第三，努力去摸索和掌握高校学习的特点和规律，做学习的主人。

三、科学运筹时间

对于时间在学习中的价值谁都明白，特别是对于处于集中学习的大学生而言尤为宝贵。但是，由于一下子从紧张的中学学习进入宽松的高校学习，一个很明显的感觉——时间特别宽裕，加之目标不明确，于是有些同学总是会有"等明天再做"的心理。大学生应该科学运筹时间，具体来说应做到以下三方面。

第一，要善于安排时间。大学生要充分利用有限的时间去多做些工作。此外，要学会巧用时间，积少成多。

第二，养成珍惜时间的好习惯。有人说人的一生有三分之二的时间是在睡觉、吃饭和娱乐，真正用于学习和工作的时间只有三分之一。所以，前人才会感叹"一寸光阴一寸金，寸金难买寸光阴"。

第三，丰富充实自己的生活。高校的有形学习只是其生活的一部分，同学们还要善于从无形的学习，即生活实践中去提高自己，充实自己的生活，丰富自己的阅历，才能不枉废高校学习生活。

四、寻找最佳的学习方法

寻找最佳的学习方法，是保证学习顺利进行并且取得良好效果的重要前提条件，特别是对大学生而言。什么是最佳的学习方法呢？其标准一是符合自己的实际情况，二是能提高学习效益。大学生寻找最佳学习方式应在以下这些方面给予重视。

（一）阅读

阅读是获取知识的必由之路。当今知识的更新与发展越来越迅速，以个人的有限精力一切从头做起是不可能的。所以，掌握阅读的方法，对于学习特别是学习书本知识是十分重要的，尤其是对处在集中学习阶段的大学生而言。但是，能阅读不等于会阅读。因为对识字的人来说，阅读是一种自发的活动，凡是识字的人都能阅读，但是"大多数人不会阅读"。区别就在于"能"阅读的人，读书并不是复杂的过程，是把自己的头脑变成名家名著的复印机和保存室。而"会"阅读的人，会在书中找到有利于自身发展的智慧，以此为基础去发挥自己的潜能，为社会做贡献。

（二）积累文献资料

高校的学习以自学为主，它有一位非常好的帮手——图书馆。每一位大学生都应该成为图书馆的"朋友"和"学生"。要想充分有效地利用图书馆，应做到以下三方面。

第一，提高检索能力。前人云："凡读书最切要者，目录之学。目录明，方可读书；不明，终是乱读。"

第二，做索引和卡片。把有用的资料按自己的方式做成索引或是制成卡片，一旦需要的时候，可以及时准确地查找到，提高了学习的效率。

第三，记笔记。俗话说："好记性不如烂笔头"。

此外，积累文献资料还有很多的手段，关键在于"勤"——手勤、脑勤，养成良好的习惯。

五、预防、消除心理疲劳

（一）选择良好的学习环境

避免杂乱、昏暗、吵闹、空气混浊的环境，学习场所整洁、明亮、优雅、宁静，使人感到心情舒畅，也有利于提高大脑活动的效率。

（二）善于科学用脑

现代科学揭示了大脑两半球的不同功能：大脑的左半球与逻辑思维有关，右半球则与形象思维有关。此外，大脑活动还有一种"优势现象"，即当大脑某一功能区的活动占优势时，可使其他功能区的活动相对地处于休息状态，应该不同学科尤其是文、理科穿插进行，就可有效地预防学习心理疲劳，提高学习效率。

（三）注意劳逸结合

大脑神经活动是兴奋—抑制的交替过程，因此，劳逸结合是预防心理疲劳之道。

第一，在学习了一段时间之后可以休息片刻，通过听听歌等办法让自己轻松一下。

第二，在学习之余，可以去参加一些文体活动，使自己的身心得到放松。

第三，一定要保证有充足的睡眠时间。

第四，培养广泛的兴趣，使自己的生活丰富多彩。

六、培养应试能力

（一）养成良好的学习习惯

学习是持之以恒的工作，所谓"冰冻三尺，非一日之寒"，要达到学习的真正目的，除了靠"歼灭战"，更要有打"持久战"的准备。平时注意养成良好的习惯，应试时才能艺高人胆大，不会被打乱阵脚。

（二）提高应试技巧

对于考试，大学生应该做好以下三方面。

1. 做好考前的准备

第一，系统地整理一学期所学的内容，使所学的内容可以形成一个体系，然后进行复习。

第二，复习的时候要列一个时间表，合理分配每门课程的复习时间。

第三，临考的前一天晚上再进行最后一次强化，以保证考试可以取得好的效果。

2. 合理安排作息时间

第一，作息时间一定要安排好，避免大脑过度疲劳，影响水平的发挥。

第二，临考的前一天一定要有充足的休息时间，保证头脑清醒、精力充沛。

3. 正确应对"怯场"

第一，考试时先做有把握或比较简单的题目，这样可以缓解紧张心情、消除紧张情绪，还可以增强自信心。

第二，如果考试中出现"怯场"情况，强烈焦虑、紧张、思维混乱或一片空白，手脚发颤，头昏脑胀，此时应立即停止答卷，伏在桌上休息片刻。同时想一件令你高兴的事，转移注意力使大脑兴奋起来，缓和紧张情绪；或反复自我暗示："我很安静""我很轻松"，并适当地舒展身体；或闭眼、放松、做几次深呼吸，使情绪趋于镇定后再答题。

（三）正确对待考试

大学生应该以平和的心态来对待考试，要认识到考试是衡量自己学习好坏的一个重要标志，但不是唯一的标志，考试只是学校教育中的一个重要环节，但一次考试的分数并不能完全反应一个人的真实水平，更不能反应一个人的真实能力，所以，大学生一定要正确对待考试，应不为分数所累，轻装上阵，沉着冷静地应试。

（四）寻求心理咨询指导

这里指的是对过度的考试焦虑和怯场的同学，必要时应该寻求专业心理咨询人员的帮助，通过有针对性的科学训练和心理调适改变这种状态，顺利完成考试。

第六章 大学生的人际交往心理健康教育

交往是人类的本质特征，没有交往就没有人类社会的形成和发展；同时，交往是个体发展的需要，离开了人际交往，其心理就不能形成与发展，也就不能成为真正的人。大学生正处于学习知识和不断社会化的过程中，因而大学生总要不断地遇到和处理这样那样的人与人的关系。正确认识和处理这些关系，对于实现人生目的和人生价值，确立正确的人生态度，具有重要意义。

第一节 大学生人际交往的一般规律

一、人际交往基础认知

（一）人际交往的内涵

人际交往是指社会活动中人与人之间相互沟通信息、相互施加影响的过程。从本质上看，人际交往的过程是信息交流的过程，交流的内容就是思想、观点、情感、态度等信息。信息交流，主要是借助于语言符号来进行，也以非语言符号为辅助手段，最终达到心理沟通、理解、协调和建立一定的人际关系的目的。

人际交往的双方互为社会的主体和客体。当甲方是信息源发出信息为乙方所接受、并对接受到的信息内容加工处理做出反应时，甲方就是主体，而乙方就是客体；反之，则乙方是主体，而甲方是客体。在双方交往过程中，每一个参加者既是信息的发送者，又是信息的接受者，交往的双方反复发生着位置互换过程。

人际交往过程的双方都要求自己的伙伴有积极性。这就是，作为信息发送者在发送信息时都有一定的动机和目的，必须预测到对方如何反应。信息的接受者对接受到的信息并不是机械地做出反应，而是通过自己的知识经验、价值观、态度等来决定自己如何反应。

（二）人际交往的原则

人际交往的原则主要包括以下内容，如图 6-1 所示。

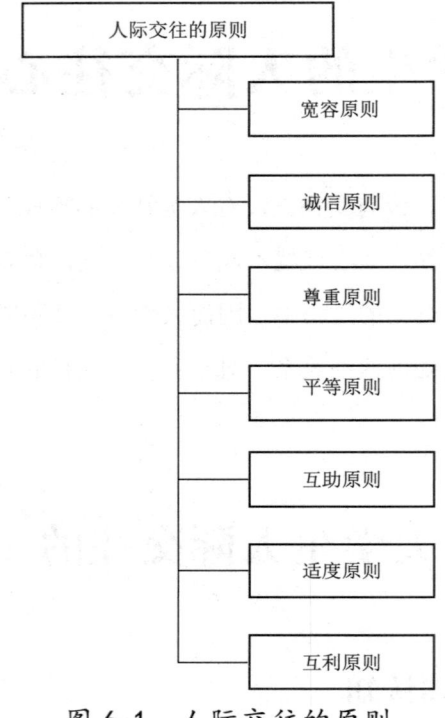

```
人际交往的原则
├── 宽容原则
├── 诚信原则
├── 尊重原则
├── 平等原则
├── 互助原则
├── 适度原则
└── 互利原则
```

图 6-1　人际交往的原则

1. 宽容原则

宽容就是在人际交往中对非原则性的人或事，采取一种原谅、饶恕、不予计较和追究的态度。

2. 诚信原则

诚信原则要求人们在交往中说真话、讲信用、重承诺，要直率坦荡、实事求是，要遵守交往双方的约定，不随意推脱敷衍。遵守诚信原则才能使交往对象感到踏实和放心，才能在交往过程中赢得信任和尊重。

3. 尊重原则

每个人都期望在人际交往中得到尊重，尊重能使人产生信任和坦诚等情感，缩短人们交往的心理距离。尊重包括自尊和尊重他人两方面。自尊就是保持自身人格的尊严，即人的自重与自爱。每个人都有自己的尊严，也特别期望获得他人的尊重。

在现实生活，与我们打交道的人并不一定都是自己所喜欢的对象，但即便如此，也应该在平等原则的基础上尊重对方，包括尊重他人的人格、权利和劳动成果。只有如此，才能获得他人的尊重。

4. 平等原则

平等原则是建立良好人际关系的前提条件。人们在交往的过程中都希望受到平等的待遇、建立平等的关系、进行平等的相处，这是人们对于交往的需要。虽然人际关系中的交往双方因社会角色不同而对对方产生的影响是不对等的，但这并不影响双方交往中的平等地位。大学生年龄、经历、文化水平等大体相似，无论来自农村或城市，学文或学理，年级高或低，都应以平等原则与人相处和交往。若是自视特殊、居高临下、鄙视他人，就会被集体孤立，产生心理上的孤独感。

5. 互助原则

人际交往是以能否满足交往双方某种需要为基础的。互助即在一方需要帮助时，另一方在能力范围之内及时地提供帮助，这种帮助包括物质、精神和情感等多个方面。在个体的人际交往过程中，互助原则是必不可少的。遵循互助原则可以进一步增进双方的情感交流，建立稳固的人际关系。

6. 适度原则

遵守这一原则，在主观上必须认识到，即使在最亲密的人际关系中，双方的心理世界不可能达到完全的重合，即取得完全一致，而只存在多大程度上取得一致的问题。无论是同学之间、朋友之间还是夫妻之间，无论关系多么亲密、感情多么融洽，双方都不可能达到认知、行为、态度和情感的完全一致。所以，要保持良好的人际关系，一定要坚持适度原则。

7. 互利原则

互利原则就是要求人们在人际交往的过程中，双方都能得到好处和利益，获得心理上的平衡。这种互利既有精神上的互利，也有物质利益上的互利。人际交往中的精神互利就是指交往的双方互相接纳、互相肯定、互相支持、彼此宽容、共同发展。人际交往中的另一种互利体现为利益上的对等交换，即在人际关系中，交往的双方总是在价值观的指导下来衡量交往是否有价值，如果在两人的交往过程中，一方付出了很多，却没有或很少有回报,那么他(或她)就会心理失衡,觉得这种交往不对等,进而回避或主动结束交往。大学生在人际交往中,应在互利原则的指导下,彼此求同存异、互相容纳,不但要欣赏、接纳对方的优点与长处,还要宽容、谅解他人的缺点与过失,在感情上相融相通,在物质利益上互惠互利,只有这样才能获得良好的人际关系。

(三)人际交往的功能

人们只有在交往过程中,才能保证共同活动和目标的实现。人际交往具有以下功能,如图 6-2 所示。

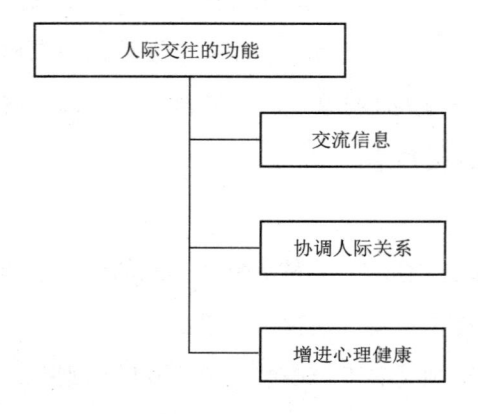

图 6-2 人际交往的功能

1. 交流信息

通过交往,人们能很快地沟通信息、增长知识、启发思考。交往是一种思想交换的过程。信息沟通是人际交往的重要功能。每个大学生不仅应从书本上学习知识,而且应当在人际交往中学习知识,况且在人际交往中能学习到书本上学不到的东西。在学校,除了同学之间、师生之间的交往外,还应当参加一些以学习为目的的郊游、参观、社团活动等,在有组织的活动中进行各种各样的思想交流,以达到相互学习、相互理解、提高能力、丰富情感的目的。

2. 协调人际关系

人际交往具有能够使团体或组织内部各个个体之间保持行动上的协调和默契,以保证实现共同目标的功能。共青团中央组织的青年志愿者活动,吸引了许多大学生。他们自愿结成活动小组,为社会服务。在服务中,他们加强了与社会的交往,而且内部成员之间也结成亲密的朋友。当代大学生的心理特点之一,是希望通过自己的人际交往,结识更多的朋友，增进自己的社交能力，更好地适应社会，更好地为社会服务。

3. 增进心理健康

交往需求在人的需求结构中占有相当重要的位置。如果这一需求得不到满足，就会出现孤独、忧伤、惊恐、急躁等情绪，从而导致心理疾病。人际交往正是人之维持精神健康的基本需要。一般说来，交往时间较多、交往空间范围较大的人，往往精神生活更丰富、更愉快。因此，人际交往对个人来说是生活中不可缺少的行为，从生到死都不能停止，充分的、良好的人际交往是保障个体心理发展与健康的重要手段。

二、大学生的人际交往

（一）大学生人际交往的内涵

广义上的大学生人际交往是指大学生与其有关的一切周边人群的相处关系，包括与老师、同学、家长以及社会人员的交往。狭义的大学生人际交往是指大学生在学校期间与他们生活有关的周边个体或群体相处，主要指的是与老师和同学的交往。

（二）大学生人际关系的类型

一般来说，可以将大学生的人际关系分为以下三种类型，如图 6-3 所示。

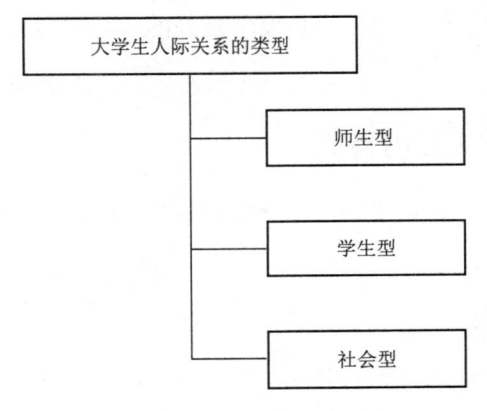

图 6-3 大学生人际关系的类型

1. 师生型

教师和学生之间的交往关系是大学校园中基本的人际关系，即师生型人际关系。尊师爱生是师生关系的具体表现。大学生要顺利完成学业，就必须与这些成员往来，彼此结成一定的人际关系。在这类人际关系中，学生是教育和服务的对象，教师是教育者，学校以学生为主体，以教师为主导。

2. 学生型

由于年龄结构、知识水平等大致相同，大学生之间的感情最容易沟通。学生型交往关系包括两种。

（1）正式群体内同学之间的交往。

正式群体内同学之间的交往如专业、年级、班级、宿舍内的交往。

（2）正式群体之外同学之间的交往。

正式群体之外同学之间的交往是由某种共同的爱好、兴趣，或某种需要、某种偶然因素所引起的。

大学中的同学关系具有特别的重要意义，处理得好，集体和个人都会受益。特别是在良好的班集体中，同学们可以互相帮助，团结友爱，对个人的身心健康有调节作用。

3. 社会型

社会型的人际关系就是大学生和校园外的团体和个人之间的交往关系。近年来，青年学生纷纷走出校门，他们在同社会各界交往过程中，更多地了解了国情，了解了人民群众的思想感情，了解新型的人际关系，对增长才干起到了补充和促进作用。但是，大学生片面追求"探索"和培养"活动能力"，热衷于校外的、与学习无关的活动，会导致学业荒废，甚至留级、降级、被迫退学等。这一点应引起大学生的警惕。

（三）大学生人际交往的特点

作为一个特殊的群体，大学生的人际交往具有显著的特点，概括来说主要包括以下四方面。

1. 人际交往的迫切性

大学生是社会中一个较为特殊的群体，年轻活泼，思想活跃，认识事物的能力较强，自主意识也较强，精力充沛。由于绝大多数学生脱离了家庭的生活圈子，一般都有较迫切的人际交往的愿望，想认识与熟悉更多的人，想交新的朋友。

2. 人际交往的情感性

大学生交往的对象以同学为主体，交往中涉及的内容主要是学习、生活、思想，以及各种集体活动、娱乐等，增进感情和友谊是交往的主要目的。

3. 人际交往的不成熟性

处于青年时期的大学生虽已具备了成年人的体格及种种生理功能，但其在家长的过度保护下，涉世未深，心智尚未成熟。

4. 与异性交往的强烈性和拘谨性

大学生正处于青春发展的高峰期，尤其是性心理逐步趋向成熟。他们在心理上产生了与异性交往的兴趣与愿望，并不断增强，他们希望了解异性，得到异性的理解、尊重和爱慕。但在实际男女生的交往中，多数学生行为显得很拘谨，不能落落大方，怕人说闲话，因而制约了男女间的正常交往。

（四）大学生人际交往的尺度

1. 大学生的交往广度要适当

大学生的交往广度一定要适当。目前，很多大学生已经充分认识到人际交往的重要性，几乎每个人都有自己能够亲密交往的交际圈，但如果仅限于自己的交际圈，形成排他性，疏远可交的益友，就不利于信息渠道的畅通，妨碍了正常交往。另外，大学生交往的范围也不要太广，如果范围太大，人数太多，将必然分散自己的精力，影响学习。

2. 大学生的交往方向要明确

刚入校的大学生，思想相对来说比较单纯，因此在人际交往过程中，同哪些人交往，交往的目的是什么，如何把握方向，就显得尤为重要。交往方向的不明确会直接影响人的健康发展。大学生一定要明确自己的交往方向，以保证自己的健康发展。

3. 大学生的交往程度要适度

大学生的交往程度要适度，主要表现在以下内容，具体如表6-1所示。

表6-1 大学生交往程度要适度的表现

表现	具体阐述
交往的距离要适度	有的同学交往，关系好时形影不离，关系不好时就老死不相往来，甚至还互相攻击，这对大学生的身心发展都是极为不利的。因此，大学生一定要注意把握适度的原则，对于人际交往，不必短期全线突击，也不必利益稍有冲突就互相攻击，应该疏密有度
交往的时间要适度	在大学生的社会性需要中，除了交往外，还有劳动、学习等内容。当然，必要的交往有利于大学生的身心发展，但也应看到，有些时候人际交往会和学习等存在冲突的情况，因此，大学生在时间安排上就要把握好适度的原则
与异性交往要适度	正常的异性交往有助于大学生的身心健康和人格发展。如果大学生过分沉迷于尚不成熟的异性恋情，就会疏于学习和参加丰富多彩的社团活动，缩小了与其他同学接触的机会，影响了自己的进步与发展。因此，对于异性交往，大学生一定要把握好适度原则

（五）大学生人际交往的技巧

1. 给人以友善的微笑

大学生在与同学的交往中，真诚的微笑也会给人留下美好而深刻的印象。尤其对那些受到老师或父母压力的人来说，一个笑容就能让他们感受到生活的希望，体会到世界的欢乐。

2. 记住对方的名字

在人际交往中，若是把对方的名字忘了或写错了，就会令自己处于非常不利的地位。事实上，记住对方的名字，说明对方在你心目中是重要的。所以，大学生在人际交往中一定要注意记住你想交往对象的名字，这样会取得事半功倍的效果。

3. 给人以真诚的赞美

会赞美别人是一种能力，要想使赞美取得好的效果，必须要做到以下三方面。

第一，赞美要具体实在。比如，如果你要赞美一位女同学，与其说"我喜欢你"，不如说"我非常喜欢你今天的打扮"等，这样会让人觉得比较实在和真诚，言不由衷的赞美只会让人生厌。

第二，赞美要选准角度、恰如其分。假如你要向一位女同学表示赞美，而这位同学相貌平平，与其说她貌美如花，不如说她心地善良等。否则可能会让对方体会到讽刺的意味，从而不利于交往。

第三，赞美要讲究艺术。有时大学生在交往时不小心说错一句话就可能会伤害其他人，赞扬也是一样的。比如，一个男生在和两个女生聊天，他想赞美两名女生，如果他对一名女生说"你虽然没有她美，但你却比她聪明"，这样的话语一出，就将两名女生全部"得罪"了。所以，赞美一定要讲究艺术，否则只会适得其反。

（六）大学生人际交往的意义

大学生人际交往具有重要意义，概括来说主要包括以下四方面。

1. 有助于提高大学生的智力

智力的开发、学习效率的提高，离不开人际交往，如果一个班集体或者寝室里，人际关系紧张，这样的生活环境会让人觉得压抑，而不开心的情绪也会影响学生的学习和生活。但是如果这个寝室或者班集体的氛围是健康、和谐的，那么生活在这样集体中的大学生心

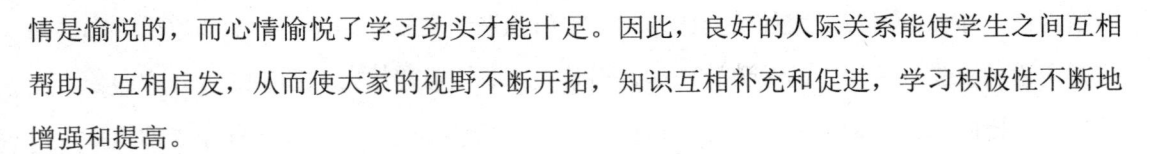

情是愉悦的，而心情愉悦了学习劲头才能十足。因此，良好的人际关系能使学生之间互相帮助、互相启发，从而使大家的视野不断开拓，知识互相补充和促进，学习积极性不断地增强和提高。

2. 是生存与安全的需要

根据马斯洛的需要层次理论，在个体发展过程中，生理需要、安全需要、社交需要、尊重的需要、自我实现的需要是人们赖以生存的五种最基本的需要。这五种需要共同构成了不同的等级或水平，并成为激励和指引个体行为的力量。每个人都需要别人的关怀和帮助，需要一种稳定的安全感，它表现为人们追求稳定、安全的环境，希望得到保护，能够免除恐惧和焦虑心理等。这种需要是一种精神上的需要。因此，大学生人际交往的需要是人的一种基本的精神需要。

3. 有利于大学生沟通信息

人际交往的重要功能之一是可以使交往双方能够获得大量的信息。一个人的信息量、知识面是有限的，通过良好的人际交往，人就可以克服信息量的有限性，以各种方式迅速取得信息，通过人际交往获得信息具有更直接和速度更快捷的特点。

4. 有利于促进大学生社会化进程

每个人的社会化进程都是在人际交往中进行的，人际交往是社会化的起点。随着大学生人际交往范围的不断扩大，他们就会从交往中不断积累深化社会经验，促使自我个性不断成熟，使自己不至于在走向社会后遇到各种复杂的人际关系问题而措手不及。

三、大学生人际交往心理的一般规律

所谓人际交往，就是人们通过一定的方式而进行的信息沟通、情感交流和物质交换，从而在心理上、行为上相互影响、相互作用的过程。大学生相比其他社会群体来说，在人际交往过程中会呈现出特殊的心理，并具有一定的规律性。

（一）大学生人际交往的心理效应

大学生在进行人际交往时，往往会受到一些心理效应的影响，其中较为主要的有以下六个。

1. 首因效应

所谓首因效应，就是人际交往双方在交往过程中给对方留下的首次或最先的印象（即所谓的第一印象）对日后交往活动的影响。它所强调的是第一印象的影响和效果，也就是日常所说的"先入为主"的效果。比如，当某人在首次见面给人们留下了良好的印象，即使过了一段时间，人们在对他的心理与行为特征进行解释时，也会以这种印象为依据。由此可知，第一印象是十分鲜明且稳固的。但是，第一印象并不总是正确的，随着交往的深入、认识的增多，第一印象会不断得到修正或是改变。

首因效应是客观存在的，它的产生主要是由于人们在对他人和事物进行认知的过程中，知觉往往会起到十分重要的作用。而人的直觉具有综合性特点，因此在第一印象得以产生的有限信息基础上，会利用思维对不完全的信息进行贯穿和填补，从而使对对象的认知成为一个统一的整体，进而对对象形成一个整体的印象。但是，这一印象在很大程度上是通过思维、想象而不是直接的接触和认知获得的，而且这一印象会影响到后面对对象的认知，即与这一印象相符合的，很容易进行强化；与这一印象不相符合的，很容易产生冲突。因此，首因效应是一种正常的心理偏差，但也存在一定的片面性。对此，大学生应有清醒的认知，同时要特别注意以下两个方面。

首先，在初次与他人交往时，要尽可能减少首因效应对自己的影响，以便自己能够正确地对他人进行认知。

其次，要对首因效应进行有效利用，注意在初次与他人交往时给其留下良好的印象，以便日后能够顺利地进行深入交往。

2.近因效应

所谓近因效应，就是交往中最后的印象对于交往活动的影响。近因效应与首因效应并不矛盾，因为在人际交往中第一印象固然重要，最后印象也起着十分重要的作用。一般来说，首因效应在与陌生人的交往中会表现得比较明显；近因效应则在与熟人的交往中会表现得比较明显。

在大学生的人际交往中，近因效应也经常会产生重要的影响。比如，平时不注重宿舍卫生，而一旦有卫生检查便突击整理一下，以争取给人留下一个良好的印象。由此也可以知道，近因效应也存在一定的片面性，会对人们正确认识他人造成一定的妨碍。

3.投射效应

所谓投射效应，就是在人际交往中，认知者在形成对别人的印象时总是假设他人与自己有相同的倾向，即把自己的特征投射到其他人身上。比如，一个爱说谎的人总以为别人也时常说谎；一个有邪念的人总以为别人也都有邪念等。

一般来说，投射可以分为两种情况。一种是个人将自身具有但并未意识到的一些特征强加到他人身上。比如，某人对另一个人怀有敌意，则会感觉对方总是对自己带有的敌意，认为对方的一举一动都有挑衅色彩。另一种是个人将自身具有且意识到的一些特征强加到他人身上。比如，一个想在考试中作弊的学生，总感觉其他同学也在作弊，自己要是不作弊就太吃亏了。

投射效应在人际交往中产生的影响往往是较为消极的，当然，投射效应在人际交往中也会产生一定的积极影响，如帮助人们更好地进行相互理解。对此，大学生应有清醒认知，并尽可能克服其对自己的人际交往的不良影响。

4. 晕轮效应

晕轮效应又称"光环效应"，就是人们在人际交往中往往将对方所具有的某一特征泛化到其他有关的一系列特征上。这与人们日常生活中所说的"爱屋及乌"是较为类似的。

晕轮效应对不同的人所产生的影响，在程度上会有一定的差异。具体来说，晕轮效应对有较强的独立性和灵活性的人所产生的影响往往较小，而对适应性较差且情绪不稳定的人所产生的影响往往较大。另外，在人际交往中，晕轮效应会产生一定的负面影响，最为鲜明的一个便是会对人辨别好坏、真伪产生一定的妨碍，而这可能导致某一人被其他人利用。此外，在人际交往中，晕轮效应会导致对他人认识的偏见、歪曲他人的形象、对他人进行不正确的评价，继而导致人际交往无法顺利进行。因此，大学生在人际交往中应具备一定的设防意识，并有意识地训练自己从不同的角度和方面对他人进行观察和评价，以尽可能减少晕轮效应对自己的影响。

此外，大学生在人际交往中防止自己受晕轮效应影响的同时，还要注意对晕轮效应进行有效运用。比如，大学生可以通过对自身言行进行优化、对自身良好外在形象进行塑造的方式，使自己在人际交往中能够顺利进行，并取得更加理想的效果。

5. 刻板效应

所谓刻板效应，就是认知主体对认知客体形成了一种既概括又固定的看法，且这一看法会对认知主体日后对该类客体进行知觉产生重要的影响。

刻板印象是以人们的经验为基础产生的，并始终在人们的意识中潜藏着。比如，由于刻板印象的影响，人们普遍地认为北方人高大，而南方人娇小；山东人魁梧、豪爽、实在，而江浙人机灵、应变能力强等。

人们一旦形成了刻板印象，便会在不自觉中受到影响，对某一人产生不正确的认知，并不论其是否表现出某一类群体的特征便将其简单地归到某一类人群中，并将该类群体的评价强加到他的身上。在人际交往中，若是存在这种刻板印象，很容易导致人际交往无法顺利进行，妨碍良好人际关系的建立。当然，刻板印象在人们的认知过程中也有积极的一面，即能够使人们的认知过程得到简化，从而使人们能够以群体特征为依据对个体进行推断和认知，继而便利且迅速地对社会生活环境进行适应。但是，每一个人都是独立的个体，在具有群体特征的同时，还具有自己的个性。因此，大学生在对他人进行认知时，要尽可能避免被刻板印象影响。

6. 从众效应

所谓从众效应，就是个人迫于社会群体的压力，不坚持自己的意见，而采用大多数人都会采取的行为。

在人际交往中，从众效应也会产生重要的影响，即会使一个人的人际交往活动处于被动状态，无法积极、主动地去建立自己的人际关系。在其影响下，人际交往必然无法顺利进行，同时也会对人的内心造成压力，从而既无法建立起良好的人际关系，也不利于自己身心的健康发展。因此，大学生在进行人际交往时，要尽可能减少从众效应对自己的影响。

（二）大学生人际交往的发展趋势

在当前，大学生所处的时代是不断变革和发展的，新技术不断出现，社会生活不断发生变化。这使大学生不论是在思想方面，还是在观念和行为方面，都会不断发生变化。而在其影响下，大学生的人际交往活动也会呈现出一些新的特点和趋势。具体来说，大学生人际交往的发展趋势主要表现在以下六个方面。

1. 人际交往范围不断扩大

在大学生的人际交往中，地域限制的影响变得越来越小。这是因为，随着社会的不断发展和科学技术水平的日益提高，现代通信和交通获得了迅速发展。在其影响下，大学生的人际交往范围得到了大幅扩展。

2. 人际交往的方式不断丰富

现代的大学生在进行人际交往时，往往可以运用多种多样的工具，如手机、互联网、信件等。而随着科学技术的不断发展，大学生的人际交往方式还将不断得到丰富。

3. 人际交往的群体不断扩展

在以前，大学生的人际交往群体主要是现实生活中真实存在的群体，如班级、社团、同乡会、兴趣小组等。而在现代，大学生的人际交往群体除了包括现实生活中真实存在的群体外，还有了很多虚拟的群体，如微信群、QQ群、网上社区、网上论坛等。由此可知，大学生的人际交往群体正不断得到扩展。

4. 人际交往的自由度不断加大

在以前，大学生的人际交往具有十分鲜明的特征，即依赖性。具体来说就是，大学生的人际交往需要在师长的指导、同学的协助下进行，否则便无法得到实现。而在现代，大学生随着独立意识的不断增强，在进行人际交往时不再依赖于师长和同学，而且无论是选择交往对象、交往范围还是交往方式，都有着越来越大的自由度。由此可知，大学生人际交往的自由度正不断得到加大。

5. 人际交往的内容不断多样化

在以前，大学生的人际交往内容是较为单一的，概括来说主要有三个方面：一是交流感情；二是寻求友谊；三是寻觅爱情。而在现代，随着社会生活的不断丰富，大学生的人际交往内容也越来越多样化，几乎在衣、食、住、行、工作、学习、娱乐等方面都有所涉及。

6. 人际交往的心理存在较大差异

现代的大学生在进行人际交往时，在交往心理方面往往存在较大的差异。具体来说，大学生人际交往的心理差异主要表现在以下两方面。

首先，大学生的性格不同，在进行人际交往时会表现出不同交往偏好。比如，一个拥有沉静性格的大学生，往往不愿意与锋芒毕露的人交往；一个拥有泼辣、果断性格的大学生，往往不愿意与优柔寡断的人交往等。

其次，大学生的自我成熟水平不同，在进行人际交往时也会有所差异。具体来说，自我成熟水平比较高的大学生，在进行人际交往时往往会拥有较为有利的位置，既能通过人际交往获得不俗的回报，也能使自己未来生活成功的概率得以增加；而自我成熟水平较差的大学生，通常人格发展不够完善、对自己的认知也存在一定的偏差，因而在进行人际交往时往往会错失交往机会、无法顺利地建立起良好的人际关系等，从而对未来的生活产生一定的不利影响。

（三）大学生人际交往的变化过程

大学生在进行人际交往时，要想与他人形成良好的人际关系，需要经过一系列的变化过程。具体来说，大学生在进行人际交往时，通常会经历以下四个阶段。

1. 定向阶段

大学生人际交往的定向阶段，包含着大学生多方面的心理活动，如注意交往对象、选择交往对象、对交往对象进行初步沟通。

当两个人互相没有意识到对方的存在时，则两人之间是没有任何关系的，更谈不上任何个人意义的情感联系。也就是说，此时的两人处于完全无接触的状态。而如果两人中有一人开始注意到对方，或是两人都互相注意到彼此，则两人之间便会开始相互作用，或是一方对另一方形成初步的印象，或是双方对彼此形成初步的印象。但是，此时的双方还不存在直接的接触，只是处于旁观者的立场。直到两人开始进行直接的语言沟通，相互之间才开始产生直接的接触。不过，此时的接触大多是十分表面的，情感投入不多。

2. 情感探索阶段

大学生的人际交往在进入情感探索阶段后，随着双方逐渐发现他们共同具有的情感领域，两人的沟通也会不断广泛和深入。

在这一阶段，双方会不断从广度和深度两个方面进行自我暴露，但是不会对自己根本的方面有所涉及，且讨论的话题以不触及对方的私密领域为前提。也就是说，处于这一阶段的双方对自己表现仍十分注意，并尽可能对自己的表现进行规范。

3. 感情交流阶段

大学生的人际交往在进入感情交流阶段后，双方关系开始发生实质性的变化。此时，双方对彼此已经十分信任，安全感也大大增强。因此，双方在进行谈话或交流时，对自我的涉及会越来越广泛和深入，并开始有较深的情感卷入。这就导致双方会对另一方进行真诚地赞赏和批评，并将自己对另一方的真实评价信息进行反馈，对另一方提出一定的建议，以便其能够不断得到完善。

由于在人际交往的感情交流阶段，双方会投入非常多的情感，因而人际关系若在这一阶段破裂，将会对双方的心理产生一定的不良影响。

4. 稳定交往阶段

大学生的人际交往在进入稳定交往阶段后，双方会进一步增强对彼此的心理相容性，也会在更为广泛和深刻的程度上进行自我暴露，还会允许对方在谈话中涉及自己的最高私密领域，对自己的生活空间进行分享。

这里要特别指出的是，大学生在现实生活中的人际交往是很难达到这一阶段的，即一直停留在感情交流阶段。

第二节 大学生常见的人际交往心理问题

一、大学生出现人际交往问题的原因

（一）自身原因

随着生理、心理的迅速发展，大学生的参与意识逐渐增强，渴望认识社会、参与社会，扩大自己的生存空间；大学生远离家庭生活，与亲人分离，情感失落，由于情感补偿的需要，他们渴望与人交往，珍视友谊。这些因素构成了大学生交往需要的内在因素。但大学生在人际交往的过程中也容易出现问题，其中突出的自身原因在于自我评价不当。过低评价自己产生自卑心理，自卑心理又可以进一步导致羞怯心理；过高评价自己则产生自负心理，自负心理又可以进一步导致傲慢心理。自我评价的偏差导致人际交往过程中的失败。

（二）社会原因

当今的中国社会正处在一个迅速发展时期，随着改革开放的深入和现代化进程的加快，人们的思想观念和生活方式都在发生着深刻的变化。过去的封闭式生活与今天的信息时代已经格格不入，生活在既有竞争又有合作的现代社会，人们必须交流信息以获得知识，必须协调行动以提高活动效率，这些客观要求就使人们必须加强相互间的交往。实行对外开放，不仅引进了国外的先进技术，促进了经济发展，而且也增加了与国外的文化交流，开阔了人们的视野，活跃了人们的思想，增添了人们的生活情趣，丰富了人们的交往内容。由此可见，今天的社会生活背景是当代大学生交往需要迫切性的客观原因，也是交往内容丰富性的现实基础。我们的社会正处在变革中，新观念正在确立，旧观念并未完全消除，至今仍在影响着人们的思想。例如，轻视传统观念乃至鄙视社会交往，把善于交往的人称作"混子"，而将不善于交往的人誉为"老实"等。当代大学生已不会再明确赞同这些观

点，但这些观念仍在不知不觉地发挥作用，严重抑制大学生交往的主动性。

社会对大学生的影响是一种自发影响，既有积极影响，也有消极影响。社会上一些人互相利用，编织关系网；一些人拉帮结派，搞小集团；一些人任人唯亲，排斥异己；一些人不讲原则，只徇私情。这些不良的社会交往对大学生起着潜移默化的作用，是"哥们义气"的社会根源。

（三）学校原因

大学生注重横向交往是由他们之间的接近性因素和相似性因素决定的。大学生之间朝夕相处，为相互交往提供了客观条件。同学之间年龄、经历相同，生理、心理发展水平相当，理想信念一致，兴趣爱好类同，这些相似的自身条件使同学之间容易发生情感共鸣。所以，大学生乐于横向交往。与之不同的是，师生之间年龄有差别，地位也不同，高校老师与大学生相互接触的机会不多，主要限于上课时间，课外交流较少；交流的内容也比较单一，主要限于传播知识，情感交流相对缺乏。所以，大学生缺少发展师生间的纵向交往。

大学生的"哥们义气"主要存在于非正式群体中。大学生非正式群体十分普遍，非正式群体是由情投意合者自发形成，不像正式群体那样有明确的规章制度和行为准则，而是靠情感相维系，以情感来调节，非理性成分相当大。如果得不到正确的引导，由于非正式群体感情色彩浓重，加上大学生感情自控能力较弱，往往容易失去正确的交往准则，被感情左右，养成"哥们义气"的作风。

大学生交往障碍普遍存在，与他们涉世不深、经验不足有关，由于缺乏交往方面的心理教育和技术教育，大学生在交往中容易受挫，受挫之后再得不到及时的指导和调适，导致回避与人交往，自我封闭限制了交往能力的发展，反过来又加重交往障碍，造成恶性循环。

二、大学生常见的人际交往问题

（一）孤独心理

孤独心理是一种经常独处或受到孤立而很少与人接触而产生的孤单、无依靠的心理。孤独心理产生的原因是多种多样的，概括来说主要包括以下三方面。

第一，性格过于内向，又不愿与人交往的人极易产生孤独感。

第二，个人性格的孤僻，拒绝别人的友谊。由于不愿与人交往，所以孤僻性格的人会产生孤独感。

第三，因与众人不和，受人打击，遭到他人有意的孤立而产生孤独的心理。

大学生孤独心理的产生多源于个性内向，再加上生病无人照顾，吃不到可口的饭菜等原因。

（二）羞怯心理

羞怯心理是学生中比较常见的人际交往障碍。具有这种心理的学生，在交往中过多地约束自己的言行，阻碍了人际关系的正常发展，造成了自己心理上的压抑和负担，不利于人格的完善和发展。事实上，与嫉妒一样，羞怯也是每个人都会体验到的。因为人际交往行为的发展过程中，在发展未达成熟之前往往都会有羞怯的倾向。只要羞怯适度便不会出现严重的后果，但如果羞怯过度，则会导致大学生出现严重的心理问题。

（三）嫉妒心理

嫉妒心理是指在意识到自己对某人、某物品的占有心理或占有意识受到现实的、潜在的威胁时，所产生的抱怨、憎恨等不健康的情感和行为。嫉妒心理的成因主要包括以下两方面。

1. 错误的认知

第一，认为别人取得成绩就说明自己没有成绩，别人成功了就说明自己失败了。

第二，认为别人的成功是对自己利益的侵害。

这两种错误的认知导致很多大学生个体接受不了别人的进步和成功，从而激发了情绪和心理上的抵触反应。

2. 心胸狭窄

嫉妒是一种见不得别人比自己好，总希望所有人都不如自己的狭隘心理。有嫉妒心理的人往往虚荣心强、好出风头，凡事总想高人一等。如果万众瞩目的焦点不是自己，就会产生失落感。

就大学生来说，嫉妒心理主要表现为以下三方面。

第一，对他人的成绩和长处不服，从而嫉恨在心。

第二，看到别人表现突出而不甘心，总希望别人比自己落后。

第三，看到别人处于劣势则感到莫大的安慰。

（四）自卑心理

自卑感是一种因个人自认为不如别人而产生的一种轻视自己的不良心理。影响着大学生的学习、工作和生活等各个方面，对正常的人际交往影响极大。自卑心理的成因主要包括以下四方面。

1. 过大的心理落差

有些大学生在小学、中学阶段成绩很好，是出类拔萃的佼佼者，是老师宠爱、同学羡慕的对象，处于中心地位。上了高校后，面对同样优秀的同学，自己则显得非常平凡，甚至在某些方面落后于他人，这种强烈的落差感使大学生在评价自己时可能产生一定的偏差。

2. 消极的生活经验

大学生在人际交往中，因为某种生理、心理或社会生活的原因，可能会受到他人的嘲笑。大学生在生活中也可能遭遇到一些挫折，如失恋、考试作弊受到处分等，如果大学生心理调节能力不强，这些嘲笑和挫折很可能让大学生产生自我否定，产生自卑心理。

3. 不当的自我评价

大学生在入校后，他们的生活内容日益丰富，自己也会在越来越多的方面与他人进行比较，由于缺乏正确的理念，大学生有时会拿自己的短处与他人的长处相比较，并将这种差距泛化，夸大自己的不足，觉得自己处处不如别人，从而产生自卑心理。

4. 消极的自我暗示

有自卑心理的大学生，往往习惯于消极的自我暗示，他们经常会有"我是一个不讨人喜欢的人，还是不要与陌生人说话，免得又多一个人讨厌我""从来就没有人愿意与我交朋友"等想法，在人际交往中对自己的期望值很低，心态比较消极。

自卑心理的表现主要包括以下四方面。

第一，有自卑心理的大学生缺乏自信，容易自惭形秽，做事经常采取逃避、闪躲的方式。

第二，自卑心理强的大学生凡事期望值过高，惧怕丢丑、受挫或遭到他人的拒绝与耻笑。

第三，自卑心理强的大学生极度缺乏自信，认为自己各方面都不如人，怀疑别人小瞧自己。

第四，自卑心理强的大学生为了掩饰自己极度的自卑心理，反而表现出狂妄自大、目中无人的行为特征，给人一种缺乏朝气、缺乏能力的印象。

（五）闭锁心理

闭锁心理是指青少年进入青春期后自觉或不自觉地封闭自己的心理活动，不轻易外露自己的内心世界和情感，甚至把自己与别人隔绝起来的心理现象。

大学生产生闭锁心理的原因是多方面的，既有性格方面的原因，也有挫折经历、环境的影响，以及家庭与学校教育方式等方面的原因。生长在和谐融洽的家庭、经常得到父母的关心、接受民主型教育方式的大学生，其闭锁心理表现不明显；相反，与父母关系紧张，或父母只关心学业而忽略其他方面的发展或放任溺爱的家庭中成长起来的学生，其闭锁心理表现明显。在残缺家庭中长大的学生心理封锁现象尤其普遍。大学生中与老师关系融洽友好、与同学亲密无间、好朋友较多的学生很少表现出闭锁心理；相反，与老师关系紧张、情绪对立、缺少朋友的学生，其闭锁心理表现显著。学习成绩不理想的学生，其闭锁心理表现也较突出。

（六）猜疑心理

猜疑心理是由主观推测而产生不信任的一种复杂的不良心理。猜疑心理重的人不但在社交中不信任他人，而且严重的会产生心理病变。猜疑心理形成的原因主要包括以下两方面。

1. 错误的思维

猜疑者总是从假想目标开始，最后又回到假想目标，就像一个圆圈一样，越画越圆。

2. 个性中缺乏自信

一个不自信的人，看到别人在背后议论，就以为在议论自己。因为内心深处对自己的不自信，才会对他人产生不信任感，进而把所有的人都当成迫害自己的人。

有猜疑心理的人在思想上经常进行毫无事实根据和缺乏逻辑的判断推理，经常无中生有。在情感上表现为疑心重重，对他人言行极度敏感。有猜疑心理的人认为谁都不可信，谁都不可交。因此在交往中他们时刻隐瞒自己的真实思想或行为，给人一种心胸狭窄，很有心机的印象。

（七）"自我中心"心理

以自我为中心的人在交往中具有以下三方面的特征。

1. 唯我独尊

以自我为中心的人总是将自己的意志强加到别人的头上，以自己的态度作为他人态度的"向导",认为别人都应该和他有一致的看法或意见。以自我为中心的人很难引起别人的共鸣,因而其交往只能停留在较低的水平上。

2. 很少关心别人

以自我为中心的人很少关心别人,总是与别人很疏远。这种人凡事都从自己的利益出发,从来都不顾及别人的感受,所以当有事求别人时才会临时抱佛脚,而如果没事求人时,则总是一副高高在上的样子,很少关心别人,对别人没有丝毫的热情,感觉别人都是要为他服务一样。对于这种人,没有人愿意与其交往,久而久之就成为大家疏远的对象了。

3. 自尊心过分强烈

以自我为中心的人有很强的自尊心,在别人看来可能很小的一件事,在他们身上都会产生强烈的自尊心受挫的感觉。他们不愿损伤自己的自尊心,于是不择手段地来维护自己的自尊心。

第三节 大学生人际交往问题的调适策略

一、孤独心理的调适

孤独的心理是一种不良心理,大学生可以通过以下几种方式来调适自己的孤独心理。

(一)不断自我反省

当受到别人孤立时要剖析自我,分析是否是自己的原因。如果原因在于自己,应积极改正自己的不足,并主动向对方道歉;如果原因不在自己,则可暂时摆脱这个小圈子,转移或扩大自己交往的方向与范围,从新的人际交往中寻求精神支持。

(二)逐渐改变孤僻的性格

第一,要认识到不良的性格给自己带来的不利影响,要多与同学来往,逐步学会怎样与别人沟通交流。

第二,要多参加社会实践,扩大交往的范围,在集体中体验与感受温暖与友情。

二、羞怯心理的调适

（一）转移注意目标

不少同学在与人交往或发表自己的见解时，总是过分地担心自己的外表形象，并且常不切实际地幻想给别人留下一个完美的印象。这方面的意识过强，在活动之初就会表现得很拘谨，甚至想方设法地掩饰自己，结果往往是越掩饰越糟糕。因此，大学生应该学会转移自己注意的目标，如把注意力集中在双方交流的内容上，这样就无暇去顾及自己的外表形象，对克服羞怯心理具有积极作用。

（二）客观地评价自己

易害羞或有退缩行为的同学，往往喜欢拿自己与别人比，看到别人比自己优秀，就妄自菲薄，以致失去勇气。其实，每个人都有自己的长处，大学生应该多看到自己的长处，减少自责与挑剔。总之，大学生要客观地评价自己。

（三）积极参加集体活动

害羞的一个主要原因是信心不足，担心自己说话或办事不周。参加集体活动是帮助克服羞怯感、退缩行为的好办法。因此，具有羞怯心理的大学生一定要放下思想的包袱，多参加集体活动，并在活动中发挥自己的特长，从而使自己进一步融入群体中，增加自己的自信心。

（四）掌握一定的训练方法

1. 积极地自我暗示

积极地自我暗示是指通过默念一些积极的指令性语言来增强自己的信心。如反复默念"我不紧张"等。这种暗示可起到消除过度紧张、放松情绪的作用。

2. 演习和排练

有羞怯心理的大学生要多进行自我训练，即训练在不同社交场合如何讲话以"打破僵局"，可以先拟好"开场白"，甚至编好整个底稿、在镜前演练，并试着正眼盯着"对面的人"，请求帮助。

三、嫉妒心理的调适

嫉妒是一种十分有害的不良心理，对这种不良心理的调适主要从以下两方面入手。

（一）学会欣赏别人的成功

没有人是绝对完美的，在某些方面，别人领先自己是正常的，要正视别人的优点和自己的缺点。要知道在任何一个群体里，总有人比较优秀，也总有人相对落后，不必患得患失。

（二）要克服极端利己主义的思想

嫉妒心理是极端利己主义思想在作祟，有嫉妒心理者往往目光狭窄、处处只考虑自己。要克服这种思想，就要学会去接纳别人的进步和发展，释怀自己与他人的差距。

四、自卑心理的调适

（一）正确认识自己

自卑者有一个共同的特点，只要叫他说说自己的长处，往往说不出来，但是如果要让其说说自己的短处，他就会说出很多，同时对于别人给他提出的长处，也不能很好地接受。因此，自卑者要走出自卑的心理阴影，必须学会从多个角度了解自己，并能客观公平地评价自己，做到既不妄自菲薄，也不心高气傲。每个人都无法做到完美，我们必须学会接纳自我，学会正确地比较，做到扬长避短，以弥补自己的不足。

（二）进行积极的自我暗示

要经常对自己说"我能行！我可以的！"等，就会产生积极向上的力量，增加自信和乐观，形成良性循环。

（三）观察和学习自信的人

自卑的人应当在交往中多观察、学习自信的人的行为方式及表现。经常观察自信的人的言语表情和非言语表情之后，可以选择一位作为自己的模仿对象，当自己自卑的时候，就回想或者想象自信的人应该是怎样的表现。

（四）制订合适的理想目标

现实与理想间的差距太大往往让人自卑失落。摆脱自卑心理的一种重要方法，就是制订合适的理想目标,在对自身现实条件和发展潜力进行认真细致分析与预测的基础上,本着通过努力能够实现的原则,科学地确立未来的理想与目标。只有这样,人们才能在实践中不断取得成功,增强自信心。如果确立的理想过高而难以实现,会让人因受挫而失去信心;如果确立的理想过低,又会因为目标太容易实现而不愿去努力。因此,一定要制订合适的理想目标。

五、闭锁心理的调适

闭锁心理作为大学生心理发展过程中存在的一种心理现象,对其顺利实现社会化有着消极影响。因此,克服闭锁心理,对于大学生适应社会有着重要意义。概括来说,大学生可以通过以下两种方法来对闭锁心理进行调适。

(一)摆正自己的位置

健康的交往是建立在双方平等基础之上的,尊重别人同时保持自尊,因此,孤僻者只有正确地认识自己,摆正自己的位置,在与人交往时才会坦然。

(二)正确认识自我

正确认识自我是矫正孤僻心理的突破口,孤僻者大多对于自我有不正确的认识,有些人自命不凡,将自己的孤僻视为个性,因而通过自我反省来正确认识自己尤其重要。孤僻者要有意识地挖掘生活中美好的事物,发现那些感人的真爱,要求自己尽量以热情的方式待人,逐步放开自己的心灵。

六、猜疑心理的调适

猜疑会导致人际交往无法正常进行,因为猜疑者会在人际交往中一味地以自己的方式对待别人,会伤害他人感情,无事生非,同时也会使自己处于不良的心态中。可以通过以下四种方法来对猜疑心理进行调适。

(一)培养自信心

自信心是对自己实力的认可,也是必胜的信念,自信心的培养有助于看到自己的希望并转移对别人的胡乱猜疑。

（二）强化事业心

一个致力追求事业的人，在现实中是不会为人际关系中的一些琐事而自寻烦恼的。相反，事业心较差的人，极易萌生猜疑之念。

（三）学会自我调剂

人生漫长几十年，与他人产生误会、遭到别人的非议和流言是在所难免的事情，不必大惊小怪。如果过分拘泥于一些生活琐事，那么岂不是要徒增许多烦恼。

（四）学会识人

有猜疑心的人常常不信任别人，这种不信任一方面是客观上不了解别人，另一方面是主观上不愿意了解认识别人。所以，主观上要多与周围的同学、教师乃至亲朋好友接触，在交往中学会观察、了解、识别他人，并结合间接了解得到的信息，可以得到较为全面客观的评价。

七、"自我中心"心理的调适

大学生可以通过以下三种方法来对"自我中心"心理进行调适。

（一）平等相处

平等相处是要求以自我中心的人，以一个普通人的心态和身份与别人相处，这样才能使人际交往的天平始终处于平衡的状态，也只有这样才能和别人友好相处。

（二）淡化自我

人与人相处中的"自我淡化"很重要，自我中心的人往往计较别人的一言一行，这种过于敏感的自我评价，常常同他们心目中的自我地位的膨胀有关，心目中自我的地位削弱了，对别人的计较就会少得多，自然会听进别人建议，接受别人的看法，也能够与别人很好地相处了。

（三）学会接受批评

只有能够接受别人正确的意见，承认自己的错误，才有可能通过批评改掉过去固执己见、唯我独尊的形象。

第七章 大学生恋爱与性心理健康教育

素质教育坚持以人为本，全面提高大学生的思想道德素质、科学文化素质、身心健康素质、精神审美素质、劳动技能素质。而大学生恋爱与性心理健康教育是身心健康素质里的重要内容。爱情是人类永恒的主题，在以年轻人为主体的大学校园里，爱情更是一道令人着迷的风景。大学生在享受爱情的同时，也会经历各种心理困惑和心理问题，碰到各种恋爱问题。谈到爱情，性话题不可避免。大学生正处于性生理发展基本成熟、性心理发展日趋激烈的阶段，因此也很容易引发性吸引、性冲动、性压抑等各种直接影响大学生学习生活的性心理问题。为全面提高大学生各方面的素质能力，很有必要就大学生恋爱心理和性心理的相关问题进行分析，引导大学生树立正确的恋爱观和性观念，培养大学生爱的能力。

第一节 大学生恋爱与性心理的一般规律

一、大学生恋爱心理的发展

（一）恋爱与爱情

在现实生活中，人们经常谈到爱情和恋爱这两个词，而且经常将二者混为一谈。其实，恋爱和爱情具有不同的概念和内涵。

1. 恋爱

所谓恋爱，就是一对相互倾慕的男女共同追求、培育及实施爱情的过程。恋爱是大学校园中最热门的话题，也是校园文化的重要组成部分。大学生的恋爱动机通常有以下六种。

第一，摆脱孤独，危机解闷。

第二，跟着感觉走，从众心理。

第三，错失机缘，把握机会。

第四，功利主义，寻找出路。

第五，情感波动，满足好奇心。

第六，纯洁高尚。

2. 爱情

从社会学、心理学角度来看，爱情是一对男女基于一定的社会关系和共同的生活理想，在各自内心形成的对对方的最真挚的仰慕，并渴望对方成为自己终身伴侣的最强烈的感情。马克思主义爱情本质论认为，爱情是人的自然属性和社会属性的统一。爱情的自然属性在于它是以性欲、性心理为自然基础，并由此发展起来的，性欲、性需求、性爱是爱情产生的最基本的生物前提；爱情的社会属性在于它是男女两性自由互爱基础上产生的渴望在肉体和精神上融为一体的强烈倾慕之情。

对爱情的定义和理解多种多样，但从心理学角度看，真正的爱情应该具有稳定的心理结构。爱情的心理结构一般具有性爱和情爱两个层次。只有性爱和情爱的统一，才是真正的爱情。根据上述两个层次，爱情的心理结构又可分为多个方面，包括共同的人生观、和谐与互补、忠贞、理解与信任、尊重与自尊、节制与旁涉。爱情有着丰富的内容，它通常由四个要素构成：性欲、情感、理想、义务。这四要素相互联系，缺一不可，否则就是残缺不全或扭曲的爱情。

由上述可知，爱情是一种感情，而恋爱则是实施爱情的过程，二者关系密切，但又有一定的区别。

（二）恋爱心理的发展过程

恋爱一般经历初识、初恋、热恋三个阶段。当某个人认识一个异性并产生仰慕之情，认为对方符合自己的爱情理想时，就会发出爱的信息，获得对方的肯定回应后，便产生了初恋的情感。经过初恋期，如果恋情继续发展，则逐渐进入热恋期。热恋是最美好的情感所达到的最辉煌的境界。依据恋爱的发展阶段，恋爱心理发展可细分为始恋、依恋、爱恋、相恋这几个阶段，每个阶段的心理表现有所不同。

1. 始恋心理

在始恋阶段，一个人开始感觉到异性的特殊魅力，仰慕对方的容貌、气质、风度、言谈、才华等肉体和精神方面的魅力，并为之迷醉，时不时产生一种特别的、捉摸不透的亲近欲和冲动。

2. 依恋心理

在依恋阶段，一个人一旦为某个异性的魅力所吸引，就开始想象对方的一切，并将这个想象逐渐往自己的理想形象靠拢。有这种心理的人还有一种怀疑的心理，即怀疑自己，因为自己因某个人陶醉了，自己拼命在心仪对象面前进行自我显示，以引起对方的注意，并且常用只可意会不可言传的微妙眼神和动作向对方示意，但又会产生这样的疑问：他（她）对我是否有意？于是，主动的一方开始想办法接近对方，设法向对方表白。同时经常揣摩对方的心理，并对双方情感的持续性、成功的可能性进行评估，并做一些必要的试探。

3. 爱恋心理

经过前面一系列的想象、揣摩后，终于向所倾慕的对象表白。这时，才真正意味着进入了恋爱心理状态。主动表白的一方通常会神色紧张、心绪不宁，而被表白的一方也通常会不知所措。有的大学生通常会担心被对方拒绝而在表白的时候显得信心不足，有的大学生则可能苦恼于找不到适当的表白机会，或者担心自己表白不当。这一阶段相对短暂，但具有很强的震撼力。

4. 相恋心理

主动的一方终于知道对方也爱慕自己之后，双方便互相表白，互相接受对方的爱慕之情。而主动的一方通常激动不已，异常兴奋。恋爱关系正式建立，双方也由此变得亲密起来了。尤其是经过前几个阶段的相互了解，恋爱双方的思想感情日趋一致，心理高度相容，双方能够确切而系统地表达自己的情感。这时，表明双方已经进入热烈阶段。热恋中的大学生在行为、认知、情感方面都有相应的表现。在行为上，恋爱关系公开化。双方不再像初恋阶段那样躲躲藏藏，而是通过各种方式向周围的人公开恋爱关系，将自己的恋人介绍给同学、朋友、家人，带恋人参加各种聚会，邀请恋人到家里做客等，让恋人更多地介入自己的生活圈子和区域。恋爱双方无论是穿着打扮，还是读书学习，都是为他（她）而做的，自我的个性也逐渐被削弱。

（三）大学生恋爱心理的一般过程

大学生恋爱心理的一般过程与前面说的恋爱心理发展过程大体一致，但又有些不同。大学生恋爱心理的一般过程分为好感阶段→初恋阶段→热恋阶段。

1. 好感阶段

大多数情况下，大学生更多的是在第一印象很好的基础上才逐步建立恋爱关系，这个过程又要经过较长时间的积极接触。因此，第一印象在恋爱过程中很重要，会使大学生双方获得好感，产生进一步交往的愿望。

2. 初恋阶段

初恋阶段是爱情萌芽的最初部分，其实也就是一个朦胧期。这个阶段，是男女双方由泛化好感进入定向好感而又心照不宣的阶段。大学生初恋的心理是最微妙的，含蓄而又不过分外露，需要理智地审查双方感情产生的基础，精心培育呵护，才会催生真正的爱情。

3. 热恋阶段

热恋是感情与理性的结合，处在这一阶段的恋人对对方的评价是最高的。热恋期双方的感情相当热烈，也相当深厚，都有强烈的责任感。一般而言，热恋中的大学生很容易将恋爱对象偶像化和完美化。热恋期的人，大脑皮层容易形成"兴奋中心"，使热恋双方容易产生幻想和憧憬，抽象思维和逻辑思维开始处于下风。热恋中的人总是自觉或不自觉地将恋爱对象美化，用一种欣赏和钟情的目光看待对方的一切，对方的不足通常会被忽略掉，甚至把缺点看成优点，这就是所谓的"情人眼里出西施"。热恋中的大学生，情感交流密集，有利于满足情感需要，加深双方的理解和信任。但是，在强烈感情的冲击下，有的大学生会荒废学业，甚至丧失自己人格的独立性，有时候也就因此逐渐减弱相互间的吸引力。要想获得真正的爱情，必须保持自己的相对独立性，完善自己、丰富自己，增强自身的魅力，给对方更多的惊奇和喜悦，使爱情更持久，更具有生命力。随着恋爱情感的发展，双方都会产生一种独占欲，因此也很容易产生嫉妒心理。

当然，随着恋爱温度的降低，大学生面对种种现实处境，要处理爱情与婚姻、爱情与事业、爱情与学业等的关系，也就不得不考虑与爱情相关的前途和未来。此时，爱情也就附带了更多责任和义务，恋爱也就变得理智了。

大学生都渴望爱情光临自己，但在行动之前，要先了解一下自己的恋爱观，即对美的认知尺度、择偶的标准、恋爱的目的、使用的方式以及对幸福伴侣的理解等。

二、大学生性心理的表现和发展

性心理是人们对男性和女性生物学特征的意识和反应，也就是人对性的反应。简言之，性心理就是人在性行为中的各种心理活动和个性心理特征。随着年龄的增大，性腺的发育成熟，性意识觉醒，大学生开始关注两性关系及对待异性的态度和行为规范。

（一）性生理的成熟

在青春期以前，人的性意识还没有觉醒或者说不明显，儿童时期的"两小无猜"说的就是这个意思。直到青春期，性生理开始成熟，对性别的认识也提高了，人才有了性意识。大学生的年龄在 19～22 岁，性生理基本成熟了，男女在外形、体态、容貌和声音等各方面的差异，都对异性产生特有的吸引力，成为对异性的诱因。而大学生自身也察觉出自己的身体变化，从而刺激其性意识的萌动和发展。

（二）性心理表现和发展模式

个体性生理的成熟必然会引起心理的变化和发展。一般来说，性心理成熟年龄一般在 20～24 岁，而检验性心理是否成熟，通常采用以下四个标准。

第一，性意识正确，认可自己的性别角色特征，有着清晰、明确的性观念。

第二，性情感健康，情绪稳定，追求美好高尚的道德规范。

第三，性意志坚强，能够调控自己的性本能冲动，性行为符合道德规范。

第四，性适应性良好，即对自身性征、异性交往、家庭以及社会的道德要求都能很好地适应。

性心理发展从不成熟过渡到成熟的过程中，大学生经历了各种复杂的、矛盾的感情冲突，每个人的成长历程都是独特的，但仍然表现出普遍化的模式。从整体上看，一般认为性心理发展一般分为以下四个阶段。

1. 异性疏远期

这一时期也称为"性紧张期"，出现第二性征，男女性别开始分化。性器官和性机能发育的信息，引起男女生之间不安、害羞的心理，他们对性的差异非常敏感，内心深处产生了情感萌动的朦胧感觉，对两性关系似懂非懂，原来青梅竹马、两小无猜的伙伴开始疏远。由于对性知识、性行为一知半解，也由此认为生理差异的男女关系很神秘，在与异性交往时总是显得羞涩、忸怩、不自然，心有相互吸引力却在表面上相互疏远。男生会表现出潜意识的紧张心理，如口吃、挤眉弄眼，而女生则表现得情绪不稳定。

2. 异性接近期

随着生理机能的进一步发展和生活阅历的增加,男女青年对异性关系有了进一步的了解和认识,逐渐从彼此疏远发展为彼此亲近,对性的生理反应逐步适应,并在一定程度上认同性的社会角色。他们对性意识的情感体验也开始有了新的变化,男女之间开始由抵触转向好感,并产生一种比较自然的亲和力。由于人类对性别差异本身所具有的好奇心,男女青年不满足于对异性的朦胧的、泛泛的好感,而开始希望与异性交往,常常以欣赏的心情和友好的态度对待异性的言谈和行为,注意异性对自己的态度,喜欢在异性面前表现自己,以博得好感。为了成为异性眼中有吸引力的人,男生喜欢高谈阔论、逞强、做危险动作,常常起哄、开玩笑、恶作剧,表现男子气概;女生则钟情妄想,用打扮、声调、细微的关心和体贴吸引异性,有的还崇拜、模仿成年人。这个时期的男女生还缺乏接近异性经验,因此还不是很懂得表现自己,很多做法都显得不自然、不得体。为了释放内心对异性的渴慕之情,这个时期的两性都表现出狂热的追星举动。

3. 仰慕异性期

随着生理的进一步发育和对爱情知识的了解,这一时期的男女生开始向往、倾慕异性,憧憬爱情,总是自觉或不自觉地在心里塑造出一个理想的对象。这一时期,男女青年经常以各种主动的方式讨好异性,希望得到异性的积极反应。例如,利用各种借口接近对方,主动为对方做一些事情,以含蓄、不甚明了的方式曲折地表达自己的心意。在各方面都很优秀的青年常常会产生自我陶醉的心理,而平凡的缺乏魅力的青年则很容易产生自卑心理。对异性的向往和倾慕,可分为两种情况,一种是有明确对象,另一种是没有明确对象。第一种情况里,男女青年对电影、电视中的男女爱情镜头表现出很大的兴趣;第二种情况,男女生只表现为倾慕某一个异性,脑海里经常出现特定异性的想象。这个阶段的大学生多数没有特定的异性倾慕,因此这种倾慕性带有很强的广泛性,具有浓重的理想主义色彩,想象多于现实。这一时期的男女青年还没有形成正确的恋爱观,如果压抑他们之间的正当交往,将很容易引起心理冲突。

4. 异性恋爱期

这是性意识发展的成熟阶段。在这个阶段,性生理完全成熟;性心理则逐渐成熟,而生活领域也日渐广阔,能够深刻认识、理解恋爱,也更加渴望真切的爱情,对异性的态度也逐渐客观。此时,男女青年开始懂得彼此相互关心、相互爱护、相互帮助,对自己仰慕的异性展开积极的进攻。男女青年在异性面前总是想方设法展现自己的才华，以吸引对方。男生在表达仰慕感情上更加主动、大胆、直率而且热情奔放，而女生则更加含蓄、妩媚，并带些羞涩和矜持。随着时间的推移，男女青年的全方位友谊逐渐定向集中于自己理想模式的个别异性身上，也就是有了特定的仰慕对象。大学生有了特定的仰慕对象后，便以直接或含蓄的方式表达爱情，追求的技巧开始成熟，但被拒绝后，心理挫折感也很强。

（三）大学生性心理的表现

大学生在生理方面已经成熟，因此开始形成性意识，获得性感知，产生性兴趣，并懂得性的排他性，有正常的性欲和性冲动，甚至在睡梦中做含有性内容的梦，产生与性有关的虚构想象。这些都是大学生性心理的表现。其中，大学生能正确对待两性关系，具有正常的性冲动与性需求，能自觉按照法律和社会公认道德的规范控制自己的性行为，即为性意识的成熟。大学生性兴趣的产生是由于性腺激素的分泌增加，性发育成熟所带来的。尽管这种兴趣早期是隐蔽的，甚至带有明显的羞耻感，但仍然通过各种形式表现出来，如对异性身体的注意，喜欢阅读有关性知识的图片、文字，对影视中有关性的爱抚和动作感到好奇、迷惑，对文学作品中隐晦的性心理描写有着探索了解的欲望等。恋爱中的大学生按照自己心中的标准寻找到了特定的异性，并且喜欢与其单独相处，并产生了毫不掩饰的嫉妒心理，对爱恋对象的占有欲十分强烈，这就是性的排他性心理表现。

第二节 大学生常见的恋爱与性心理问题

一、大学生常见的恋爱心理问题

（一）择偶标准不实际

大学生由于年纪较小，缺乏社会经历，受到影视作品的影响，往往把择偶的对象理想化。有的大学生希望自己的对象十全十美，没有一点缺陷；有的大学生按照自己心中偶像的标准来选择对象；有的大学生将择偶对象固定在一个范围内，如果不在范围内坚决不考虑。需要注意的是，大学生在择偶时虽然应该有一个标准，但是不能因为各种虚荣而规定一个不符合实际的标准。

（二）恋爱动机不端正

一方面，大学生正处于自我概念发展的成熟时期，自尊心强，对于他人对自己的评价与态度异常敏感，因而在人际交往中，常常为了避免伤害自己、维护自尊，而封锁自己的内心世界；另一方面，进入高校后，学习动机不足，精神空虚。这些都可能加重大学生远离家乡的孤寂感，使之寻求异性知己，试图用"爱情"来慰藉自己。恋爱动机的纯洁和健康是保证恋爱顺利进行的重要基础。恋爱动机不端正会导致恋爱夭折，甚至产生严重的后果。

（三）恋爱道德观不清晰

爱情应该是高尚的，这就要求大学生必须树立正确的恋爱道德观。不良的恋爱道德观不仅会玷污爱情的纯洁，而且会危害大学生的身心健康。大学生在恋爱过程中应该以爱情为基础，真诚相待。然而在当代大学生中，不乏一些学生在恋爱过程中缺乏道德观，部分学生将恋爱看成一种获得肯定的手段，在骗取了他人的感情后又将其抛弃。近年来，大学生中相当一部分人对待恋爱的随意态度在增加，他们开始漠视忠贞专一，有的朝秦暮楚，见异思迁；有的热衷于"三角恋""多角恋"，对爱情极不严肃；有的不断变换恋爱对象，大搞人生游戏。另外，现在高校校园对待恋爱比过去宽松，但有的大学生不分时间、地点，在众目睽睽之下行为随意、轻浮放纵，有违社会公德，在恋爱过程中甚至因一时的感情冲动而发生越轨性行为，激情过后，他们又会后悔、相互埋怨，让自己追悔莫及。这些不良的恋爱道德观势必会破坏恋爱在大学生心目中的纯洁性和高尚性。

（四）不能正确处理恋爱中的心理困扰

1. 虚荣与爱情

有的大学生看到周围的伙伴都找到了自己的恋人，觉得自己如果没有恋人的话，形影相吊不说，更主要的是觉得自己太丢人了：为什么大家都有人爱，就自己不招人喜欢呢？

2. 好感与爱情

大学生在开始恋爱时，对好感与爱情两个概念经常分不清楚。好感能够给自己带来快乐、愉悦、兴奋的感受。但好感并不就是爱情，它们之间有着一定的区别和联系。

第一，有好感通常是发展爱情的前提和基础。许多人的爱情就是在有好感的基础上逐步发展起来的。

第二，好感具有广泛性的特点，一个人同时可以对几个人产生好感。而爱情具有独有性，一个人一般只会在一段时间爱上一个人。

第三，从持续时间来说，好感属于情绪性的反应，时间持续一般比较短。而爱情则是在长时间的相互了解中发展起来的一种稳定的、持久的情感。

第四，好感可能只需要了解对方一个或者几个让自己感到快乐的特点就可以产生，爱情却是整体的、概括一切的。"你说不上她哪一点美，只觉得整体都是美的。一种韵致浸透活跃的生命，明朗、流畅，却充满使人驻足回首的神秘"，这段话描绘的就是爱情。

3. 寂寞与爱情

有些学生考入高校后，学习缺乏动力，感到高校学习生活枯燥乏味，精神空虚，高校学习生活远没有想象中的那般丰富多彩，每天除了上课外，同班同学在一起的机会很少，由于寂寞而谈恋爱，这在大学生中是较为常见的现象。

爱情成了名副其实的避风港，成了严寒的冬日可以取暖的火堆，成了寂寞者的精神寄托。但是，当寂寞者适应了生活，不再寂寞时，用来填补寂寞缺口的爱情最终只能是滴落在手上的胭脂红，无法成为心头的朱砂痣。

4. 友谊与爱情

同学、同事朋友之间在相互了解和依恋的基础上形成的一种亲密、平等、真挚、友好的情谊关系就是友谊。对性、美感、依附等三种因素的满足所产生的一种情绪体验则为爱情，它是基于人性的三种基本属性：生物属性、精神属性和社会属性而产生的。

无论是同性之间的还是异性之间，如为友谊，不管两人之间的关系发展到怎样亲密的程度，彼此之间也不会产生拥有对方身体的想法。但有趣的是，异性间的友谊又常常是爱情的基础。在现实生活中，经常有这样的情况：一个处在恋爱甚至婚姻中的人，却同时拥有一个异性知己，而且与这位异性知己是无话不谈，他们了解彼此的程度甚至超过了对恋人的了解程度。友谊与爱情并不相互排斥，当爱情发展到一定阶段后，在爱情中培养友谊是一个重要且奇妙的内容。

（五）不能正确对待恋爱挫折

不是所有的恋人都是幸福的，不是每个渴望爱情的人都能拥有美满幸福的爱情。大学生恋爱中的心理挫折主要有以下七种。

1. 单相思

单相思是指以一方对另一方一厢情愿的倾慕与热爱为特点的畸形爱情。

（1）单相思的心理倾向。

单相思者常会有关注、亲物和幻想三种心理倾向。

第一，关注。单相思者对所恋对象强烈地倾慕，长时间地、细致地对其进行观察。

第二，亲物。单相思者对相思对象的物品进行抚摸把玩，对其住处流连忘返，表现出变态性亲近。

第三，幻想。单相思者常呈白日梦状态，经常地、反复地想象能与对象公开相爱的情景。

（2）单相思的类型。

单相思又可以分为有感单相思和无感单相思两种。

第一，有感单相思。有感单相思是一种对方知道你在恋他（她），但是他（她）并不恋你的单相思。

第二，无感单相思。无感单相思是一种一方深深地恋着对方，而对方并不知晓的单相思。无感单相思多属于幻想的单相思，相思者认为相思对象是遥不可及、神圣不可侵犯的，怀有畏惧之心。

（3）单相思的成因。

第一，自作多情。这种单相思者明明知道对方不爱自己，但仍然还是一味地纠缠、追求，对于这种相思者，我们给出的建议是应该及时制止自己的这一行为，因为这样做不仅不会得到对方的爱，反而会引起对方的反感，而且会损害自己的形象。

第二，理想模式。每一个男女青年的心中都有属于自己的白雪公主或者白马王子，一旦生活中遇到了自己理想中的人物，就会产生难以抑制的爱情之火，这种爱在没有引起对方的感情时就形成了一种单相思。单相思的对象可能是同窗好友，也有可能是只有一面之交的陌生人，还有可能是影视作品中的人物。

第三，爱情错觉。男女大学生由于生活经历较少，所以很容易将友情当作爱情，把男女同学之间的正常交往误解为是爱情，会因此而想入非非，造成单相思。

第四，情感封拒。情感封拒是指一个人深爱着对方，但不知道对方的感情，所以不敢表白，因此就故意在对方面前装出一副不屑一顾的神情，甚至口是心非，欲爱却贬，从而苦苦相思，夜不成寐。这种情感封拒会影响大学生情感的正常表达和交流，引起心情不佳，郁郁寡欢，这种感情的封闭和压抑，久而久之可能导致情感方面无所适从，甚至会造成心理疾病。

（4）单相思的危害。

第一，单相思就像毒药一样腐蚀着单恋者的心灵，使其虚度宝贵的青春。此外，它还腐蚀单相思者的斗志。单相思者一般都把恋爱的对象作为自己最高的目标和最大的追求，因而也就无法把心思集中在学习和工作上了。

第二，单相思还会造成心理失调。一个生活在幻想的爱情中的人，必然是封闭的。他性格孤僻，情绪低沉，对周围的人和事漠不关心，处不好人际关系；他内心苦闷，心情压抑，而又无人可排解，无处疏泄，心理出现失衡的状态。

2. 一见钟情

一见钟情是指短时间内突然发生的爱情，一见钟情的人往往彼此强烈地吸引，除了对对方的仪表、谈吐等外在特征欣赏外，还会伴有一定的生理体验与感受，如心怦怦乱跳、兴奋不已、不能自控、渴望得到对方，这种生理反应会进一步激发情感，产生亲近、愉悦、爱慕等爱情体验。一见钟情是大学生恋爱中较为常见的现象，一般来说，男生较女生更容易一见钟情，这是因为男生选择对象时往往更关注女方的外貌长相等外在特征，只要女方外表美丽动人，就会比较容易对其动情，并将其作为理想的对象来追求，而女方如果对对方也有一定的好印象，就比较容易坠入情网。需要说明的是，一见钟情的浪漫爱情大多是来自性本能的驱使，激情燃尽后便意味着爱情的死亡。所以，要想爱情持久，必须保持清醒的头脑，在对对方有深刻的了解之后再投入感情。

3. 三角恋

有的学生在寻求爱情的过程中，落入三角恋的畸形恋爱中，如果发生三角恋，三人之间将无法把精力投入对对方的了解和感情加深上，而过多地纠缠于感情冲突中。此时的恋爱，很大程度上失去了正常恋爱特征，而更多的是矛盾痛苦、纠葛等，令当事人烦恼不堪，也会给以后的恋爱生活留下阴影。恋爱失败的一方，由于嫉妒，则可能心灰意冷或焦躁不安，失去对生活和爱情的信心。三角恋中，最后的结局必然有人退出，因此三角恋只会导致不愉快和悲剧的发生，对恋爱的三方有害无益。

4. 失恋

失恋是指恋爱受挫失败。恋爱失败是正常的事情。失恋引起的主要情绪反应是痛苦和烦恼，失恋者的心态一般表现为以下五种特征。

第一，心境恶劣。

第二，行为反常。

第三，精神错乱。

第四，报复。

第五，轻生。

5. 网恋

网恋是指在网络空间里，异性之间形成和发展的一定程度的情感依恋关系。随着互联网的发展，网恋成为当代大学生的新型情感交往方式。很多大学生认为，网恋是满足情感需要的一种方式。由于网恋是虚拟的，会让自己感到轻松。超过一半的学生会在"失落""无聊"等情绪状态下发生网恋。但对于网恋，学校应对学生进行合理的引导。

6. 爱情错觉

爱情错觉是指在异性间正常的交往中，一方错误地把另一方的平常行为理解为对自己有爱意，从而错误地认为爱情已经到来的一种感受。这里应当指出的是，爱情错觉与单相思是不同的两个概念，它不是单相思的一种表现形式。单相思是指一方有意，另一方已明确表示无意；或者一方有意，另一方并不知晓这两种情况，表白无效或不敢表白是单相思者的痛苦来源。而爱情错觉并不存在不敢表白与表白无效的情况，错把"无爱"当"有爱"是他们痛苦的根源，或者说他们的爱情痛苦源于误会。大学生可以依据爱情的排他性、冲动性、隐曲性三个特点，来验证自己是不是产生了爱情错觉。

第一，冲动性，对你的试探性的言语、行为表情，他（她）的反应是不在乎或反感，没有脸红、紧张等激动表情。

第二，排他性，如果你同其他异性亲密往来，他（她）无任何不满嫉妒。

第三，隐曲性，他（她）总是大大方方对你表示关怀、帮助，与你谈话总是落落大方、随随便便，从不给你暗示的眼神和动作，对你们两人的交往，从不躲闪回避；而你约他（她）单独外出看戏、看电影他（她）却不同意。

凡是出现以上情况，很有可能说明你对他（她）的爱是出于错觉。

二、大学生常见的性心理问题

大学生正处于性生理发展成熟、性心理趋于成熟的时期，由此也产生各种各样的矛盾和问题。比起心理发展的其他方面，大学生在性心理发展方面的心理问题还是比较多的，常见的性心理问题主要有：性意识的心理困扰、婚前性行为造成的心理困扰、生理特征缺乏吸引力产生自卑心理、性侵害引起的心理创伤等。

除此之外，还有个别大学生存在性心理障碍，即一个人在性欲、性别认同或者性行为方面发生的异常。常见的心理障碍如露阴癖、窥淫癖、恋物癖、摩擦癖等。这些心理障碍的共同特征就是，一些常人不引起性兴奋的某些物体和情境，对患者却有强烈的性兴奋作用，他们在不同程度上有不正常的性意识和行为方式。

第三节　大学生健康恋爱与性心理的引导

一、大学生健康恋爱心理的引导

（一）拥有正确的恋爱态度

通过人们对待爱情的态度，可以折射出一个人的精神境界和道德情操。具体来说，大学生的正确恋爱态度是通过以下七个方面表现出来的。

1. 尊重恋人

恋人之间的互相尊重、互相理解是恋爱成功的保障，是婚姻幸福的土壤。离开了尊重和理解，爱情之树就会枯萎。

2. 对待恋人专一

一个在爱情上不忠贞、不专一的人，不仅得不到纯洁的爱情，而且也很难成为一个品德高尚的人。因此，大学生要用高尚的思想情操，去追求至真、至善的爱情生活，培育纯洁、崇高、永恒的爱情。

3. 对待恋人真诚

大学生恋爱双方要真诚相待，彼此诚恳坦白十分重要。男女双方在爱情上的忠诚和相互信任，是巩固和发展爱情、建立美满婚姻的必要条件。

4. 理解和信任恋人

恋人之间贵在相知。没有理解和信任，互相猜疑、互相设防，美好的爱情就会失去光彩。因此，恋人之间要襟怀坦白、光明磊落，用理解和信任去浇灌、培育爱情，使爱情之树常绿。

5. 摆正爱情与学业的关系

学习是学生的首要任务，应当把主要精力放在学习上。如果大学生在恋爱中只知道沉湎于现时情爱之中，丧失了追求学业的热情，也就丧失了全面发展自己的大好时机。如果将来无法在社会立足，没有了物质基础，又怎会有幸福的爱情！

6. 承担责任，相互奉献

爱，不仅是一种权利，更是一种责任和义务。爱的权利和义务是密不可分的。大学生必须以高度负责的态度对待恋爱。在恋爱中，大学生应该懂得，爱情是一种责任和奉献。爱情的无私，表现在给予而不是索取。美满的爱情生活来自不计回报的奉献和宽广博大的胸襟。大学生踏上爱的旅途后，如果没有强烈的责任感和奉献精神，是不会走上爱的康庄大道的。

7. 理智高尚地处理激情

爱情中如果没有激情是不完美的。但是，没有理智控制的激情是会酿出苦酒的。如果大学生把爱情当作生活的全部，对学业、事业不闻不问，终究有一天，爱情会从手中溜走。在校大学生正处于性生理和性心理发展的高涨时期，在热恋中容易激情泛滥，缺乏理智。为了对彼此负责，在热恋中尤其要有冷静而清醒的头脑。

（二）培养爱的能力

爱是一种能力，也是一种艺术，因此，只有掌握了爱的艺术，具备了爱的能力，才会正确地面对和处理爱情。培养爱的能力，大学生可从以下六点入手。

1. 识别爱的能力

在爱情中人们常常以为是因为爱才和对方走在一起，其实可能掺杂了许多其他心理因素与物质因素。也许是为了虚荣或为了满足征服的欲望；也许有现实的利益或因为性需求，识别自己内心世界的情感，其实也需要勇气。

2. 表达爱的能力

一个人在对某一异性产生了爱并进行了理智分析后，就应该勇敢地、用正确的方式对其进行表达，以免错过爱情，这就是表达爱的能力。而在表达爱时，需要具有信心和勇气，也需要选用恰当的语言与方式，还要做好被拒绝的心理准备。

3. 接受爱的能力

当别人抛出爱的绣球时，并不是所有的人都有勇气接受。有的同学会对自己做出过低的评价，会觉得自己不配；有的同学认为自己不值得爱而不敢接受爱情；当然还可能是因为怕受伤害而不敢去拥有。总之，能否有勇气接受爱情，很重要的一点是是否有自信。

4. 拒绝爱的能力

一个人在面对自己并不希望得到的爱情时，能够理智地进行拒绝，这便是拒绝爱的能力。爱情是不能够勉强的，因而一个人在面对爱情时必须具有拒绝爱的能力。一个人若是缺乏这种能力，在面对一份自己并不希望得到或是不适合自己的爱情时，便无法做出正确的决策，继而对两个人都造成严重的伤害。

虽然每一个人都有权利拒绝自己不想接受的爱情，但是对每一种真挚的感情都予以珍重是对他们起码的尊重，也是个人自重的行为。因此，在拒绝他人的爱时，要注意采用恰当的拒绝方式，切不可对他们的心理造成危害。

5. 保持爱情长久的能力

这种能力其实需要把对方的快乐当成自己的快乐，把对方的痛苦当成自己的痛苦，凡事都要为对方着想，从对方的角度出发去思考问题，在遇到问题时要积极主动地去解决。另外，还要时刻学习，提高自己各方面的能力，只有不断学习、不断和对方进行有效的交流，才能使爱情的保质期更长久。

6. 解决爱的冲突的能力

两个人在相处的过程中不可避免地会因为意见不合等原因而出现冲突，面对这一情况，大学生一定要具有解决爱的冲突的能力，要知道，在恋爱中如果遇到了冲突，一定要冷静下来进行沟通，只有有效沟通才是解决问题的方法，一味地怒吼和谩骂只能互相伤害。

（三）培养承受失恋痛苦的能力

1. 稳定情绪

失恋中体验到的痛苦情绪会使内心积累很多负面能量，因此需要采用向亲人、好友或心理咨询师倾诉的方式或者写日记、书信等方式宣泄情绪，从而缓解积蓄的心理紧张和心理冲突，以便让自己尽快回归到正常生活轨道上来。失恋是人生中一个很大的挫折，考验的是人耐受挫折的能力。

2. 学会自我疏导

失恋虽为人之常事，却是一生中最痛苦的心理挫折之一。不管是主动抛弃还是被抛弃，失恋会给双方的情感带来悲伤和心灵刺痛。因此，面对失恋，一定要学会进行自我疏导。

第一，了解分手共同性。一般来说，分手理由都有一定的共同性，如"我们性格不合"等。因此，面对分手时，没有必要对分手原因追根究底，对有些人在分手后的藕断丝连、犹豫不决要有一定的心理准备。

第二，认识到人生是一个过程，可惜的是不能重来，可喜的是不需要重来。失恋究竟是绊脚石还是垫脚石，都在一念之间。因此，分手了就做回美好的自己。

第三，分手后不要想立马通过爱情转移的方式找到情感替代，而是要花时间好好反思自己的这段感情，争取让自己从中吸取经验和教训，在失恋中得到成长。

3. 掌握合理的调适方法

面对失恋所导致的这些心理特征，承受着失恋打击的人，应采用合理的方法调适自我，从而走出失恋的泥潭。

（1）忙碌忘忧法。

失恋，对任何男女来说都会在他们的灵魂深处烙上深深的痕迹。有人失恋后就心灰意冷、自暴自弃。有的人甚至产生轻生绝望的念头，对恋爱失去希望、对自己失去信心。若处于这种状态，不妨让自己忙碌起来。要知道，人生的主要内容并不只是爱情，还有比爱情更重要的追求，那就是学习、工作和事业。因此，失恋以后失恋者不可消沉下去，应该忙碌起来，把心中的忧愁驱赶出去，让积极忙碌的工作冲淡心中的烦恼。

（2）合理宣泄法。

很多大学生在失恋以后情绪沮丧、悔恨不已、烦恼不安，如此长期沉积，必然会导致精神疾病。因此，应采取合理宣泄法，即通过正常的发泄方式，以不侵害他人为原则，运用发泄、疏导的方法，减轻心头压力。但是，失恋者切不可采取不当的发泄方式，如酗酒、打人等，也不能出于卑鄙的报复心理肆意造谣中伤、诬陷诽谤对方。这样，不但无法帮助自己解除失恋痛苦，反而使自己更加萎靡颓废，甚至走上犯罪的道路。

（3）坦然面对法。

失恋常常引起深刻的情绪障碍，主要表现为以下三个方面。

第一，自卑感。这类失恋者往往自己瞧不起自己，认为被别人抛弃了，把精力集中于自己的不足之处，根本不去考虑自己的优势和特长。

第二，羞耻感。一旦失恋，便以为不光彩、低人一等，把失恋当成自己沉重的负担，牢牢地拴在自己的脖子上，压得自己直不起腰。

第三，依附感。这种人往往缺乏独立自主的性格，失恋时不惜下跪乞求，用痛苦和眼泪、花言和巧语去感动对方，唤起对方的同情心，以挽救恋爱的失败。

针对以上不良心态，失恋者应该采取的正确态度是顺其自然、全盘接受、任凭出现、允许存在，即坦然面对法。而且，失恋者要重新认识恋爱，恋爱不可能百分之百地成功，失恋并非什么羞耻的事情，既然对方绝情而去，失恋者就不要再用廉价的泪水去换取对方的同情。要知道，同情不是爱情。

二、大学生健康性心理的引导

大学生性成熟与人格成熟之间的不平衡，是大学生性心理问题产生的根源。而社会文化因素的不良性观念和信息又在一定程度上诱发大学生的性心理问题。另外，大学生特有的心理品质和生活方式使其性心理问题在一定程度上要多发于一般的社会青年。因此学校和老师要注意做好对大学生健康性心理的引导，帮助他们摆脱性心理问题的困扰，培养、维护健康的性心理。

（一）了解性心理健康的标准

一个性心理健康的人，他应该有正常的性需要和性欲望；能够正确地认识自我，愉快地认同、接纳自己的性别角色；性心理特点和性行为符合相应的性心理发展年龄特征；能和异性保持和谐的人际关系；性行为符合社会道德规范。

任何一个成熟的个体，都应该有正常的性需要和性欲望，而且这种正常的性需要和欲望的对象是指向成熟的异性，而不是替代物。

一个性心理健康的人，对自我有正确的认识，对自己的性生理发育状况和性心理的发展变化有科学的认识，并且能正视自我，同时乐于承担自己的性别角色，能够坦然接受自己，而不是不满自己的性别，甚至仇视自己。

一个正常发展的人，其心理特点与行为特征必定符合他的年龄发展阶段，如果不协调，或发生严重的偏离，其性心理就是不健康的。

随着性生理与性心理的发育和成熟，大学生开始渴望与异性交往。性心理健康的个体，能够在日常学习生活中与异性进行自然的、符合社会规范要求的交往。健康的异性交往，有利于大学生的社会化、人格的完善，有利于提高大学生与异性相处的能力，增进男女之间的了解。大学生与异性交往，应该要把握好三个原则，包括集体交往原则、平等交往原则、文明交往原则。

性心理健康的人具有一定的性知识和性道德修养，能自觉地分辨性文化中的庸俗与高雅，自觉抵制不良的性文化。人类性爱具有社会性和高尚性，在这方面我国有优秀的文化传统和高尚的性道德观念。大学生应该要树立高尚的性道德，一方面要自觉抵制西方的"性解放"思想的侵蚀，另一方面也要批判民族传统的"从一而终"的封建落后思想。

（二）掌握科学的性知识，形成正确的性观念

由于中国几千年封建社会的性愚昧和谈"性"色变的保守观念影响，加上大学生缺乏规范的、系统的性健康教育，不少大学生对"性"缺乏正确的认知。对此，大学生应该选择阅读一些正规出版发行的性生理和性心理方面的科普书籍或一些性社会学、性伦理学、性法律学等专门论著，构建合理的性知识结构，了解性意识发展规律，正确看待各种性心理问题。

作为大学生，应该学习并掌握性知识，应该具有符合自己年龄和文化程度的性知识水平和性行为方式，充分认识到性的自然属性和社会意义。另外，大学生要正确对待性冲动和自慰行为，确立顺其自然的坦然态度；应该要正确理解人类的性不仅是个人生活问题，也是严肃的社会问题；认识到性是一种广泛的活动，不仅包括性行为，还包括非性行为，它是人类精神文明的组成部分，不能把性仅仅看作性欲的满足。通过性心理、性生理、性卫生、性道德的学习，认识性欲和性冲动是应该而又可以控制的。要培养自己良好的性适应能力和性抑制能力。对一些较严重的心理问题，向心理专家咨询更具实效性。

（三）培养两性正常交往的习惯

大学生应该多进行集体交往，以便在正常交往中消除对异性怀有的神秘感和好奇感，满足对异性的心理需要；不要频繁地与异性个体接触，以避免出现性敏感等异常心理。大学生正常的异性交往是一种正当合理的现象，有助于大学生对异性的心理反应正常化。当然，大学生在两性之间建立友谊，不但要遵循一般的交友原则，还要注意交往的方式方法，讲究分寸，毕竟男女有别。大学生在与异性交往时，要自然、大方、得体、开诚布公，言行举止不要让对方产生错觉和性意向的浪漫幻想。

第八章 大学生网络心理与就业心理健康教育

在素质教育大力提倡与实施之下,大学生各方面能力的提高受到了高度的关注,其中就包括网络应用能力和就业能力。然而,由于很多大学生在心理方面还不是很成熟,在面对虚幻与真实并存的网络世界的时候,产生了很多困惑,甚至出现了严重的网络心理问题;在面对艰难的就业形势和复杂的择业环境时,产生了巨大的心理压力,甚至陷入就业心理障碍中难以自拔。因此,大学生素质教育任重而道远,必须在努力提高大学生网络应用能力和就业能力的同时,关注大学生的网络心理与就业心理,提供适时的良好教育和指导,帮助大学生形成健康的网络心理与就业心理。本章主要就大学生网络心理与就业心理的一般规律、大学生常见的网络与就业心理问题和素质教育背景下大学生健康网络心理与就业心理的塑造等内容进行一定的探讨。

第一节 大学生网络心理与就业心理的一般规律

一、网络心理分析

在当今信息技术时代下,网络已经成了人们生活中的一个重要组成部分。互联网融多种传播方式为一体,具有传播速度的即时性、信息容量的高容性和广泛性、信息内容的开放性、信息表达的形象性和互动性、网络环境的虚拟性、网络关系的互动性等特征。它的这些特征使现实与虚拟、物质世界与人造空间之间的界限变得模糊,并对人的心理和行为的发展产生了较大的变化。因此,有不少心理学家采取量的研究方法(如心理测量法、现场实验)和质的研究方法(如访谈法、个案研究、文献综述),从不同的角度对网络进行深入而广泛的研究，最后形成了网络心理学这样一门科学。在我国，虽然一些著名的心理学网站都设立了网络心理学专题，也出现了一些网络心理方面的专著，但是总体上这方面的研究还是比较欠缺的，还处于初步发展阶段。

关于网络与人的心理，一般人们是从以下四个角度进行分析。

（一）网络与认知

网络是一个典型的人机结合的复杂系统，能形成逼真的、三维的、具有一定视听等感知能力的超现实社会。因此，它极大地拓展了人类的认识和实践空间，能够潜移默化地改变人们对自身和对社会的认识。网络世界不同于现实世界，它摆脱了传统社会的控制，让人用新的视角去接触社会。人们可以不受年龄、性别、身份、相貌等差异的限制而自由地发表意见、传达感受。这能够在很大程度上让人们对自己有一个新的认识。此外，网络中浩瀚的信息量又能够拓宽人们的视野，为人们提供更多自我学习的途径和机会。

当然，网络对人的认知也会产生消极的影响。面对扑面而来的大量信息，人们尤其是那些辨别是非能力较差的人很容易迷失自己，容易因看不清真正的自我而丧失理性。

（二）网络与情感

网络的即时性、便利性、匿名性等特点，使它成为人们自由阐述观点、抒发情绪、传递情感的一个平台。在这个平台上，人们可以充分地表达和宣泄情感，它满足了人们情感表达的多样化需求，为人性中的本能宣泄提供了释放的渠道，有利于平衡人的心理，促进人的心理健康。

网络除了给人带来积极的情感体验外，也会带来消极的情感体验。例如，特克尔经过试验研究发现，一些被试者因为上网交友而导致社会孤立和社会焦虑；克劳特等人发现过多使用网络会使人产生孤独感和抑郁心理。这主要是因为过多沉溺于网络而减少了与现实社会中人的交往，离开网络就会产生各种不良的情绪情感。

（三）网络与人格

网络的出现和发展对人格也产生了一定的影响。网络具有分散性、自主性和隐蔽性等特征，这为人的个性发展提供了广阔的空间，能够有意识地强化人的自我意识状态，增强人处理事件时的独立性、自主性和支配性。然而，网络的虚拟性又使很多人在网络中的行为与现实中的行为产生了很大的差别，网络中频繁的角色转换又深深地影响着人们人格的统一，很容易让人出现人格分裂倾向及自我同一性的混乱，出现双重人格及多重人格的极端性表现。

（四）网络与人际关系

网络所提供的各种方式，如微信、QQ、E-mail 等能够让人们进行网络人际交往。网络人际交往不同于现实社会中的人际交往。首先，在网络上与人交际时，语言不用那么正式，可以使用各种汉字拼音或英文缩写、数字谐音、网络特定的词汇、网络表情等。其次，网络交往身份虚拟化。网络用户只要填写交往工具的注册表或者登记表，就可以获得一个相应的身份，并以这个身份在网上与人交际。再次，网络交往主体具有平等性。网络为人们提供了一个自由、平等的世界。一个人不管在现实生活中的身份多么高贵显赫，在网上就是一个网民而已，所有网民都是平等的。最后，网络交际具有弱规范性。在现实的人际交往中，人与人之间一定要遵守一些社会规范，而在网络中只要按照网络技术要求去操作，就可以顺利完成网上人际交往。

当然，网络人际交往容易让一些人放纵自己的道德行为规范，造成非人性化的倾向；也容易让一些人沉溺于网络人际交往而忽视现实社会中的人际交往，从而出现现实社会中的人际交往障碍。例如，莱维特曾通过一项跟踪研究考查了人们上网 1～2 年前后对社会交往与心理健康的影响，结果表明过多使用网络减少了人的社会参与活动，减少了与家人的沟通交流，缩小了自己在当地的社交圈，也增加了个体的孤独感。

二、大学生网络行为的心理需求

作为信息时代的"弄潮儿"，大学生自然是网民中的主力军。那么，大学生上网是为了满足哪些心理需求？以下对常见的七种心理需求进行一定的阐释。

（一）了解和探索外部世界的需求

大学生有着积极探索外部世界的心理倾向，渴望了解书本以外的各种知识、信息和周围多彩的世界。而网络能够为他们提供百科全书式的资源，能够让他们方便、快捷地获取信息。网络作为"第四媒体"，集文字、声音、图像于一体，构成了一种立体化的传播形态。它的功能齐全、信息丰富、雅俗共赏、自由开放等特性，充分满足了大学生强烈的探索欲望。他们在网上可以直接访问有关领域的资深人士或专家，可以进行包括专业知识、趣味知识、生活知识、外语知识等多方面知识的学习，可以尽情地漫游、寻访、搜索各种类型的信息库、图书馆，可以围绕其所关心的问题与其他网民展开讨论等。

（二）舒缓或宣泄情绪的需求

大学生通过上网来舒缓或宣泄情绪也是一个非常重要的心理需求。据调查，当问及上网聊天的原因时，很多大学生觉得网上聊天比现实生活安全轻松，想说什么就说什么，想怎么抒发感情就怎么抒发感情。在现实生活中，大学生由于面对很多方面的压力，产生了不少负面的情绪，有些情绪如果不能得到及时的宣泄，会对其身心造成较大的影响。网络有匿名性、互动性、开放性、便捷性、自由度高等特点，大学生可以通过网络中的"虚拟社区"宣泄他们被压抑的不良情绪和情感，向网友倾诉自己的不快，或到对抗游戏里冲杀一番，从而释放心理压力、松弛身心。可见，网络能够为大学生适时转移、倾诉和宣泄自己的负面情绪提供机会和场所。

（三）交友与情感的需求

随着自我意识的增强，大学生逐步摆脱了对父母、老师的依赖，但同时对同龄人的依赖越来越大，他们希望获得更多的友谊，也希望获得一份美好的爱情。开放的网络则能够在一定程度上满足大学生这种强烈的爱与情感的需求。

相关调查显示，在大学生的各类朋友中，网上相识的占绝大多数，而现实生活中结识的只占少数。在网络聊天中，有关友谊和爱情的话题是最热门的话题。在网上，一个人的所思所想往往是经过一定时间的思考才反映为文字，它展示的是经过粉饰的或者是理想中的自我，能够不受任何限制地关系、理解和尊重他人。因而很多大学生能在这里找到理想化的朋友或恋人，极大地满足他们内心深处对浪漫爱情和友情的渴求。

（四）寻求刺激的需求

大学生对新鲜事物总是充满了好奇之心，尤其是对现实生活中难以了解到、难以获得的事物和信息非常关注，而网络世界中应有尽有。因为互联网把无数局域网连接起来，形成了全球最大的信息库，内容涉及社会生活的各个方面。在上网过程中，大学生能够充分满足自己那种寻求刺激的心理。

（五）追求娱乐、时尚的需求

互联网集文本、声音、图像、动画等多媒体形式于一体，因而极大地影响着人们固有的文化和娱乐形态。它可以让大学生在网上参加聊天、游戏、看书、听音乐、看电影等各项娱乐活动，不受任何空间的限制。此外，网络可以全方位地打开大学生的各种感觉，让他们的视觉、听觉和触觉协同活动，从而获得多感官的刺激，愉悦身心。

除了满足大学生追求娱乐的心理需求外，网络的自由性和上网的时尚性及互联网传播信息的高速性，还能够满足当代大学生们追求个性时尚的心理需求。

（六）满足归属感的需求

按照马斯洛的需求层次理论，人的需求从低到高有生理需求、安全需求、爱和归属感的需求、尊重的需求和自我实现的需求。很显然，寻求归属感是人类的一种基本需求。网络空间能给人提供许多不同的虚拟环境，让任何人都找到一个与自己兴趣相投的地方。这就大大满足了人的归属感需求。大学生往往会面临一些现实的或潜在的归属认同危机感，如家庭成员之间的关系危机，与师长及同学缺乏认同等。而上网能够让他们暂时逃避这些现实，同时获得另类的归属认同。

（七）自我价值感实现的需求

大学生正处于青年初期，思想比较活跃，渴望被尊重、被理解，同时，随着他们生活空间的扩展和阅历的不断增加，他们对自我价值的实现看得越来越重。网络虚拟的世界为大学生满足自己的自尊、成就感和自我价值的实现提供了便利的条件。网络世界一般不强调相貌的作用，每个大学生都可以在一个非以貌取人的环境下拥有平等的发言权。大学生还可以建立个人主页，把自己的兴趣爱好等资料通过网络传媒让网友认识和了解。通过这种交往，他们很容易获得自信、自尊和自我认同等价值。可以说，网络为大学生提供了一个重建自我认同的机会。著名的认知心理学家安德森就曾通过研究得出，大学生在虚拟的世界中，会形成更外向、聪明、更善于社交的虚拟性格。尤格的研究也指出，66%的网络成瘾者在网络上创造了新的自我认定，网络成瘾者借网络中的不同角色解放他们潜隐的自我。总之，大学生上网也是希望建构一个理想的自我，满足自我价值感实现的心理需求。

三、大学生就业心理趋向

所谓大学生就业心理，就是指大学生在面对就业问题、进行就业准备和寻求职业的过程中产生的各种心理现象。在当今的就业大环境下，大学生的就业心理呈现出了以下五个方面的趋向。

（一）更加追求经济利益

在当今时代下，大学生的择业价值观发生了一定的转变。很多大学生不再以"实现自我价值"为首要的就业目标，而是以获得较高的经济利益为首要目标。在面对企业给出的很多优势条件中，大学生更倾向于那些"收入高，福利好"的条件。这种就业心理的出现受到多方面因素的影响，尤其是市场经济发展的影响。

（二）看重具有个人和社会发展双重优势的工作单位

随着大学生主体意识和公民意识的增强，大学生在就业的过程中越来越看重那些既对自身发展有利，又对社会发展有利的工作单位。从这一点可以看出，现代大学生的社会责任感有了很大提升，他们会在获得个人经济收益的同时照顾国家和社会的需求，并努力为其作出一定的贡献。

（三）就业目标趋高拒低

从当前大学生的就业情况来看，大学生普遍趋向于寻求高薪水、高地位、高层次的工作，而拒绝低待遇、低地位、低层次的工作。主要表现在三个方面：

第一，在确定就业地域时，大学生向往大中城市，尤其是沿海的中心城市，而不愿意去基层，尤其是山区。这是因为大中城市的经济发展水平较高，发展前景较好，更有利于施展个人才能。

第二，在选择工作单位时，大学生更偏向于非公有制企业，因为非公有制企业在近年来对大学生的吸纳量越来越大，且在各方面提供的条件上也越来越好。

第三，在选择具体的职业时，大学生更愿意从事高层的管理工作和高收入的职业。

（四）专业意识淡化

改革开放之初，我国绝大多数的大学生都希望毕业后能够从事与所学专业对口的工作，而现在，大学生在找工作时，对于专业对不对口这一问题已经不是很关注，工资福利、企业发展和自我价值的实现可能是他们更关注的问题。这与很多高校实行"辅修制""第二专业"等措施提高了大学生的综合素质有很大的关系。总之，当今大学生在就业过程中的专业意识已经淡化。

（五）就业的多向性与不稳定性

在当前阶段下，受到多元价值观的影响以及某种功利思想的驱动，大学生在就业时心理上呈现出了多向性和不稳定性特征。这种特征具体表现为大学生在选择职业时希望"鱼"与"熊掌"兼得，因而左顾右盼，多向地进行求职与应聘，甚至犹豫不决出现随意违约现象。例如，有的大学生非常喜欢自己的专业，而自己的专业所在的行业薪水较低，因而怕过艰苦的生活，择业时犹犹豫豫；有的大学生不顾自己的专业特长，专门挑选待遇高、福利好的公司，但同时又想实现自己的价值与抱负，因而在不同的用人单位之间反复斟酌；有的大学生已在某个单位面试过，双方也都比较满意，但不果断签约，还继续寻找新的用人单位，总觉得可以找到更好的。

四、大学生就业的心理分析

（一）影响大学生就业的心理因素

1. 客观因素

（1）社会因素。

当今大学生的就业动机、就业心理受到社会大环境的重要影响。这种影响主要表现为以下四个方面。

第一，社会上不少人将职业待遇、地位的高低作为衡量大学生人生价值的尺度，使大学生在就业过程中出现了追名逐利的倾向。

第二，当前的就业市场还不是很规范，就业制度也不是很完善，因而社会上出现了一些不正之风，如一些优秀的毕业生没能进入好单位，而一些不优秀的毕业生却凭借着关系进入了好单位。这种就业竞争中的不公平现象很容易使一些大学生产生心理上的不平衡，进而出现一些心理问题。

第三，人才供求状况不平衡。近年来，我国高校毕业生的初次就业率一直没有突破90%，大多维持在70%～75%。这就说明，每年还有相当一部分的毕业生毕业后处于待就业状态。由于每年应届毕业生的总数在逐年增加，相应的每年待就业总人数也就一直在递增。而社会上新增的就业岗位并没有显著增加，且面向大学毕业生的岗位非常有限。这就出现了就业市场的供求关系失衡的现象，人才供大于求很容易影响大学生的就业心理。

第四，用人单位受一些社会偏见的影响，喜欢招聘重点大学的大学生，而不给普通大学的大学生面试的机会；还有的用人单位有一定的性别歧视，因而不愿意招聘女大学生。这些都会对大学生的就业心理造成一定的影响。

（2）家庭因素。

家庭对一个人的影响往往是比较深刻的。父母的价值观、家庭经济情况、家庭环境氛围、家庭教育、父母对各种职业的评价等会直接影响大学生的择业观，左右他们的就业心理。例如，一些父母具有"拜金主义、享乐主义"意识，容易使大学生在就业过程中追求"福利好、工资高、工作轻松"的职业；一些下岗职工希望子女大学毕业后能获得一份报酬优厚、风险性较小的工作，因而这类大学生在找工作时就容易不顾自身情况，一味找这类工作；还有一些家长过于溺爱和娇宠子女，容易使子女在就业过程中出现"高成绩，低能力"的现象。

（3）学校因素。

大学生在面临毕业找工作的问题时，往往希望学校给他们提供一定的就业指导，帮助他们解决就业过程中的种种心理适应问题。然而，目前很多学校在就业指导工作这一方面做得还不是很好。首先，学校缺乏必要的技巧训练。尽管现在许多高校普遍重视大学生的就业，也做了一些工作，但就整体情况来看，对毕业生的就业还缺乏系统的技巧训练，导致大学生产生一系列择业心理问题。其次，学校缺乏必要的就业心理指导。很多高校的大学生心理辅导明显滞后于学生就业心理发展的需要。

2. 主观因素

（1）大学生对就业了解不够全面。

大学毕业生刚刚步入社会，对社会的了解还不全面，也没有多少实际的体验，对社会存在着较多的想象成分。有些大学生觉得社会并不复杂，也不知道很多影响就业的社会因素，因而很容易抱有较高的择业期望值；而有些大学生根据经历的一两件事就觉得社会太复杂，就业极端困难，因而被就业吓倒，总是找不到理想的职业。

（2）大学生对自己的认识不够。

大学生的自我意识和独立思维能力虽然有了很大的增强，但自我认知能力还是有所欠缺。不少大学生在就业问题上存在自我认识的偏差。有的大学生过于高估自己，觉得自己无所不能，因而在找工作时眼高手低，总是出现理想与现实之间的矛盾；而有的大学生自我评价过低，总是不相信自己，所以找工作时很容易出现低就的现象，使自己的能力得不到发挥，价值得不到实现。

（3）大学生的求职动机有偏差。

大学生在求职过程中出现跟风从众、盲目攀比、怨天尤人等情况，与自己的求职动机有很大关系。一些大学生往往非常看重经济待遇，偏重工作的稳定性，一定要选择与自己专业对口的职业，这些动机一旦得不到满足，就会深感困惑，出现焦虑不安、郁闷等心理。

（4）大学生的人格特征不稳定。

人格特征即个性，在生活、实践中经常表现出来，在他人看来是稳定的，是具有一定方向确定性的、个人的心理特征的总和，具有与他人不同的独特心理状态和心理特征。人格贯穿一生，影响一生，伴随人的一生，永远不会消失。正是因为人的个性所产生的需求、动机、理想、信念、世界观和兴趣引导着人的生活，指引着生活的方向和道路。不同的人格特征和个性气质、性格和能力影响和决定了人生的风格、事业和命运。不同的人格特征决定了不同的职业偏好。毕业生的择业心理和行为表现多种多样，有的毕业生想过稳定的日子，找稳定的工作，而有的毕业生则更愿意赌上金钱和时间进行创业。

（5）大学知识结构不完善。

具体而言，知识结构是指求职人员的知识系统和求职人员自身之间的关系。知识结构对个人能力的形成影响是最大的，如果知识结构不同，求职者就会具有不同领域的能力。如今社会越来越智能化，技术迅猛发展，很多产业都逐渐实现了一体化，如今的职业需求的是综合性人才。换言之，从业人员应该了解更多领域的知识，让知识的结构更加宽广，层次更加丰富。

大学生在学习过程中要了解、学习本专业相关的知识和技能，对自己的要求不能仅是掌握自己的专业知识和技能。只有深入了解基础知识和基本技能，才能够应对现今高速发展的社会和多变的人才需求。丰富的知识能力、过硬的动手能力和合理的知识结构能够帮助毕业生就业，同时这也是毕业生确认自己是否能够存活于就业市场的基础。由此可见，大学生的知识结构会直接影响毕业生就业，是就业能否成功的关键因素。

（二）大学生的就业心理表现

大学毕业生的就业心理表现形式各不相同，这是因为他们的就业动机多种多样，动机又与他们自身的实际情况相联系。大学生需要积极的就业心理，积极的就业心理主要包含以下两个方面：

1. 乐观自信

有些学生能够客观地认识和评价自己,有明确的就业需求目标,这是准确分析和支持社会就业形势和社会需求的最有效途径。这类学生能够有效避免自身缺点,发挥优点,碰壁时不气馁。这类学生能积极收集就业信息,找到最满意的工作。

2. 有竞争的勇气和风险意识

一些毕业生可以适应刚毕业时的就业形势,并明白就业市场的竞争是不可避免的;要提高他们的工作竞争力,就应该不断丰富和完善自己的各个领域的能力,并积极参与社会活动和学校文化活动。他们必须提高自己的整体文化水平,同时以较强的竞争意识勇敢竞争。相当数量的毕业生既具有竞争力又具有冒险精神,他们不认为稳定是最好的选择,希望获得具有充分竞争力的专业职位。这些职业虽有一定风险,但很容易发展,因此很容易体现自己的价值观,很受毕业生的喜爱。除了事业单位和大型国有企业外,人们也倾向于选择具有充分竞争力的行业来自主创业。

现如今人才竞争十分激烈,毕业生必须满足社会发展的需求。千万不能脱离现实,要与时俱进,独立且自信,要发挥自己的优势来满足社会的需要和自己的条件。面对自己的缺点,要接受不能逃避,通过"双向选择"实现理想,追求工作生活。

第二节 大学生常见的网络与就业心理问题

一、大学生常见的网络心理问题

(一)网络成瘾问题

网络成瘾最早是由美国纽约精神医生 Goldberg 于 1994 年提出来的。这一概念后来被收录进医学、精神病学词典。它是指由于个体过度使用网络而出现明显的社会、心理功能损害的一种现象。也有学者指出,网络成瘾是由重复地使用网络所导致的一种慢性或通气性的着迷状态,并产生难以抗拒地继续使用的愿望,同时产生想要增加使用时间的张力和耐受性、克制、退隐等现象,对于上网所带来的快感会一直存在心理上和生理上的依赖。

1. 大学生网络成瘾的表现

大学生出现网络成瘾问题时，一般会有以下一些表现。

（1）需要更多的网络内容或更长久的上网时间才能得到与原来相当程度的上网满足感。

（2）具有一种难以自拔的上网渴望与冲动，往往强迫自己上网。

（3）如果突然被迫离开网络，很多时候会出现挫败的情绪反应，如生气、情绪低落、空虚感等，或是心神不宁、注意力不集中等反应。

（4）忽略学业与社交生活，产生身体不适的反应，如眼睛疲劳、视力减退、头痛、肩膀酸痛、腕肌受伤、睡眠不足、胃肠不适等。有的还会出现身体上的严重疾病或精神障碍。

2. 大学生网络成瘾的类型

大学生网络成瘾主要类型如表 8-1 所示。

表 8-1　大学生网络成瘾的类型

类型	具体表现
网络游戏成瘾	将大量时间、精力和金钱花费在网络设计的各种游戏中，完全不顾学业和现实中的人际关系
网络色情成瘾	用大量的时间光顾漫游色情网站，迷恋网上的色情音乐、色情图片、色情笑话、色情影视以及色情文学作品
网络交际成瘾	利用各种聊天软件进行人际虚拟交流，迷恋与网友的聊天，甚至发生网恋、网络交易等行为，觉得网友比现实生活中的家人、同学、朋友等还重要
网络信息收集成瘾	强迫性地从网上收集无用的、无关紧要的或者不迫切需要的信息
网络视听成瘾	在网上耗费大量时间光顾"音乐在线"网站和"在线影院"网站，着迷于各种网络音乐和电影资料
网络制作成瘾	追求网页制作的完美性和以编制多种程序为嗜好

3. 大学生网络成瘾的自我判定

匹兹堡大学的 Kimberly Young 曾根据精神疾病诊断标准对赌博成瘾的标准改编了一个网络成瘾的自我判定标准，如果 8 道题目中回答"是"的超过 5 道题，就可视为成瘾者。大学生也可以根据这一标准对自己进行判断。如果确定为网络成瘾者，应立即采取合适的措施进行调适。

（1）你是否经常想着上网这件事？

（2）你是否多次尝试控制、减少或停止上网但未成功？

（3）你是否觉得要花更多的时间上网才能满足？

（4）每次的上网时间是否比自己计划的要长？

（5）停止使用网络时你是否感觉烦躁不安？

（6）你是否因为使用网络而影响到自己的人际关系、工作、教育或者职业机会？

（7）你是否对家庭成员、治疗医生或其他人说谎以隐瞒自己对网络的着迷程度？

（8）你是否把网络当作一种逃避问题或释放焦虑不安情绪的重要方式？

大学生出现网络成瘾问题对其很多方面都会造成不良的影响，如学习和工作效率降低；在现实中没有朋友；情感冷漠，和家人朋友没有语言交流；喜欢虚拟世界，厌恶现实；出现不同程度的孤独症、抑郁症、强迫症、偏执症等。因此，社会、高校、家长和大学生都要重视这一问题。

（二）网络孤独症

网络孤独症也是大学生中常见的一种网络心理。它是指迷恋网上建立的友谊、爱情，而淡化了与现实中人的交往，一旦回到现实生活中就感到无所适从，产生强烈的孤独感。这种问题在女大学生身上比较多见。一些女大学生由于性格内向、自卑，惯于自己承受心理负荷，心思敏锐，不愿意或不善于与他人交往，厌恶社会上那种虚情假意的人情来往。而网上交往这种匿名、隐匿性别和身份的形式让她们觉得找到了精神寄托。她们常常在网上向网友发泄自己的不良情绪，排解忧虑，讲自己的"心情故事"，当得到网友的心理支持后就感觉很舒服、很放松。不过，她们在现实生活中会发现自己周围很空，孤独感非常强烈。网络所能给的只能是键盘、鼠标和显示器所造就的书面语言，上网并不能真正排解自己的孤独和抑郁。

总体上而言，患有网络孤独症的大学生一般表现为独来独往，情感过度个人化，社会适应性不良，缺乏团队协作精神，神情恍惚，人际距离疏远，宣泄情绪和表达情感都依赖于网络。

（三）情感冷漠与自我认同混乱

由于网络世界是由高科技建造的虚拟空间，其虽然高效、开放、生动，但缺少人情味。大学生长时间沉迷于网络世界中，慢慢变得分不清现实与幻想，甚至还会将虚拟世界中的冷酷与无情带到现实生活中来，对周围的人和事变得冷漠，总是不关心任何事、任何人，不会对外界刺激做出相应的情感反应，面部表情呆板。

此外，由于网络的匿名性，大学生在网络中隐去了真实的身份，不再受制于很多现实

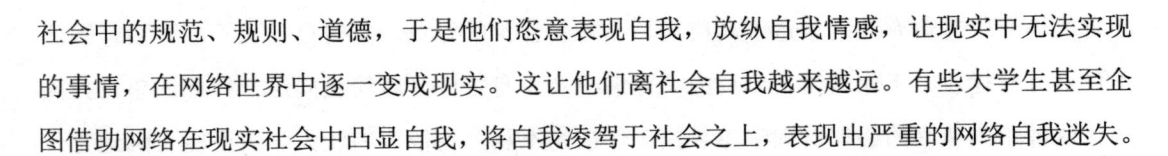

社会中的规范、规则、道德，于是他们恣意表现自我，放纵自我情感，让现实中无法实现的事情，在网络世界中逐一变成现实。这让他们离社会自我越来越远。有些大学生甚至企图借助网络在现实社会中凸显自我，将自我凌驾于社会之上，表现出严重的网络自我迷失。

（四）网络恐惧心理

大学生尤其是那些来自经济落后地区的学生，很少接触过网络或接触很少，当他们进入大学开始频繁地面对丰富多彩的网络界面时，看到周围同学熟练地操作电脑、自由地浏览网页、进行聊天，而自己缺乏互联网知识和检索技能、操作不熟练，就感到非常害怕和迷茫，怕自己被他人笑话，也怕自己学习能力不足，因而对网络产生恐惧感。

（五）网络焦虑心理

互联网技术的发展非常迅速，对此，一部分大学生非常担心自己的知识更新赶不上互联网的发展，非常担心掌握不了新的网络技术而遭到淘汰，因而产生心理焦虑。此外，网络通道拥挤，传输速度缓慢，网上人际关系不确定，网络内容庞杂无序等情况，也往往会使一部分大学生觉得无所适从，出现一定的焦虑心理。

二、大学生常见的就业心理问题

（一）追求公正的偏执心理

大学生在就业过程中渴望有公平的竞争环境，渴望机会均等，这无可厚非。然而，现实情况是大学生的就业还是在一定范围内的双向选择，行业壁垒和地方壁垒依旧存在，很多政策对生源等也有一定的限制；此外，因市场发育不完善，不可避免地有一些人情关系、"走后门"等不正之风；加之一些用人单位严格限制身高、相貌等。这就让很多大学毕业生的不平等、不公正之心非常强烈，继而抱怨自己"出身不好""生不逢时"，或者是抱怨社会太黑暗，或者是怒斥就业市场太不公平等。追求公正并无过错，但是如果过于偏执，不根据现实情况及时调整自身，就很容易陷入更为不良的心境中，从而阻碍自己的就业之路。

（二）盲从攀比心理

当前，很多大学毕业生在求职时表现得很没有主见。他们不会从自身的实际情况出发做出切合实际的选择，而是人云亦云，看见别人往大城市、大单位挤，自己也跟风而去。

还有的毕业生看着有些同学进了高待遇、高社会评价的行业，觉得自己也不应落后，因而不仔细分析行业、工作城市、单位的具体情况及自身条件，就纷纷向这一行业的单位投简历。这种跟风从众的心理对大学生寻找工作极为不利，也很容易让大学生不能正确地定位自己。因此，大学生应当适时反思自己，不过分计较一时的顺逆，愿意从小事做起，从基层做起，坚信最终能找到最适合自己也最能实现自我价值的好工作。

大学毕业生血气方刚，喜欢争强好胜，有较强的虚荣心，因而很容易引发攀比心理。当看到同学找了一份看起来很不错的工作，马上就觉得很有压力，因此待遇不好不去，工作地域不好也不去，结果耽误了最佳的求职时间，使自己错过了许多就业机会。可见，盲目攀比的心理要不得。

（三）就业依赖心理

现代有很多大学生喜欢凡事靠别人，在就业这件事上也是如此。他们在毕业之时，面对复杂的就业环境和严峻的就业形势，不主动接触和了解社会及就业市场，而是把就业的希望寄托在家长、学校以及亲朋好友的身上，把家庭和学校当成避风港。

此外，还有一部分大学毕业生虽然自己在积极地找工作，但是没有独立分析和解决问题的能力，对于一个单位是否适合自己，总是无法自行决断，总是要依靠父母师长的意思进行取舍，表现出强烈的依赖性。

事实上，大学生如果不摆脱这种就业依赖心理，迟早会因为不能做出自己的决断而受到更大的挫折，而且依靠别人获得的工作自己也并非能够胜任，或者是能够胜任但不一定能够真正促进自己的发展。

（四）就业自卑心理

引起大学生就业自卑心理的原因有很多，或者是某些生理、心理上的缺陷，或者是能力方面的不足，或者是目前地位和生活挫折等。总之，在面临就业的重大考验时，那些自卑感强的学生总是压力重重，很难以一个良好的心态寻找职业。

具有就业自卑心理的大学生常常表现为：总认为自己的水平比别人低，自己肯定达不到单位的要求；在求职时胆怯、害羞，怕别人瞧不起自己，更怕竞争失败的打击，心理上往往采取退缩性的自我防御；或者内心渴望较高的就业目标，但在现实中表现出就业目标的低指向，总是将内心的不甘与愁苦深埋于心。大学生如果长期如此，很容易导致自卑型问题人格。

（五）就业焦虑心理

大学生在找工作时既希望找到理想的职业，又担心被用人单位拒之门外，总是处于这种心中无底的状态中，久而久之就会出现不同程度的焦虑心理。这种焦虑心理一旦过了头，就会使他们一听到就业有关的事情就精神紧张、忧心忡忡、烦躁不安、意志消沉，甚至在行为上表现得反应迟钝、无所适从。

这种就业焦虑心理比较容易发生在就业压力较大的贫困大学生身上。与家庭有权有势的同学相比，贫困大学生普遍承受着巨大的就业压力。他们既无背景又无"钱景"，加之自身还有不足之处，在找工作时处处碰壁，这更易产生焦虑、紧张、神经质等问题。

（六）追求自我实现的痛苦心理

大学生的就业动机往往具有强烈的自我实现意识，因而特别希望自己所选择的职业能够充分发挥自己的潜能和特长。然而，在当今这个时代背景下，大学生又普遍追求现实的利益。因此，同时发挥自己的潜能和特长与获得较高的现实利益就成了大学生理想中自我实现的重要标志。不过，现实情况是，大学生总是容易割裂自我实现与社会现实之间的关系，不进行理性的思考，自命不凡，以为自己无所不能，一旦片面的自我实现价值标签受到打击被粉碎后，就会陷入深深的痛苦中，被灰色的心情笼罩。

（七）就业挫折耐受性低

大学生在就业过程中遇到挫折是在所难免的，有的甚至需要经过多次的挫折才能获得成功。然而，有一些大学生在求职时只想着成功，一旦遇到挫折就一蹶不振，垂头丧气，陷入失望、焦虑、苦闷的情绪中不能自拔。这主要是因为他们的就业挫折耐受性低，遇到挫折不懂得及时总结经验教训，不懂得及时调整自己的心态。

其实，在当今自主择业的政策之下，大学生获得了通过竞争获得理想职业的机会，理应是一件比较好的事情。大学生应当积极面对竞争，勇敢尝试，而不是因为害怕失败而陷入不战自败的境地。

第三节　大学生健康网络心理与就业心理调适

现代社会是一个信息化的社会，在这样的社会背景下，网络已经成为人们日常生活中不可或缺的一个重要组成部分，这也要求社会未来的人才必须要在科学合理地运用网络的同时，具备健康的网络心理。同时，随着高校扩招和大学生就业形势的严峻，社会对大学生的就业心理素质也提出了较高的要求。因此，在关注以全面发展大学生各项素质、促进大学生健康成长为目标的素质教育时，也需要对大学生的健康网络心理和就业心理进行引导和塑造。

一、大学生健康网络心理塑造

在当今素质教育的大背景下，大学生不得不积极地接触网络，提高自己的网络应用能力，从网络中增长自己的见识，享受网络带来的方便与乐趣。但是，积极地预防与调适不良的网络心理非常必要。大学生是社会新技术、新思想的前沿群体，必须努力塑造他们健康的网络心理，提高他们整体的心理素质。以下是素质教育背景下大学生健康网络心理塑造的一些有效建议。

（一）正确认识网络

随着信息化时代的到来，网络大量充斥于人们的生活中。它以自身独特的特性消除了人类跨地域沟通在时间上的滞后性，拓展了人类的交往空间，对人与人、人与社会的关系产生深刻的影响。当然，网络在给人们带来便利和乐趣的同时，也给人们带来了一些诱惑与陷阱，一不小心就容易为网络所害。

面对网络这把双刃剑，大学生一定要正确地认识它。首先，大学生应当认识到网络就是一种工具，是一种传递、交流信息的有效途径，是一种学习、掌握知识的有力手段，网络本身没有问题，关键在于使用它的人；其次，网络资源是不可缺少的财富，大学生不应浪费网络资源，也不应当破坏和滥用网络资源，否则会对自己甚至对他人造成危害；最后，网络所呈现的是一个虚拟世界，在网络中宣泄情绪和获得情感满足并不见得使人真正快乐，还应学会正确地面对现实生活。总之，网络既不是灵丹妙药也不是洪水猛兽，因此大学生既不能过度使用，也不能因噎废食，杜绝网络的使用，同时要处理好现实与网络世界的关系，避免产生各种网络心理问题。

（二）遵守网络伦理道德

大学生在使用网络时，为了防止自己做出失范行为，引发不健康的网络心理，一定要全面了解网络规范和网络伦理道德，并严格遵守。具体而言，尤其要注意做到以下四个方面。

1. 传播文明，不发布虚假、污秽信息

大学生要注意虽然网络具有平等、开放的特性，但并不是说可以任意妄为。散布虚假、污秽信息，不仅会危害他人的身心健康，也会对自己的心理造成一种污染和侵蚀。因此，大学生在网络中也要为自己的言行负责。

2. 积极维护网络安全，不蓄意破坏网络系统

随着信息技术的不断发展，黑客技术也越来越强大，这对网络安全形成了巨大的威胁。大学生应当从自身做起，抵制危害网络安全的黑客行为。

3. 不盗用别人的网上资源

网络上的资源虽然虚拟，也是网民投入大量时间、精力和金钱后换得的，属于特殊的私有财产，不应当盗用。对此，我国已有相关的法律保护。不过，大学生依然要注意从道德层面约束自己。

4. 抵制网络欺诈和网络赌博行为

一些人认为在网络世界中不需要对自己的行为负责，因而总是将自我凌驾于社会法律之上，无视道德的存在，做出一些网络欺诈、网络赌博等行为来谋取利益。这不仅不利于自己的身心发展，还会遭受法律的制裁。因此，大学应当认识到网络欺诈和网络赌博的危害，不仅自身远离这些行为，也要坚决抵制他人做出这些行为。

（三）掌握戒除网瘾的有效方法

网络成瘾问题是网络心理中最为严重的问题，有些网络成瘾的大学生甚至出现过猝死，严重影响正常的工作学习。因此，很多人对网络成瘾进行了相关研究，并力求寻找出最为有效的戒除网瘾的方法。大学生如果充分掌握这些方法，并应用于自己，必然有利于帮助自己预防网瘾和戒除网瘾。归纳而言，目前较为有效的戒除网瘾的方法如下。

1. 时间管理法

为了戒除自己的网瘾，大学生可以严格管理自己的上网时间，通过遵守设定好的上网时间和上网目标约束自己，逐步戒除网瘾。具体做法如下。

第一，上网之前限定时间，如每天上网累计不超过3小时，并逐步缩短，且连续操作1小时后休息15分钟。

第二，设定总的上网时间后，可以通过设置时间警示框、手机闹铃和限时关机等来提醒自己。例如，上网30分钟后，电脑上自动弹出"您已上网半小时，距离结束时间还有半小时，请及时调整您的网上任务进度"的对话框。

第三，明确上网的目的，有选择地浏览自己所需要的内容。大学生可以列一个清单，规定在什么时间干什么。与此同时，大学生还可以将上网时间纳入一周计划，以便明确地监督和控制自己的活动，并经常反思自己的行为是否遵守了自己的计划。

2. 打破常规法

采用打破常规法来戒除网瘾，大学生首先要对自己的上网习惯和上网诱因有充分地了解。例如，上网主要集中在一周内的哪些时间段？每天大概什么时候开始上网？一般在哪里上网？上网主要干什么？上网前后的感觉有什么区别？自己希望获得什么和获得了什么？在全面了解了自己的上网习惯之后，大学生可以制订新的上网时间表，改变原有的上网时间、地点、内容等。在使用这种方法时，如果能够配合时间管理法进行，往往能够收到更好的效果。

3. 替代疗法

这里的替代疗法就是指用健康的体育、休闲、娱乐等活动来代替上网，有意识地培养其他爱好。需要注意，这里用来代替上网的活动必须是网络成瘾者自己确实认同和感兴趣的活动，否则就没有意义。因此，可以选择网络成瘾者以前感兴趣、现在依然感兴趣的活动，也可以选择网络成瘾者现在更感兴趣的活动。确实符合网络成瘾者喜好的替代活动，能够在很大程度上转移其注意力，抑制其对网络的依赖心理，同时，还能够为大学生创造更多满足安全、交往、尊重、自我实现的条件，满足他们各方面的心理需求。

4. 自我暗示法

自我暗示法是指让具有网瘾的大学生将过度使用网络的坏处写在纸上，贴在自己能经常看到的地方，时不时地默念一下，提醒自己不要过度上网。同时，大学生也可以经常对自己说"我一定能戒除网瘾""我一定行""加油"等暗示语言，来不断强化自己的正确上网行为，坚定自己的意志，抑制上网欲望。

5. 厌恶疗法

厌恶疗法是指将厌恶刺激作为惩罚性的无条件刺激，使之与引起大学生不良上网行为的条件刺激相结合，从而引起大学生对自己不良上网行为的厌恶、恐惧或回避，最终消除不良上网行为的一种治疗方法。具体来说，具有网瘾的大学生可以在左手腕戴上粗的橡皮筋，当有上网念头时立即用右手拉弹橡皮筋，橡皮筋回弹便会产生疼痛感，这种感受往往是大学生所厌恶的。为了不受这种疼痛，大学生就会转移或压制上网的念头。

6. 行为强化疗法

根据操作性条件反射理论，如果在一种行为之后给予一定的奖赏，那么这种行为在同样的环境条件下就会持续和反复出现。具有网瘾的大学生也可以根据这一原理来逐步戒除自己的网瘾。这里可以称为行为强化疗法，主要指大学生根据自己当天的上网情况给自己一些小小的奖励或惩罚。例如，在规定的时间内没有上网，则给自己买一件喜欢的东西，否则长跑两千米。奖励和惩罚既可以由自己执行，也可以请室友、同学、老师、家长等协助执行。

（四）适当开展心理咨询与团体心理辅导

大学生的网络心理问题有时候只靠自身和亲朋好友的帮助还是难以解决的，这时就需要专业人员的帮助。专业支持一般包括个体心理咨询和团体心理辅导两种方式。

个体心理咨询是心理咨询师与大学生个体面对面进行交谈，并采取一定措施，帮助大学生解决网络心理问题的方式。在这种方式中，心理咨询师主要是通过对学生进行行为介入、干预等措施加以帮助和引导。这种方式的保密性强，有利于大学生无所顾忌地表达自己，使心理咨询师较深入地、有针对性地进行帮助，咨询的效果比较明显。

团体心理辅导是由心理辅导者指导，借助团体的力量和各种心理辅导理论与技术，就团体成员面对的共性的心理问题与他们商讨，并提供一定的指导和训练，让他们学会自助，解决自身心理障碍的方式。在这种团体心理辅导中，具有网络心理的大学生常常会发现，原来自己的问题并不特殊，其他人也有类似的情况，有的甚至比自己还严重，这就大幅降低了大学生心理上的担忧与焦虑程度，让他们找到一种归属感。在团体的相互交流讨论中，大学生往往更放松，更容易透过别人发现自身的问题，更容易分享自己的心得，接受辅导者的指导建议。此外，在团体辅导环境中，成员之间潜在地存在着情绪、态度和行为意向的互动、相互感染的群体氛围和群体压力，存在着成员之间的模仿与监督，这些有利于网络心理问题者健康心理的获得与稳固，有利于他们改善自己的行为。

为了更好地调适大学生的网络心理问题，塑造其健康的网络心理，团体心理辅导的内容应当包括以下内容。

（1）缓解团体中成员的心理紧张和焦虑情绪。辅导者可以让成员相互介绍，或是共同参与有趣的游戏活动来转移他们对心理障碍的过度关注，放松心情，初步构建起一道心理安全网。

（2）让每位成员讲述各自的成长经历并做自我评价，从而让其他成员获得"和别人一样的体验"，产生情感与心灵的共鸣。

（3）讨论和交流对于网上信息的认识，引导他们正确评价网上信息，并提出一些培养良好信息素养的建议。

（4）运用"头脑风暴法"让成员列举网上人际交往与现实中人际交往的异同，以及遇到的不同困惑并进行归因，再让成员之间进行互相辅导，帮助对方寻根究源，寻找改善人际关系的策略。

（5）展开网络与网络技术的研讨，让成员正确看待网络，了解网络的两面性、技术中立性和网络技术的工具性。

（6）小组讨论上网行为的自我管理，并在彼此间订立互相监督上网的契约，在团体活动结束后完成契约。

（五）优化网络环境

在当今人们的生存和发展环境中，网络环境已经成为一个重要的组成部分，发挥着越来越重要的作用。网络环境的好与坏对人有着非常大的影响，良好的网络环境会培育人们健全的人格，而恶劣的网络环境会使人形成缺陷的人格。因此，要想塑造大学生健康的网络心理，健全其人格，促进其心理健康，还应当优化网络环境。具体来说，以下三方面必须得到重视。

1. 强化网络信息控制技术，净化网络信息

技术的高低对网络信息的管理有着重要的影响，因此要解决网络信息管理的难题，首先应当强化网络信息控制技术。网络信息的控制主要在于对信息的过滤和选择，这方面的技术强大了，就能够在一定程度上保证大学生免受互联网上非法内存的侵害，为大学生网络心理健康发展提供技术保证。此外，建立网络行为监督机制也比较重要。这主要是将道德监督和法律约束机制引入电子空间，从而更好地控制和净化网络信息。

2. 根据网络时代特点改进高校教育与管理

在高校教育与管理工作中，应当注重培养大学生鉴别是非的能力，注重开展各种网络认知活动，使大学生自觉地维护和保护自己的身心健康。与此同时，高校要注重建立各种社团组织，引导学生参与其中，以满足他们想要在网上获得的需求，如交友与情感需求、情绪宣泄需求、娱乐需求、归属感需求等。当然,高校也要制定相应的学生上网行为规范及上网违章行为处罚条例,加强法规制度的宣传教育,从而加强大学生的网络责任意识。

3. 积极传播优秀的传统文化与先进文化

随着国际互联网络的发展,全球化进程加快,东西方文化发生了激烈的碰撞、冲突、交流、消融和吸收。在此过程中,为了不使大学生在西方文化的冲击中出现认知偏差与心理矛盾,高校就应当积极传播优秀的传统文化与先进文化,用进步的思想与文化教育大学生网民。

二、大学生健康就业心理准备

就业作为大学生从学校到社会的转折点至关重要。面对就业,应届大学生应该积极做好就业准备,包括专业知识和专业能力的准备、职业道德责任感的准备以及心理准备。此外,要以积极的心态面对就业挑战,应届毕业生在就业时需要在众多的工作岗位、工作公司中选择适合自己且能够满足自我发展、提升自我价值的岗位。

当今时代发展迅速,大学生经过四年的大学学习,入学前的专业就业形势和毕业时可能会有不同,专业可能由热门变冷门或者由短线变长线等,这些原因都可能导致求职信心受挫。因此,毕业生要有相应的心理准备,冷静思考,正确分析自己的求职地位,主动改变自身想法,积极贴合社会需求,调整心态,寻求适合自己的职位,及时调整心态,顺利就业。

应届毕业生就业时缺乏相关就业经验,而且就业市场竞争非常激烈,这导致许多大学生在就业求职的过程中,感觉压力巨大、情绪波动起伏、焦虑,就业给他们的生活以及学习带来了困扰。为了帮助大学生积极正常地度过就业转折点,应该帮助大学生进行心理建设。应届毕业生的心理建设应该从以下方面入手:

(一)做好角色转换的心理准备

就业对大学生来说是一场角色转换,即由之前单纯的学生身份向社会职员角色的转换。学生时代生活相对规律,状态相对稳定,生活也有保障,学生时代稳定从容的环境容易带给大学生美好浪漫的错觉。然而,社会是残酷的,尤其是当代大学生就业竞争大,面对生活环境的突然转变,如果大学生继续沉浸在大学生活的美好幻想中,很难应对就业的激烈竞争,所以大学生需要做好角色转换的心理准备,在毕业的转折点上及时调整心理认知，保持清醒的头脑，认清社会就业现状，并且运用学生时代所学的专业知识与技能，寻求相应的社会需求，找寻适合自己的职位。在大学时期，学校应该传授给学生清楚明确的观点，提前对大学生进行心理预设，让他们知道大学生也是社会上的普通一员，大学学习是为了积累知识、储备技能，是为了满足将来社会工作的需要，这样有助于大学生在毕业时及时做好角色转换准备；有助于大学生认清自己的社会身份；有助于大学生积极努力地择业，投入社会工作人员的队伍中，为社会主义建设奉献自己的力量。

（二）做好正确认识自我的心理准备

大学生还应该进行自我认知，充分了解自己的特点。根据自身的性格、喜好、特长、知识储备、技能储备，选择适合自身发展的职业。对自我展开充分认知了解，才能寻找到适合自己的职位，充分发挥自己的长处。对自我进行科学有效地认知，可以通过科学心理测试来实现，此外，与老师、朋友、父母交谈，老师、朋友、父母给予个人的客观评价也是自我认知的渠道。正确、科学、有效的自我认知可以帮助应届毕业生更好地进行就业选择。

（三）做好认识和评价职业的心理准备

大学生在就业时应该正确认识和评价职业。人和职业之间具有双向选择性，人需要根据自己的特长选择擅长的职业；职业也要求从业者要具备相应的工作能力。应届毕业生需要对不同的职业有一定的了解，寻求与自身特征匹配的职业，需要根据自身的特点寻求适合发挥特长的职业。

（四）做好充分认识就业形势的心理准备

大学生在就业前应该充分认识就业形势。随着教育的普及，教育越来越大众化，就业形势日趋严峻，竞争激烈导致出现人才"相对过剩"现象，相对过剩反映的是大学生的需求不平衡，具体表现为在边远地区或者基层单位急需受过高等教育的人才，但是在大城市岗位竞争激烈，人才过剩。应届毕业生应该了解就业形势，并做好求职遇挫的心理准备，有远大抱负、才华横溢的大学生可以根据边远地区以及基层单位的需要，投身于基层工作或边远地区服务工作，实现人生的价值。

（五）做好自主择业的心理准备

应届毕业生应该做好自主择业的心理准备。在就业前，大学生活平稳安定有规律，还有老师的指导以及父母的帮助，大学生并未真正独立。在面对就业选择时，大学生可能会出现迷茫、缺乏自信的情况，有的大学生甚至依赖于老师和家长的帮助与就业单位谈就业事项，大学生这种不自立的行为会导致用人单位对大学生缺乏委任工作的信心，进而导致就业选择的失败。因此，大学生在就业时一定要做好自主择业的心理准备，要相信自己，并充分利用自己的特长，选择适合自己的职业。

（六）做好遭遇挫折的心理准备

应届毕业生应该做好工作遇挫的心理准备。现如今就业形势严峻，竞争激烈，在竞争的过程中，有成功者就会有失败者，所以在求职的过程中，大学生可能会产生三方面的心理问题：首先，产生迷茫。在就业选择时，自己的专业与职位需求吻合度低，大学生会对未来的职业发展产生迷茫心理。其次，产生逃避想法。在就业求职过程中，大学生发现用人单位对职位的知识水平和技能储备要求高，而他们本身知识技能达不到所要求的水平，会产生对就业的逃避心理。最后，消极想法。即对求职过程中遇到的不符合规定、不符合常理的现象感到无法理解，对就业产生消极的态度。以上三点问题的产生是由于大学生心理准备不足，因此，大学生在就业之前应该做好遇到挫折的心理准备，了解可能出现的情况，在遇到困难时勇敢面对，不怕失败，最终成功就业。

（七）做好就业期望值与现实有差距的心理准备

应届毕业生应该做好职业期望与现实差距之间有落差的心理准备。应届大学生的大学生活向来平稳有规律，过于平稳的成长环境给大学生造成了浪漫理想的感觉，让他们自然而然地认为社会也是一帆风顺的。他们怀着理想的愿景走向社会，希望在社会平台上奋发前进，实现自己的人生价值。理想本身没错，但是初入职场的大学生缺乏职业意识和工作经验，可能会在工作过程中受到领导或同事的指正甚至批评冷落，进而产生心理期待与实际情况的落差，失去心理平衡。对于此种情况，沉着冷静的大学生可以主动分析原因，寻找自身不足，突破自己，不断进步，但是有的学生认为自己受到了不公平待遇，愤然离职。

应届毕业生需要平衡就业期望与现实差距，做好心理准备。就业是一个崭新的开始，需要每位大学生重新努力积攒工作经验，以自己的实际行动获得职业成就感。在工作中遇到挫折时，要以积极的心态面对，不断向前辈努力学习，从而突破自己、提高自己。在就业前，建立一定的就业意识，可以帮助大学生更好地发挥就业主观性。

1. 树立积极主动的求职意识

在大学生选择大学要学习的专业时，可能会出现自身情况与专业选择偏差的问题。首先，有的学生为了进入好的学校可能选择了不喜欢的专业或接受专业调剂；其次，部分学生可能会受当时社会热门专业的影响盲目地跟从了当年的热门专业潮流；最后，有些学生的专业选择是根据家长、老师的建议进行的，受到了他人的影响，因此，这造成了大学生不了解将来就业需求以及专业适用职位，在就业时会无所适从。专业选择已然无法更改，在大学的四年学习期间，大学生应该抓紧机会，了解自己的专业，掌握专业知识，以及了解未来就业需求，积极主动学习专业技能，向社会需求主动靠拢，紧跟本专业的时代发展，有效提升自己将来就业时的竞争力。在就业求职时，积极主动地展示自我能力，靠自己的实力争取心仪的职位。

2. 树立自主创业的意识

国家积极鼓励大学生进行创新创造活动，引导大学生应用所学所用进行知识创新，并为大学生提供政策鼓励、资源支持。大学生可以在毕业后选择自主创业，自主创业既可以避免就业竞争激烈的问题，还可以根据自我想法开展创业，满足大学生的自我需要。

3. 树立"转业"意识

在就业过程中，除了就业竞争大、就业形势严峻外，很多毕业生就业难是因为很难找到专业对口的职位。大学生在就业时，选择专业对口职位的观念影响着部分应届毕业生的就业选择。大学期间学习的知识，仅占人一生所学知识的很少一部分，现代社会终身学习的理念已经越来越普及，大学生在就业时应该树立转业意识，先就业，再择业。

4. 树立角色转换意识

大学生从学生身份向社会职员身份的转变需要一段过渡期。大学生经历了四年平稳、有规律、稳定的大学生活，虽然也有相关的社会实践活动，但是他们对社会了解也并不深入，导致长期与社会脱节，因此，在面对突如其来的社会生活时，很多习惯难以改变，很多思想也会受到影响。大学生应该树立角色转换意识，在过渡期积极调整自己的思想观念来适应社会发展和职位需求。

三、大学生的就业心理调适

对于个人来讲，职业选择期是非常重要的，在人一生的各个阶段中，职业选择阶段的影响是非常巨大的,所以必须保证个人在进行职业选择时有良好的心理状态。职业决定了一个人在未来的人生中能否发挥自己的优点、能否彰显个人才华、能否实现自我价值、能否取得事业成功。在大学生就业的过程中,为了避免学生产生就业压力和就业心理问题,学校以及国家应积极采取措施,帮助大学生进行心理调适。

(一)心理调适的基本内容

心理调适可以简称为调适,调适的过程是人们适应认知结构变化和扩大的过程,大学生的就业必然会面临一些挑战和困难,容易导致大学生出现心理问题,这会对大学生的个人健康以及积极就业造成负面影响。心理调适能够帮助大学生解决这些问题,帮助他们建立客观、正确的思维方式,从而形成理性的自我认识,有效控制、调节自己的心理困扰和情绪,促进个体身体健康。

综上可以发现,自我心理调适需要个体按照自我心理的特征、自我心理的需要以及外在的环境展开自我调控,自我心理调适能够让学生保持心理平衡,解决心理困扰,在求职的过程中更好地发挥潜力。所以,应该帮助大学生掌握自我心理调适方法,提高自我心理调适的能力水平,使他们对这些挫折和困难能有客观、理性的认识,排除心理困扰,化解现实困境,选择合适自己的就业目标。同时,大学生也应该积极进行自我调适,并对自己的心理问题进行疏通和调解,提高自己化解矛盾和承受挫折的能力,维护自己的身心健康。

1. 内心需要充满自信

每个人都有理想,而理想实现的前提是人们对自己有比较客观、理性的认识,并根据客观条件和自身特点,设立适合自己的发展目标,增强自己的自信心。随着社会的不断进步,社会人才竞争日益激烈,面对这种局面,大学生应该树立自信心,加强培养自己的人格品质,从而形成开拓创新、宽容豁达、自强不息以及乐观自信的内在品质,充实自己的内心。

大学生在就业过程中,首先要对自己充满信心,相信自己的能力,对未来充满希望,积极与所遇到的挫折作斗争,并对未来的道路始终保持坚定、合理的信心,相信自己必定可以冲破阻碍,到达理想的彼岸。在求职过程中遭遇挫折的大学生更需要适时调整心态,保持理性、合适的求职期望,并保持知足常乐、实事求是的心理状态,成为有抱负、有理想、有信念的大学生,为祖国的现代化建设注入新鲜活力。

2. 正确认识社会现实

人的本质属性是社会属性,要想了解人就需要将其放在现实社会中进行考虑。因此,在大学生求职过程中，首先需要正视社会现实，这样才能够保持良好的心理健康状态。具体而言，良好的心态主要体现在正视社会、适应社会层面。随着科技的快速发展、社会的不断进步，知识经济逐步成为时代的主流，人才培养问题亟待解决。在这种背景下，社会应为青年大学生制定一系列就业制度，并且促进制度不断改革、深化，进而创造良好的求职择业环境，增加就业机会，促进大学生发展、成才。

由此可见，大学生应该保持实事求是的态度，具体事情具体分析，树立正确的求职择业观念，增强自己的自信心，勇于斗争，在竞争日益激烈的市场中逐步获得社会的接受和认可。另外，大学生也应该根据不断变化的社会需求，更新自己的择业观念，选择适合自己的工作，使自己更容易被社会承认。人的本质属性是社会属性，是一切社会关系的总和，这也意味着人的一切社会性活动都要受到各种社会环境的制约，不能脱离社会生存和发展，若是大学生一味追求个人名利，脱离社会需求，就很难被社会接受、承认，无法实现个人价值。

3. 培养独立自主意识

虽然大学生的行为仍带有年少时期的冲动，但社会并不会特殊看待他们，大学生仍需要对自己的行为负责。因此，在大学期间，大学生应该加强自身独立意识的培养，降低对他人的依赖性。

第一，培养独立生活能力。这是大学生在日常生活中最基本的能力，不管是琐碎繁复的小事，还是难以解决的困难，大学生都应该尽可能依靠自己的能力去解决，训练自己独立处理问题的能力，进而提高基本生活技能，学会自立。

第二，培养独立处理工作、生活以及学习方面问题的能力。大学生应尽自己最大可能培养创造、创新能力，激发学习积极性和主动性，学会适应环境、改变环境。

第三，培养心理、思想层面的独立能力。在心理层面，大学生首先要建立自信心，不管是逆境还是顺境，都应该保持正确、理性的心态，做到自信、自爱、自尊、自强，从而形成积极健康、乐观进取的心态；而在思想层面，大学生应该加强对独立自主意识的培养，对事物都应保持自己独到的见解，不断追求自己的理想目标，提高自己独立分析问题、解决问题能力，完善自己的思想体系。

4. 正确对待挫折与挑战

对于大学生，健康的心理状态还需要保持稳定健康、积极乐观、奋斗进取的态度，勇

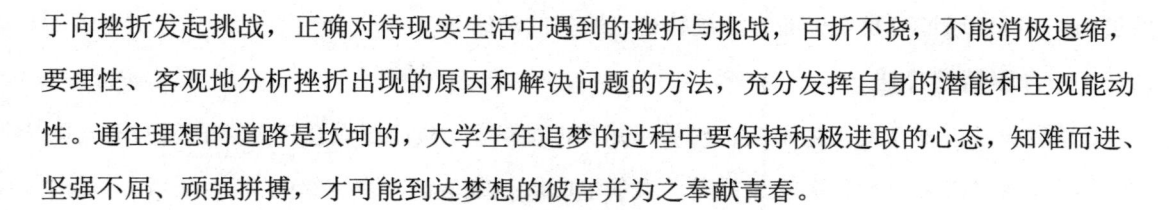

于向挫折发起挑战，正确对待现实生活中遇到的挫折与挑战，百折不挠，不能消极退缩，要理性、客观地分析挫折出现的原因和解决问题的方法，充分发挥自身的潜能和主观能动性。通往理想的道路是坎坷的，大学生在追梦的过程中要保持积极进取的心态，知难而进、坚强不屈、顽强拼搏，才可能到达梦想的彼岸并为之奉献青春。

（二）心理调适的主要方法

大学生的心理状态并不成熟，因此在现实生活中，要自觉控制自己的心理状态，积极调节内心不平衡、不稳定的成分，保持积极乐观、拼搏进取的心态，增强自己的自信心和心理素质，促进全面健康发展。另外，在求职择业的过程中，大学生应该根据客观条件和自身实际情况，选择适合自己的心理调适方法，具体包含以下五个方法：

1. 自我激励法

这一心理调适方法主要是通过明智的思想观念、榜样的事迹以及生活中的哲理来激发自己学习的积极主动性，并且在内心坚信通向未来的道路是宽阔的，一切困难、挫折和失败终究会过去，使自己可以更加勇敢地面对下一次出现的困境，提高实力，增强自信心。具体而言，当大学生遇到求职受挫等其他意外情况时，要不断进行自我鼓励，保持冷静、平稳的心态，积极寻求对策，理性解决问题。

2. 注意转移法

这种心理调适方法主要是促进消极情绪向积极情绪的转变，当大学生遇到一些困难时，可以通过这种方法转移注意力，缓解心理压力和紧张的气氛，重新激发对学习、生活的积极性，降低消极情绪对自己的不良影响。例如，大学生可以采用接受大自然的熏陶、参加体育运动及听音乐等调解方式促进心理平衡。

3. 适度宣泄法

这也是调适大学生心理的一种有效方法，当然，这种方法需要学生尽早调整、宣泄自己的不良情绪，缓解、改善自己压抑的情绪，如向师长、挚友倾诉等。在这个过程中，大学生能够获得一定的情感理解、支持，还可以得到一些处理、解决问题的新思路，形成积极进取、奋斗拼搏的品质，增强自信心。另外，大学生也可以通过爬山、打球等运动方式冲淡甚至抵消压抑的心理，形成稳定、平衡的心理状态。

4. 自我安慰法

这种心理调适方法又可称为自我慰藉法，大学生若是在现实生活中遇到自己无法处理的难题，可以通过自我安慰的方法缓解自己压抑的情绪。

5. 合理情绪疗法

这种方法能够帮助学生形成正确的认知和理性信念，从而形成合理、客观的思维方式，有效缓冲情绪带来的不利影响。首先，大学生应该正确认识不良情绪的来源；其次，要对产生情绪困扰的原因有客观认识；最后，应积极改变自己的认知方式，尽最大可能减少情绪困扰。

除了以上描述的方法外，心理调适方法还包括幽默疗法、松弛练习法、广交朋友法、自我静思法以及环境调节法等方法，它们都能够帮助大学生树立正确的价值观念和求职择业观，增强自信心，养成积极乐观、勤奋进取的人性品格。

由此可见，大学生在求职择业过程中应该增强自我调适能力，培养乐观豁达的态度，磨炼自己的意志，在提升自己各方面能力的同时，也为社会作出一定贡献。

四、大学生职业生涯的发展与规划

就业问题已经成为引发大学生心理困扰的重要因素。要改变这种状况，需要各方面的关注和努力。就大学生而言，尽早制订合理的职业生涯规划，并以此为依据积极地塑造自己和提升自己，是减少就业苦恼和提高求职成功率的重要途径，可以为自己的职业生涯发展奠定良好的基础。

（一）大学生的职业生涯规划

职业生涯规划指的是个人根据主观因素和客观因素对自己未来职业发展做出的规划，包括职业发展目标、职业工作计划、职业培训，职业生涯规划是未来职业发展的重要依照和参考。

职业生涯指的是个体开启职业劳动到结束职业劳动的全过程。职业生涯是否成功对一个人的人生有着至关重要的影响，职业不仅是个体谋生的方式，也是个体实现人生追求的主要途径，因此，职业生涯规划是职业生涯发展的战略指导。

1. 职业生涯规划的意义

职业生涯规划可以有效地指导个人职业未来的发展，为职业发展提供操作方法，因而职业生涯规划是非常重要的。

（1）根据自身情况找到适合自身发展的职业。

每个人都是特殊的，人和人之间存在一定的差异，差异决定了人会选择不同的职业发展方向，个人能力、爱好以及价值观念都会影响到个人的职业发展。职业发展最重要的是要根据自己的能力找到相匹配的职业，职业生涯规划为每个人认识自我、了解自我、考虑外部因素提供了科学有效的指导方法，能够引导个体找到适合自己发展的领域，实现自我发展价值。

（2）正确认识职业生涯的规律，遵循发展规律。

职业生涯发展一般需要经历以下阶段：先是探索期和适应期，然后是发展期和转型期，之后会进入职业突破期与职业反思和重振期，最后会经历职业的倒退期和退出期。只有了解职业的发展规律，才能针对不同的发展时期做出不同的规划。

（3）抵御职业生涯风险。

职业生涯之旅并不是一帆风顺的，可能会碰到许多的困难和挫折。例如，重大经营管理决策失误，与上级、下级关系紧张，不公正的待遇，身体状况不好等。良好的职业生涯规划有助于更好地应对职业生涯发展过程中出现的各种情况。

2. 职业生涯规划的原则

合理的职业生涯规划能使一个人走上成功之路。为了正确制订职业生涯规划，必须遵循的原则包括以下方面：

（1）长期性原则。

职业生涯规划决定了个人未来的努力方向，对未来的就业有重要影响，因此必须从长远考虑，为自身制订长远规划，并为之付出不懈努力。

（2）明确性原则。

在制订职业生涯规划时，内容必须清楚明确、易于理解，对各阶段的规划和预期目标必须表达得具体准确，便于采取实际行动，不断提高个人能力。

（3）现实性原则。

在制订职业生涯规划时，必须以社会现实为依据，根据自身的特点、行业需求和社会需要来制订发展规划。

（4）挑战性原则。

在制订职业生涯规划时，要在可实现的目标上增加挑战性目标，激发个人的自我突破，最大限度提高个人能力。

（5）时间性原则。

职业生涯规划是对未来的工作内容、发展方向、实现目标的规划，是需要长时间进行的规划，因此要把践行工作内容的时间标注明确，确保在计划时间内可以完成。

（6）适应性原则。

职业生涯规划是未来长时间的规划，在规划实行期间，许多相关因素会随着社会发展发生变化，因此规划要具有适应性，确保可适应规划期间发生的变化。

（7）一致性原则。

职业生涯规划关乎未来的职业发展以及人生，因此要与个人未来发展规划保持一致，在实现职业生涯规划时，还可以同时实现个人发展规划。

3. 职业生涯规划的分类

职业生涯规划有四种类型：首先，人生规划。顾名思义指的是对整个人生职业生涯的总体规划，时间跨度为40年左右。其次，长期规划。长期规划指的是个人对未来发展5～10年进行的规划，规划的是相对长远的发展目标。再次，中期规划。中期规划指的是个人对未来发展2～5年进行的规划。最后，短期规划。短期规划指的是个人对未来发展两年之内进行的规划目标，是近期的发展目标，比如说近期需要掌握的业务知识、业务技能等。

4. 职业生涯规划的内容

制订职业生涯规划时首先要充分考虑个人的特性和组织发展的需要，对影响职业生涯的各种主观、客观因素进行分析和评估，然后确定职业生涯发展目标，选择实现这一目标的职业，并制订相应的工作、学习和培训计划。制订职业生涯规划的步骤包括：自我评估、外部环境分析、目标确立、实施策略、反馈评估等。

在职业生涯规划中，要明确职业方向、组织及社会环境、发展目标、成功的标准、自身条件及潜力、缩小差距的具体方法等问题。较完整的职业生涯规划一般包括以下内容：

（1）职业生涯规划题目。

题目必须反映出个人职业生涯的主要特征和时间维度，规划中要包含个体个人信息、规划的生涯起止日期。题目必须反映出职业生涯规划的主体，还要体现出职业生涯规划是阶段性、终生性的。

（2）职业生涯规划方向。

职业生涯规划方向指的是选择的具体工作职业，如教师、歌唱家、演员、医生等，职业生涯的具体方向代表的是个体的职业动机。

（3）社会环境分析。

社会环境分析是分析所处环境的经济、政治等方面，从而了解目标职业在社会中的发展情况，以及目标职业在社会中的未来发展趋势。

（4）组织分析。

在设立目标组织时要进行分析，如果目标组织是企业，那就要对企业进行分析，具体包括：企业的发展现状、未来的发展目标及规划，企业产品在市场的行情，企业文化以及管理制度，企业领导层的管理能力，企业内部员工的能力提升和发展空间，以及他们担任更高职务或职务内涵变化的可能性，企业相关职务的待遇。如果打算在政府部门、事业单位或其他组织就业，也要进行类似的分析。

（5）重要角色及其建议。

职业生涯规划中应记录家庭主要成员、直接上级、更高层次领导、职业生涯管理专家等重要角色的建议、要求、联系方式。不一定赞同他们的建议，但应客观地记录。

（6）职业生涯规划的目标以及实现时间。

目标可以包含很多不冲突的目标，比如说设立时间目标、设立经济目标、设立职务发展目标等，不同维度的目标之间并不冲突。

（7）成功标准。

成功标准因人而异，这是因为每个人对职业生涯的价值追求是不同的：有的人认为职业应该追求的是事业上的成功；有的人认为职业应该追求的是实现个人以及家庭的保障，换言之，如果通过工作能够保证个人以及家庭的基本生活，那么就是职业的成功；还有的人认为职业上的成功应该是个人、家庭以及职业的协调，只有做到三点的共同发展才能是职业的成功。每个人对职业的价值观念都是不同的，而且价值观念也在随时变化，只要追求价值观念的真实即可。

（8）自身条件及潜力测评结果。

制订职业生涯规划时要对自己的体力、能力、人格进行评价，将自身条件、发展潜力、发展方向、环境给予的机遇和制约条件结合起来进行分析，最终知道自己的能力和方向所在。在这个过程中，可以通过自我反思、心理测评、专家咨询等方法明确自己已经具备的条件，发现自身的潜力。

（9）差距。

分析目前条件与实现目标所需知识、能力要求等方面的差距，在思想观念、专业知识水平、具体操作能力、心理承受能力、讲演能力、身体适应能力等方面的具体差距，如缺乏全局观念和系统观念、英语口语水平欠佳、主动意识较差、人际交往能力较差、不知道如何倾听等。

（10）缩小个体和职业目标之间差距的方法。

可以根据具体的差距内容选择制订具体有针对性地缩小差距的方案，比如说选择教育培训，明确具体的培训内容、培训日期、培训方式；还可以选择交流合作，明确具体的交流对象、交流实践、交流方式、交流内容。

（二）大学生职业发展的自我评估

对自我开展评估是为了更好地了解自己、认识自己，只有真实地了解自我，才能做出正确的职业规划，才能为自己找到适合的职业发展道路。

1. 自我评估的基本内容

自我评估包含非常多的内容，比如说自我性格评估、自我兴趣评估、自我技能评估、自我道德水准评估等。对于大学生，自我评估的开展涉及以下方面：

（1）体力评估。

体力评估就是对自身身体素质展开的评估，大学生需要根据自身体力情况选择适合自己的职业体力评估，主要包括力气方面、动作的敏捷与身体的平衡性方面、身体下肢以及身体腰背的协调性方面、手臂的灵活与协调性方面、身体语言以及视听方面、身体的整体协调性方面。每一个职业对体力都有不同的要求，例如，需要付出力气的工作会要求应聘者身强体壮；体育方面的职业会要求人具有良好的协调性、敏捷性；艺术方面的职业会要求应聘者的视听器官具备良好的灵敏性；还有的职业会对应聘者提出特殊的体力要求。所以，大学生在进行职业选择时，必须结合体力情况具体分析。

（2）能力评估。

能力直接决定了人们是否能够完成活动、完成任务，以及活动、任务完成的效率。能力主要有两种：首先，一般能力，也就是基础能力，比如说注意力、记忆力、观察力、行动力等，这种能力的特点通过认知即可获得，因此也被叫作智力。其次，特殊能力，指的是完成特殊活动所需要的能力，这种能力和职业要求相关。个人能力既涉及一般能力，也涉及特殊能力，因为人们所进行的职业活动都是具有职业特性的，所以对个人能力来说，特殊能力是最为重要的，具备了特殊能力才能更好地开展职业活动。

（3）人格评估。

具体而言，人格主要包括个人兴趣、个人动机、个人价值观念、个人性格等，人格会对人的行为产生巨大影响，也必然会影响到人的职业行为。所以，为了更好地选择匹配的职业，应该对自己的人格进行充分了解，只有这样才能更好地匹配职业，才能实现人职匹配。

2. 自我评估的主要方式

认识自我需要个体对自我做出客观的评价，换言之，既不要过分高估自己，也不要过分看低自己，要正确看待自己的优点，正确认识自己的能力，要做到客观地评价自我，一般可以通过以下方式进行：

（1）心理测验。

心理测验是一种通过短时间的测验总结出个人特点的测评手段，是将个人与群体进行比较得出的结果，结果较为客观准确。通过心理测验，个人可在短时间内更加了解自我，发掘个人特点特长，通过客观的自我评价能够让个体进行更加精准的职业规划，但是，与此同时也要注意，心理测验的结果只能够提供参考性的建议，并不代表绝对的事实。

能力倾向测验验证的是个人和未来工作之间的匹配程度以及在未来工作中工作成功的概率，比较出名的能力测验有一般能力倾向成套测验以及区分能力倾向测验。除此之外，还有兴趣测验，主要是测验个人的兴趣类型，并将测验结果与各种职业从业人员的兴趣进行比较，指出一个人的兴趣与哪一种职业从业人员的兴趣最相近。

（2）总结经验，对自身进行评估。

大学生应客观评价自身的特点、性格等。在对自身进行客观评估时，要合理利用以往经验，从以往的经历中寻求答案，例如，可以根据自己过往工作经历发掘自己喜欢的工作，思考自己喜欢这些工作的原因，现在是不是仍然喜欢这些工作，也可以问问自己是喜欢处理人际关系还是喜欢处理具体问题，怎样能激发自己的活力等。另外，要对过去成功的经验和失败的教训进行总结，分析自己成功或者失败的原因。需注意的是，要尽量以客观评价为依据，避免因为个人认识或个人动机而出现较大的误差。

（3）其他人对自我的评价。

首先，根据其他人的评价进行自我评估往往是要将他人的评价作为自我评价的参考，在和他人的交往过程中，他人给出的评价能够帮助个体加深对自我的认知。其次，通过与自己条件相似的人进行比较来评价自己。需注意的是，要能够准确理解和分析他人对自己的态度和评价。

（4）向专家咨询。

学校设有就业指导中心，为学生提供了就业专家咨询服务，这种方式能够帮助学生快速地获得就业知识、就业信息，而且专家能够帮助学生正确认识问题、重新认识问题。除此之外，还可以帮助学生提高职业决策能力。

（三）大学生职业生涯的外部环境

外部环境分析是大学生职业生涯规划的一部分。大学生处在一定社会环境中，职业也会受到环境的影响，制订职业生涯规划必须分析所处环境。在分析外部环境时，要分析所处环境的现状、未来的发展变化情况、环境对自身带来的影响、适应环境的方法、环境对自身发展的有利与不利因素等。只有结合对外部环境的合理分析，才能对职业生涯进行更加准确可行的规划。

1. 行业环境的分析

行业环境分析指的是对想要从事行业的环境展开的分析。主要包括行业发展现状分析、行业优势分析、行业缺点分析、行业发展前景分析、重大事件对行业发展的影响分析等。例如，应该分析出行业目前的发展是在扩张还是萎缩，国家政策对行业的发展是持鼓励态度还是限制态度等。

2. 组织环境的分析

对于组织环境的分析主要针对的是组织未来的发展前景、目前组织在本领域的地位以及组织产品未来的发展前景。

（1）组织实力。

当前的市场竞争是非常激烈的，组织必须适应市场环境才能持续发展，分析组织实力可以分析组织产品未来在市场中的发展前景，只有对人类影响巨大、改变人们生活方式的产品才能够持续向前更好发展，才能让组织始终保持雄厚的实力。

（2）组织领导人。

组织领导人决定了组织未来的发展，可以通过对组织领导人工作能力的考察展开对组织环境的分析。

（3）组织文化。

组织文化指的是组织内部奉行的价值观念。组织文化是一个组织展开管理的核心，也是组织能够持续发展的重要影响因素，通过了解组织文化能够判断组织的用人制度、行为准则。

综上所述，组织环境分析的结果，主要包含对组织战略、组织发展、组织文化、组织制度、组织结构的具体分析结果，学生需要根据结果展开自己职业生涯目标和组织之间的契合度分析，预测职业生涯目标实现的可能性。

3. 学校与家庭环境的分析

家庭对于大学生的职业选择有着至关重要的影响，无论是家庭背景、结构、生活条件还是家庭的教养方式，都会对大学生产生潜移默化的影响。除了家庭外，学校也会对大学生的职业生涯产生影响，学校的氛围、环境，学校的老师以及学校对大学生的管理都会影响大学生的职业生涯。对学校与家庭展开环境分析，实际上是对大学生成长的过往进行反思与回顾的过程，通过分析家庭和学校，了解大学生目前优点和缺点的形成原因，并且帮助大学生克服缺点，发扬优点。

4. 职业环境的分析

对职业展开分析需要深入了解职业发展需要的知识、发展需要的技能以及职业需求的人格特征，还要了解职业发展特点、职业发展前景、职业素质、职业社会地位以及社会发展对职业存在的影响，并且判断职业是否能够长久、可持续地发展下去。这些都会影响到个人职业生涯的长度，也会影响到个人职业目标的确立。

（四）大学生职业生涯目标的确立

对个人而言，职业生涯的成功有自己的标准，而且在不同的人生阶段，成功的含义也可能是变化的。"成功"这个概念包含了成功的基本含义、成功时发生的事件、成功时获得的物质、成功的发生时间、成功对健康的影响、成功对家庭的影响、成功时所获得的社会地位、成功时得到的别人的认可等。但对某些人来说，成功并不是能具体描述的，它可能是心情上的愉悦感，可能是工作氛围的和谐，可能是完成工作的满足感。拥有不同的价值与观念的人对成功的定义是不同的，个体需要根据自己的情况制订成功标准。

1. 职业生涯目标的分解与组合

（1）目标的分解。

实现目标是一个需要长期艰苦奋斗的过程，将大目标分解为几个小目标更有利于大目标的实现，使实现方式及内容更加清晰，通过实现无数个小目标共同促成大目标的实现。分解目标分为两种方式：一种是按性质分解出外职业生涯和内职业生涯；另一种是按时间分解出短期目标、中期目标、长期目标和最终目标。

第一，按性质分解，可将职业生涯分为外职业生涯和内职业生涯。外职业生涯是职业的外在条件，包括职业的环境、薪资待遇、工作内容等；内职业生涯是职业所需的内在条件，包括个人的知识储备、专业水平、心理承受能力等。

外职业生涯主要由职业提供者决定，而内职业生涯所需的条件则需要个人去创造，外职业生涯随时会改变，内职业生涯则不会轻易发生改变。内职业生涯的发展推动外职业生涯发展，实现内职业生涯才能帮助外职业生涯取得成功。只有当个人的内职业生涯也就是工作所需要具备的素养都齐全了，才能找到满意职业，即外职业生涯。

外职业生涯目标的特点是能够进行具体的描述。举例来说，包括工作地点、工作内容、工作职务、职务发展目标、经济发展目标，其中最重要的是经济发展目标以及职务发展目标。内职业生涯目标涉及工作能力、工作成果、心理素质以及价值观念方面的目标。

工作能力指的是处理工作问题、完成工作任务的能力，设定工作能力目标能够让人切实地感受到自己对职业生涯的发展规划；工作成果目标包含很多内容，如发明新的管理形式，提出新的管理意见，创造新的工作业绩等。

心理素质在实现个人职业生涯过程中起着至关重要的作用，能实现职业生涯规划目标的人往往是心理素质十分强大的人，这种人在遇到困难的时候总会努力克服，同时在克服困难的过程中不断反思自身存在的问题，积极寻求解决问题的方法，在过程中不断提升自我。缺乏这种心理素质的人往往在遇到困难时不去寻找问题所在，或是在发现问题后才找到解决方法。

价值观念目标是一个人对职业生涯规划所持有的态度和观点，观念的不断革新是职业生涯规划不断发展的重要条件，职业生涯的发展是从观念目标的革新开始的。

第二，按时间分解，可将职业生涯分为短期目标、中期目标和长期目标。这些目标是根据实现时间划分的，通常1～2年可实现短期目标，几年内可实现中期目标，实现长期目标需要十几年，甚至是几十年。短期目标时限最短，因而应标明实现方式和计划时间。

短期目标的特征：短期目标不一定是由个人制订的，也可以是由上级指定给个人的；

短期目标不一定要根据个人的观念来制订，但要在个人可接受的范围内；短期目标需要明确实现的方式和计划实现时间，便于实际操作，并要确保最终实现短期目标；短期目标要具有极强的适应性，能适应实现过程中发生的变化。

中期目标的特征：建立在个体自身意愿以及组织的要求之上，目标与个体的价值观念基本吻合，个体也有实现目标的信心，而且能够用语言文字对目标进行具体的定量说明，目标实现时间也比较明确，可以根据具体的工作进行合理调整。

长期目标的特征：个体经过分析之后认真确定的、适合职业生涯发展需要的、有可能实现的目标；目标还要具有挑战性；除此之外，目标应该符合个体的发展价值观念，个体对于目标的实现充满斗志，也会为目标的实现而感到骄傲。长期目标只能用语言或者文字进行定性说明。

（2）目标的组合。

对目标进行组合，可以利用目标之间的关系，使之更有利于实现最终目标。各目标之间并不是相互排斥的关系，也存在着因果关系和互补关系，根据这些关系即可进行合理组合，具体有以下三种组合方式：

第一，根据时间进行组合，有并进和连续两种方式。并进是在实现一个目标的过程中同时去实现另一个目标的过程。这种情况分为两种，一种是同时进行工作内容的两个目标，例如，某些企业的行政总监会同时进行人力资源和行政管理的工作；另一种是在做好本职工作之外努力实现其他目标，例如，在做好本职工作之外培养某一技能，这种情况比较复杂，需要个人具有极强的时间管理能力，当目标同时实现时，这对个人能力会有极大的提升作用。连续是指连接的两个目标，在实现一个目标后可以尽快投入另一个目标中。短期目标其实是最终目标的一部分，实现短期目标后，中期目标就成为下一个目标，以此类推，一步步实现各个阶段的目标，从而实现最终目标。

第二，根据功能进行组合，各个目标之间的因果关系和互补关系是根据功能划分的。因果关系是指一个目标的实现有助于另一目标的实现，例如，提升个人工作能力有利于实现升职的目标。互补关系是指两个目标的实现都对对方有辅助的作用，例如，一位从事管理工作的人获得工商管理硕士证书，这两个目标互相辅助，管理工作有利于获取证书，而获取证书的学习过程又为管理工作提供了理论知识。

第三，根据个人、家庭与职业生涯的关系进行全方位组合。职业生涯与个人生活息息相关，在进行职业生涯规划时，必须结合个人对未来生活、家庭等方面的设计进行规划，并协调好各方面之间的关系，全方位组合利于制订出更加合理的职业生涯规划。

2. 职业生涯目标的确立原则

职业生涯目标的确立需要遵循六个方面的内容：一是目标明确性。职业生涯目标的确立需要明确具体阶段要完成的具体任务。二是目标可衡量性，指的是职业生涯目标的确立应该是可衡量的。换言之，要有具体的数量、具体的时间、具体的数据。三是目标相关性，指的是目标的确立要和职业发展相关。四是目标时限性，指的是职业生涯目标需要在一定的时间内完成。五是目标集中性，指的是目标应该集中，不可以太过松散。如果目标太多就相当于没有目标，没有了发展的重点。六是目标可实现性，指的是目标不可以过高，应该设定在个人能力范围之内，经过个人的努力可以实现。

职业生涯目标的确立需要注意七个方面的内容：一是目标要满足社会发展需求和组织发展需要。二是目标要建立在个体擅长的方面。三是目标必须和自身现在有一定的距离，但是又不可以好高骛远、脱离实际。四是目标跨度不宜过大，应该选择相对固定的方向，深入研究。五是短期目标和长期目标之间应该有一定的关联性，长期目标是短期目标发展方向的指引，短期目标是长期目标能够最终实现的基本保证，二者的关联能够促进最终职业生涯目标的实现。六是目标不可以空泛，要具体、精准，避免目标过多、过杂，精准的目标才更容易实现，更容易促进个人发展。七是职业目标应该和家庭、个人以及身体健康之间相协调，身体和家庭是事业成功的基础与前提。

3. 职业生涯目标的路线选择

在确定职业生涯规划目标后，就要设计目标的实现方向和路线，方向的选择取决于目标，又是目标实现的关键，不同目标决定不同方向，不同方向对个人又提出不同要求，因此在选择路线时必须慎重，要以职业生涯规划的目标为依据。

选择职业生涯规划目标路线也影响着未来人生的发展方向，要想选择正确的路线，必须经过慎重的思考，才能最终寻找到最适合自己的成功之路。在选择路线时，要考虑以下三方面的因素。首先，要考虑适合自身观念的，包括价值观、喜好等；其次，要考虑适合自身条件的，如适合自身性格、知识水平、能力范围等；最后，要从社会环境考虑，综合考虑政治、经济各个因素，寻找有发展前途的方向。

4. 职业生涯目标的规划实施

在规划和实施职业生涯目标时，主要遵照以下步骤：首先，明确目标。明确目标之后，设计目标实现的具体步骤。其次，如果有多种职业目标规划的方案，可以通过比较选择最合适的方案，然后按照计划具体实施，并且检查结果，如果结果和理想之间有偏差，应该进行方案的调整。最后，如果依然存在问题，就需要重新考虑目标的设定。在这里需要注意组织会对个人的职业生涯发展造成一定的约束，组织虽然不会阻止员工进行自我发展，但是也并不会为员工的发展主动、积极地创造条件。

（五）大学生的综合职业能力培养

1. 大学生需具备的职业素质与能力

企业的竞争归根结底是人才的竞争，人才竞争力是构成企业核心竞争力的最核心部分，因而人力资源成为企业最宝贵的资源。对于大学毕业生，社会需要的不仅是专业特长突出、操作技能出色的人才，同时也必须是综合素质较高的学生。用人单位比较注重的实习生的素质和能力，包括敬业精神、协作精神、创新能力、专业技术能力、解决问题的能力、善于学习的能力、沟通协调合作的能力等。

除了具备过硬的素质和能力外，求职单位还要求求职者拥有健康的身心、良好的思想道德，特别是职业道德，如强烈的事业心和责任感、踏实肯干和吃苦耐劳的创业精神等。因此，大学生需要着重培养以下能力和素质：

（1）工作态度积极。

一个人的工作态度是决定其能否胜任今后工作的主要因素。因此，企业很注重大学毕业生是否具有爱岗、敬业、务实等积极的工作态度，具体表现为：在工作中认真、细致、负责、勤奋努力、虚心好学，积极主动地面对工作中的挑战、对工作有激情、肯吃苦、愿意从基层踏实做起等。大学生要清楚地意识到工作态度对企业和自身发展的影响。

（2）基础知识扎实，广泛吸收不同专业的知识。

在现代生产中，企业对复合型技术人员的需求增加，要求他们既熟练掌握或精通专业技能、有扎实的专业基础知识，同时也具备相关专业或其他专业方面的知识。因为这样的大学毕业生能很快地适应环境，发挥作用。同时，专业之间的结合往往就是创新的源泉，是企业的竞争力。因此，大学生不仅要把自己的专业读精、读深，而且要跨领域、跨专业学习，考虑寻找本专业和其他专业结合的机会。对自己专业不喜欢的同学，也要思考不能改变的专业和喜欢的专业有没有结合的机会，这样做不仅可以增加学习的兴趣，还可能是一个非常好的契机。只有善于学习、不断学习，才能紧跟社会时代的脚步，适应企业不断发展的要求。

（3）学习能力强。

不管大学生在学校的基础知识有多扎实，到新的工作岗位上几乎都要接受培训，接触新的知识和技巧，这是大学生快速成长和适应工作的最佳途径。只有具备较强的学习能力，才能在工作中触类旁通，遇到问题能及时看到症结所在，并能及时调动自己的知识和能力，制订出可操作的方案。因此，在大学期间养成良好的学习习惯，培养较强的学习能力，不仅是大学生在学校教育阶段顺利完成学业的必要条件，也是大学生步入职场后能够快速适应工作环境和获得职业发展的主要条件。

（4）责任心强。

所谓责任心，就是指个人对自己、对他人、对家庭、对集体、对社会、对国家负责任的认识、情感和信念，以及与之相应的遵守规范、承担责任和履行义务的自觉态度。而责任心强是企业和社会对大学毕业生基本的素质要求。例如，在工作中，关于处理一件具体事情，责任心强可以体现在三个阶段：一是做事情之前要想到后果；二是做事情的过程中尽量控制事情向好的方向发展，防止坏的结果出现；三是事情做完后出了问题时要敢于承担责任，勇于担当。责任心强是影响一个人在职业生涯发展中能走多远的重要因素之一。大多数企业在提拔员工的时候，往往选择的也是那些有所担当、勇于承担责任与压力的员工，因为这是一个成功领导者应该具备的品质，大学生要具备这种品质，需要从个人的习惯和修养开始培养。

（5）团队合作能力良好。

企业的发展需要依赖于团队个人的发展，也需要团队成员给予支持和帮助，成员之间的凝聚力在一定程度上决定了企业发展的成败，所以企业在招聘人才时也会非常注重人才的合作能力，大学生必须注重个人合作精神的培养，只有这样才能更快地实现个人发展目标。毕业生在校园时代可以利用很多合作和实践的机会，培养团队意识和积累合作经验，必定受益匪浅。

（6）人际沟通能力强。

现代社会，沟通无处不在。企业需要的是能够运用自己良好的沟通能力与企业内外有关人员接触的大学生，能够合作无间、同心同德、完成组织使命和目的的大学生。大学生进入公司，如果没有良好的沟通能力，就难以很好地与他人合作共事，影响工作开展。良好的沟通能力也是大学生在面试时展现优势的助力。

（7）创新意识与能力强。

企业对人才发展的要求在不断变化，如今企业发展注重人才的创新能力，只有善于观察和思考，能够不断向前发展、向前探索的年轻人才是企业需要和看重的，因为这样的年轻人有积极进取的动力，有更高的发展目标，能为企业创造更大的价值，为企业发展带来更多的生机。

（8）心理素质良好。

在竞争激烈的环境中能否承受较大的工作压力，能否在工作中经受批评、打击是大学生能否在企业立足和发展的重要因素之一。

心理素质水平的高低对大学生有非常重要的影响，只有心理素质水平高的大学生，在面对困难时才能不断地调整自己的心态，才能积极进取。无论企业还是社会，需要的都是踏实、上进、有干劲的年轻人。毕业生步入职场之后必然会碰到困难和挑战，所以，大学生应该做好步入社会的心理准备，锻炼自己吃苦耐劳的精神，遇事不退缩，勇往直前，能够化压力为动力，只有这样才能在未来的社会中博出一番天地。

总而言之，大学生要尽早有职业生涯规划意识，培养职业素质和能力，关注自我职业发展路径和实现路径，并争取机会着手培养自我。

2. 大学生综合就业能力培养的途径

大学生的综合就业能力包括职业素质和职业能力。良好的职业素质和职业能力是决定职场成败的重要因素。大学生可以有意识地通过多种途径、方法来培养和提升自我职业素质和职业能力。

（1）在生活中培养。

一个人的习惯、个性并非朝夕之间形成的，而是长期行为的结果。个性习惯就是个人素质的真实写照。所以，大学生培养自己的职业素质必须从日常的生活细节及点滴做起。如果能在生活中注意培养良好的行为，进而形成良好的习惯，最终成为自身良好的个性，自然而然就能表现出良好的素质。

（2）在课堂内积淀。

扎实的专业理论知识是发展专业技能的基础。大学生可以多向老师、学长、前辈们请教，充分利用图书馆等校园资源，夯实专业知识，扩充专业知识面，丰富知识储备；学会自主学习，学习和掌握科学的学习方法和思维方式，培养系统观察、分析、质疑、反思的能力和习惯。

同时，大学生应该注意专业互补课程的学习。毕业生如果拥有较高的人文素养也会为职业生涯增色很多，更容易在竞争中脱颖而出。所以，理工科大学生更要注重人文课程的学习，提高自己的人文素质；而文科大学生要注重理科知识的学习，培养自己的理科思维。

（3）在课堂外拓展。

课外拓展是提高自身综合能力的良好途径。大学校园内经常会举办各种学术讲座、文化讲座、专题讲座，常会邀请海内外知名人士、某领域专家学者、社会各界精英到校与同学们分享他们在各自领域的体验和人生感悟。大学生应抓住机会积极参加，虚心聆听优秀人物的观点、见解、创业史和人生经验等，了解学校外的多彩世界，这不仅可以拓宽自己的视野、增长见识，还可以优化思维模式。同时，竞赛可以激发大学生的创新思维，是提高创新能力和解决具体实际问题等综合能力的有效途径。有条件的大学生可以争取机会多参与一些竞赛项目，不仅有利于所学知识融会贯通，提高发现问题、解决问题的能力，拓展创新能力和实践技能；同时也是考验和锻炼学生直面困难与遭遇挫折的勇气、探索问题的毅力和团队协作能力的好机会。

（4）在社团中锻炼。

大学是一个小社会，各种不同的学生社团就如同一个小企业。大学生可根据自己的兴趣和需要，有选择地参加几个学生社团。在参与组织的活动中，体验到组织是如何运作的，同时还能锻炼自己的各种能力，如人际交往能力、沟通能力、团队协作能力、组织能力、领导和决策能力等。

（5）在实践中成长。

实践出真知，实践长才干。实训、实习、兼职、勤工助学等实践活动是培养职业能力的有效途径。实训、实习过程是运用理论、将理论和实践相结合的好机会，在实践中能更好地培养和提高动手操作能力。实习过程提供了真实的企业环境，让学生在一个真实的职业环境中真正领会到未来工作岗位对专业技能的要求，使之得到了实际的训练，有助于他们综合素质和能力的提高，是积累工作经验、提升职业能力的好办法。兼职、勤工助学不但可以减轻学生的经济负担,还可以让他们了解社会。在社会实践中增强学生的独立自主的能力,培养吃苦耐劳、克服困难的精神,以及服务他人的意识和责任感,是学生融入社会,获得较快成长的途径。

(6) 在培训中强化。

通过参加校内外的职业培训,可以强化专业知识,学习并掌握职业岗位所需的职业技能,获得相关职业资格证书,有助于拓宽就业渠道,为职业生涯增添筹码。

对大学生而言,具备良好的综合能力就具备了入职的敲门砖。大学生的就业能力和职业发展的关键是在学习与实践中不断地完善自我,提升自我的综合能力。

第九章 大学生应对压力与挫折的健康教育

在竞争日趋激烈的现代社会中，大学生是国家未来的建设者和接班人，他们面对着就业、学习、经济、人际、竞争等多种压力，在自我管理、求职择业、人际沟通、环境适应、角色转变、生涯发展、恋爱情感、心理调节等方面，所反映出的问题和困惑越来越明显。许多大学生在遭遇挫折的时候，不能够保持冷静的思维，不能够积极地寻找解决问题的路径和办法。因为缺乏抗挫折的能力，他们很容易产生委屈、埋怨、固执、冷漠、畏难、逃避，甚至出现攻击报复等消极情绪，对他们的身心健康造成了很大的影响。这一情况是令人忧虑的和发人深思的。因此，加强对大学生应对压力和挫折的教育，使他们的整体素质得到全面提升，已成为高校教育工作者亟待解决的重大课题。

第一节 压力与挫折内涵分析

一、压力的内涵及相关理论

（一）压力的内涵

压力，也称精神压力，是一种内部的精神紧张状态，个体在面对难以适应的环境要求或威胁时会产生压力。

压力的产生与个体的需要密切相关。生活中，每个人都会有各种各样的需要。人本主义心理学家马斯洛提出了著名的需要层次理论，认为人有生理需要、安全需要、爱和归属需要、尊重需要、自我实现需要五个层次的需要。需要的这五个层次，是由低到高逐级形成并逐级得以满足的。人在需要的推动下产生一定的行为。当需要得不到满足或目标实现可能会有困难时，就会产生压力。人们每天都会有许多各种各样的需要，所以压力的产生是必然的，也是普遍存在的。

（二）压力的分类

对压力进行分类的方法很多，比如从压力产生的客观事件来源分类，可以将压力分为情感压力、经济压力、就业压力、学业压力等；也可以将其分为外在压力与内在压力，因为压力产生的主要原因可能是由于客观实际状况，也可能是由于人的主观认知、判断。较为常见的压力种类有以下三种。

1. 积极压力与消极压力

一些心理学家认为人如果完全脱离压力就等于死亡，过高或过低的压力对个体都是不利的。积极的压力可以增强人的知觉觉察力，从而使人有良好的认知和行为，可以促进个体的成长与发展；而消极的压力则使人产生痛苦的、焦虑的体验，具有阻碍性和破坏性。

2. 长期压力与短期压力

长期压力来自灾难或困苦，比如身患不治之症或者生活条件、经济状况艰苦。但是也有的压力来自看似积极的、幸运的事件，比如学生学习成绩优异、影视演员成为明星，对这样的个人来说，要想保持这种好成绩或明星地位也不是轻而易举的，那么，荣誉和炫耀随后就是压力和挑战。而有的压力则是短期的，是由于一些短期事件造成的，比如期末考试、等级考试等学习任务，这些是短期的客观要求，只要你已经完成了就不会再感受到这个任务带给你的压力感。

3. 细砾模式与巨砾模式

细砾模式研究的是一些小麻烦、小烦恼的积累，细砾虽然小，但积劳成疾。在日常生活中，细砾压力几乎无处不在，比如每天的课业、考试以及看似平常的人际交往、噪声、牙疼、交通堵塞、空间狭窄、环境卫生差等，这些小问题都可以使人产生长期的、挥之不去的压力感，积累到一定程度也会引发健康问题。巨砾模式研究的是巨大的压力，比如死亡、离婚和破产等灾难性事件，虽不经常发生，却巨大而难以处理，还常常会引发躯体疾病。

（三）压力的反应

1. 生理反应

当个体压力情况发生时，人们会根据人类长期演化而来的紧急性压力响应机制，对压力情况进行生理调控，以缓解压力对个人的影响。人脑作为"总指挥"，其功能主要由自主神经系统及下丘脑—垂体—肾上腺系统两个主要的生理系统共同调控。这一调节方式主要通过如下途径进行。

第一，通过脑中的压力信号，传递给下丘脑、肾上腺和甲状腺，让它们产生激素，增强身体的活力，加快身体的代谢。此时，心脏跳动速度增加，腹腔中的血管收缩，心脏、大脑和骨骼肌肉的血管舒张，从而使血液中的葡萄糖含量增加，使骨骼肌肉的疲劳感得到缓解。

第二，将来自大脑的压力信息传递到心肺等重要脏器，提升心跳、血压、呼吸等各项功能，加速血液循环，加速支气管的快速扩张，为人体在剧烈运动中提供充足的能量和氧气。与此同时，身体的一些临时不必要的生理机能也被压制了。

第三，当压力信号由脑部传递至肌肉及骨头时，肌内的血管便会快速扩张，让肌肉活动时有足够的供血，同时也能为接下来的运动做好准备。

上述各种应激反应需要自主神经系统在数秒内迅速启动，在"打还是逃"警报发出后20～30秒基本完成，在压力刺激消失后一小时内，人体各项机能会恢复正常。

2. 心理反应

（1）压力对人的认知活动的影响。

压力对人的认知活动的影响主要包括以下四方面。

第一，思维阻塞，突然遗忘正在谈论的话题线索或资料，或者面对试卷脑子里出现空白。

第二，注意力下降，难以聚精会神，经常会视而不见、听而不闻，经常出现强迫性分心。

第三，思维紊乱，分析能力、判断能力、决策能力全面下降，言语表述缺乏逻辑性等。

第四，短期或长期的记忆力衰退，信息提取速度减慢，信息再认或再现的错误率加大。

（2）压力对人的情绪及情感活动的影响。

压力对人的情绪、情感活动的影响主要包括以下五方面。

第一，经常出现疑病或幻想，喜欢夸大病痛的感觉。

第二，出现精神紧张、焦虑或烦恼。

第三，情感、情绪的自控力下降，极端性情绪的发生率增加，经常出现敌意、攻击、愤怒、暴躁不安甚至是歇斯底里。

第四，性格发生明显变化，神经过敏，防卫心理增加，原有的良好个性突然一反常态，令人不可思议，而原有的不良性格则变得日趋严重。

第五，郁郁寡欢，悲观失望，伤神哭泣，死气沉沉，自我评价降低，无助与无能感上升，精神萎靡不振等。

（3）压力对人的行为活动的影响。

压力对人的行为活动的影响主要包括以下七方面。

第一，逃避困难，失去上进的信心和勇气。

第二，对新鲜事物失去敏感性，行为懒散，办事拖拉，被动应付，不愿承担责任。

第三，对工作、学习与生活的兴趣和热情大幅度下降，做什么事都觉得索然无味。

第四，行为活动的计划性、目标感降低，经常出现顾此失彼、疲于奔命的被动局面。

第五，沉默寡言，不愿与人交流，喜欢独自发呆；行为古怪，不合群，人际矛盾增加。

第六，借酒浇愁，吸烟量增加，面部扭曲，无意识的多余动作增多。

第七，持续失眠，精力不足，经常出现在上课或上班时打瞌睡的现象等。

以上种种由压力所带来的不良的身心反应，其警示性是相当明显的。而且对同一个体来说，反应模式也是相当稳定的，并且会重复出现的。因此，善于关注、识别并严密监视自身的压力反应，是有效应对压力、维护心理健康、防止个体受到身心伤害的重要一环。

（四）压力的测量

对大学生来说，可以通过下表来对自己的压力进行测量，如表 9-1 所示。

表 9-1　自我压力测量表

题目	答案				
	总是	经常	有时	很少	从未
1. 我受背痛之苦					
2. 我的睡眠不规律且睡不安稳					
3. 若须等待，我会不安					
4. 我的后颈感到疼痛					
5. 我比多数人更神经紧张					
6. 我的头感到紧或痛					
7. 我对自己没有信心					

续表

题目	答案				
	总是	经常	有时	很少	从未
8. 我会对自己说话					
9. 我忧虑财务问题					
10. 与人见面时，我会窘怯					
11. 我怕发生可怕的事					
12. 白天我觉得累					
13. 下午我感到喉咙痛，但并不是因为感冒					
14. 我心情不安、无法静坐					
15. 我感到非常口干					
16. 我有心脏疼痛					
17. 我吸烟					
18. 我肚子不舒服					
19. 我觉得不快乐					
20. 我喝酒					
21. 我觉得自己像被四分五裂					
22. 我的眼睛又酸又累					
23. 我的腿或脚抽筋					
24. 我怕认识人					
25. 我手脚冰冷					
26. 我便秘					
27. 我未经医师指示使用各种药物					
28. 我发现自己很容易哭					
29. 我有消化系统问题，如胃溃疡、十二指肠溃疡					
30. 我会咬指甲					
31. 我耳中有嗡嗡声					
32. 我小便频繁					
33. 我有皮肤方面的问题					
34. 我的咽喉很紧					
35. 我担心我的工作					
36. 我口腔溃烂					
37. 我为琐事忧虑					
38. 我呼吸浅促					
39. 我觉得胸部紧迫					
40. 我发现很难做决定					

以上各题的答案，选"总是"得4分，选"经常"得3分，选"有时"得2分，选"很少"得1分，选"从未"得0分。

＞86分：说明你正以极度压力反应在伤害健康，你需要专业治疗。

75～85分：说明压力正在损害你的健康及人际关系，你需要花时间练习控制压力，也可寻求专业协助。

64～74分：说明你的压力程度中等，可能开始对健康不利，应学习在压力出现时控制自己的肌肉紧张。

53~63分：说明你生活中的兴奋与压力程度适中，偶尔压力太大，但你也许有能力享受压力并迅速恢复平静状态，不致威胁健康。

42~52分：说明你能够控制自己的压力反应，是一个放松的人，容易与人相处，有自信，能胜任工作。

31~41分：说明你对所遭遇的压力不当一回事，好像没发生过，这对你的健康没有负面影响，但生活缺乏适度兴奋。

20~30分：说明你的生活可能相当沉闷，即使刺激或有趣的事发生，你也很少有反应。不妨适当参加活动，激发生活乐趣。

9~19分：说明也许你在生活中所经历的压力经验不够，或是没有正确分析自己，最好更主动参与工作、社交、娱乐等活动中。

二、挫折的内涵及相关理论

（一）挫折的内涵

挫折指的是当个体在通向目标的过程中，遇到了难以克服的障碍或干扰，导致其动机不能实现、需要得不到满足时，所产生的紧张状态或消极情绪反应。从总体上讲，挫折的概念应该包括三个层面：挫折情境、挫折认知和挫折反应。

1. 挫折情境

挫折情境是人在有目的性的行为过程中，因内部和外部的障碍或干扰而产生的一种境况。挫折情景可分为实际挫折情境与想象挫折情境两种。

（1）实际挫折情境。

实际挫折情境是实际遭遇到的挫折情境。它对人的影响是有形的、有限的、可估量的。

（2）想象挫折情境。

想象挫折情境是想象中可能出现的挫折情境。有的同学认为自己的能力和学习不如别人，在未去参与校学生会干部竞选之前，先想象自己肯定会失败，别人不会投自己的赞成票，而不敢去参加竞选。想象挫折情境对人的影响同样是无形的、无限的、不可估量的，它会随人的想象泛化。想象挫折情境常常在人行动之前就把人先击倒，所以想象挫折情境要比实际挫折情境对人的影响更大。

2. 挫折认知

挫折认知是对挫折情境的知觉、认识和评价。由于不同人的认知能力和认知水平不同，对相同的挫折情境所产生的主观的心理压力是不尽相同的。例如，有两位大学生因经常倒饭菜受到老师的批评，学生甲认为老师的批评是实事求是的，是对自己的关心和爱护，自己浪费粮食确实不对，应该注意改正。学生乙却认为老师的批评是故意跟自己过不去，饭菜是用自己的钱买的，吃或倒是自己的事情，老师批评是多管闲事，其自尊心因此而受到损伤。由此可见，个人的认知水平会影响对挫折情境的知觉判断，对人具有重要影响。

3. 挫折反应

挫折反应是指主体伴随着挫折认知，对于自己的需要不能得到满足而产生的情绪和行为反应。一个人对挫折的反应主要有理智的反应和非理智的反应两种。

（1）理智的反应。

理智的反应是指受挫后采取冷静的态度，客观地分析，避免或减少焦虑的反应。它主要表现为坚持目标，矢志不移；调整目标，继续努力；身处逆境，奋起升华；降低目标，改换目标等方式。

（2）非理智的反应。

非理智的反应是指受挫时伴随着强烈的、情绪性的、消极的情绪和行为反应。它主要表现为退缩、焦虑、攻击、退化、幻想、冷漠、固执等方式。挫折反应是否理智以及强弱、长短往往取决于一个人的挫折承受力的高低，挫折承受力的高低与一个人的挫折阈值的高低成正比。挫折阈限指引起挫折的最小刺激量。挫折阈限高挫折承受力必然强，挫折阈限低挫折承受力必然差。

（二）挫折理论

在西方，挫折一直是心理学研究的热点，并产生了许多理论流派。具有代表性的有以下五种。

1. 社会文化理论

社会文化理论强调文化和社会条件对个体的挫折的产生及其反应的影响，其代表人物是新精神分析学派的代表人物 H.沙利文和人本主义心理学派的罗杰斯。这种理论重视社会环境和文化因素对个体行为和人格特征的影响，认为挫折产生的原因是个体"向上意向""自我实现"受到压抑。为了防止出现挫败感，新精神分析学派提倡充分发挥自身的整合与调适功能,重视个人的自尊心与对未来的乐观态度;人文精神学派强调要重视人的价值、人的创造性和人与人之间的关系等。

2. 挫折—攻击理论

美国耶鲁大学的多德拉和其他几位社会心理学者都认为,攻击行为通常都是由于受挫而产生的。通常挫折的存在会成为攻击行为产生的先决条件,并且挫折的存在也会导致一些攻击行为的出现。他们做了一个"剥夺睡眠"的实验,实验中发现,被实验者在24小时内被剥夺了睡眠,不允许自己行动,不能吃早餐的情况下,会用一种很不友善的语气和别人说话,或者是质问别人。挫折的这种作用在各种社交关系中都能得到充分体现。例如,当人们无法找到工作,无法购买自己所需的东西,在生活中处处受限,就会产生各种各样的攻击行为。

哈弗兰德等人在进行了历史研究后,提出了一种"挫折—攻击"的理论,即进攻的发生与其所受到的挫折的强度和范围、先前所遭受的挫折的频率,以及对其影响的评估等因素密切相关。

伯科威茨于1969年对"挫折—攻击"理论做了很大修改,认为"挫折"与"被剥夺"是两个完全不同的概念。一个人受挫并不是由于某件事,而是由于他在所处的环境中得不到其所希望得到的东西,然后才会遭遇挫折。

3. 挫折的本能学说

美国心理学家麦·独孤研究认为,一个人在遇到困难时所采取的行动,都是由他的本能引起的。在《社会心理学引论》中,他认为本能是一种遗传的或与生俱来的心物倾向,确定了具有这种倾向的人对某一类别的客体的感觉和关注,并在感觉过程中体验到一种特别的情感的波动,并对其做出一种特殊形式的运动,或者至少是体验着这种运动的冲动。他还主张,人与兽皆有目的性,只是在目的的强弱上有所不同。所有的行动都有其特定的目标,而推动和维系这种目标的动机就是人的本能。没有了这种本能倾向和强大的冲动感,生物体就不会进行任何形式的活动。另外,本能与情绪是紧密联系的。麦·独孤认为,人类在现实生活中所受到的挫折所引起的情绪,以及由此引起的种种挫折行为反应,都是一种人的本能冲动。

4. 需要和紧张的心理系统理论

需要和紧张的心理系统理论是说明需要与挫折的关系,其代表人物是著名的心理学家勒温。勒温相信，满足需求对于避免挫折是一个很重要的前提。他认为，当人的需求得不到满足时，人就会出现紧张、焦虑等心理状况，进而导致人的心理失衡，出现一种失败的情感体验，也就是所谓的挫败感。在他看来，人的心理环境中，真正对人的精神状态产生作用的是人的精神需求，而人的精神需求正是行为的动力。当人们处于需求压力时，会表现出一种精神上的紧张感，激发起一种要求满足需要的动机，从而获得一种心理上的平衡感。当需求被满足了，精神上的压力也就消除了，不然就会产生挫折体验。

5. 精神分析学派的挫折理论

弗洛伊德是精神分析学派的创始人，他认为人的一切行为都是以性力为动力的。如果心理性欲的发展过程不能顺利进行，那么就有可能造成行为异常。因此，一切精神疾病的根源也就在于这种心理性欲受到压抑或阻碍，即受到挫折。而弗洛伊德的学生阿德勒则强调社会因素的作用，重视权力意志的实现。在他看来，人的所有行动都是在"权力意志"的控制下进行的，要求自己比别人优越；人类的所有活动的动力，都指向对征服和超越的追求。当这种动力受到挫折时，就会产生一种自卑感。缺乏补偿的自卑情绪会导致心理变态和反社会的行为。

荣格认为，每个人的个性都是在发展的，人们往往会为了自己的将来而努力，从而使自己的个性在各个层面上都得到了协调与完美。在自我实现得不到满足的时候，就会出现挫折感。

（三）挫折的分类

1. 根据挫折的现实性进行分类

根据挫折的现实性，可将挫折分为想象性挫折和实际性挫折两大类。

（1）想象性挫折。

想象性挫折是指在现实生活中，并没有真正发生过的挫折，只是个人对将来会发生挫折的一种想象。对挫折进行适当的想象，有一定的正面作用，但如果想象超过了实际，对挫折情境或后果的想象太多，就会让人陷入极度的紧张、焦虑，对身心造成负面的影响。想象性挫折的影响是看不见摸不着、无穷无尽、无法衡量的，会被人的想象泛化和扩大，因此常常比现实中所受到的挫折感更加恐怖，甚至能将一切都吞没。只有克服了想象性挫折，才能最终克服现实中的挫折。

（2）实际性挫折。

实际性挫折是指人的工作、学习或生活中实际遭受的挫折。

2. 根据挫折的严重程度进行分类

根据挫折的严重程度，可将挫折分为一般性挫折和严重性挫折两大类。

（1）一般性挫折。

一般性挫折是指人们在不太重要的事情上遇到的挫折，它对人们的身心影响不大，持续的时间也不长。如婴儿要学会独立行走，就可能跌倒，跌倒就是一般性挫折。

（2）严重性挫折。

严重性挫折是指人们在与自己关系极为密切或意义重大的事件上受到的挫折，常常引起强烈的情绪反应，对人的影响较大。如学业失败、病重病危、婚恋失败、亲人死亡属于严重性挫折。

3. 根据挫折的持续性进行分类

根据挫折的持续性，可将挫折分为持续性挫折和短暂性挫折两大类。

（1）持续性挫折。

持续性挫折是指持续时间较长或连续发生的挫折，使人处于长期、持续的紧张状态和挫折感中，对人身心健康十分不利，应加以关注。

（2）短暂性挫折。

短暂性挫折是指持续时间较短、暂时性的挫折，对人的身心影响不大。

4. 根据挫折性质进行分类

根据挫折的性质，可将挫折分为自然性挫折和社会性挫折。

（1）自然性挫折。

自然性挫折如地震、旱灾、水灾、风灾、衰老、疾病、死亡。

（2）社会性挫折。

社会性挫折如经济性挫折、政治性挫折、文化性挫折（由于法律、道德、宗教、习俗等限制而引起的挫折）。

5. 根据挫折的准备状况进行分类

根据挫折的准备状况，可将挫折分为意料中挫折和意料外挫折两大类。

（1）意料中挫折。

事前有所觉察或戒备的挫折是意料中的挫折。

（2）意料外挫折。

在人们毫无准备的状态下，突然遇到的挫折是意料外的挫折。

伯克威用人作为被试者，发现由没有预料到的挫折情境所引起的挫折要比由可以预料到的挫折情境所引起的挫折更为严重。

6. 根据挫折产生的原因进行分类

根据挫折产生的原因，可将挫折分为内部挫折和外部挫折。

（1）内部挫折。

内部挫折是指由于自身的条件的限制所产生的挫折。

（2）外部挫折。

外部挫折是指由于外部条件的限制所产生的挫折。

日本学者大桥正夫根据所遇到障碍的性质，把挫折分为内部挫折和外部挫折。内部挫折包括缺陷、损伤和抑制；外部挫折包括缺乏、损失和障碍。

7. 罗森茨威格分类法

美国的罗森茨威格根据引发挫折的构成因素，将挫折分为以下三大类。

（1）阻碍性挫折。

当个体的需要与目标之间出现阻碍或干扰时，所带来的心理挫折叫阻碍性挫折。这种挫折可能是客观的、物质的，也可能是思想上的、社会性的。

（2）缺乏性挫折。

生活中我们有很多东西想要拥有，但是往往事与愿违，我们不可能拥有我们想要的一切，因而我们会经常体验到这种缺乏所带来的挫折感受，这就是缺乏性挫折。

（3）损失性挫折。

从出生到现在，我们所拥有过或者正在拥有着很多东西，有些东西会陪伴我们一生，但有些却比较短暂。那些我们原来拥有、但现在出于某种原因不能继续拥有的，都属于损失性挫折。

（四）挫折的条件及测量

1. 挫折的条件

（1）有挫折的情境发生。

只要动机与目标能够顺利得到满足，就没有什么挫折可言。在现实生活中，即使在实现目标的过程中遇到了一些障碍，但是可以通过改变自己的行为，绕过这些障碍，最终达到目标。或者，这些障碍虽不能克服，但是可以及时地改变自己的目标与行动方向，这样也不会出现挫折情绪。只有当达到目标的路上遇到挫折无法克服时，才会形成挫折情境。

（2）有行动动机和明确的行动目标。

动机是促使个人为实现某种目标而采取行动的内在动力，如果没有某种动机或目标，就不会出现挫折情绪。

（3）有满足动机和达到目标的手段或行动。

一个人所感到的真实的挫折感，来自他为了满足某种需要而采取的具体行动。如果没有途径、行为来满足自己的需求、实现自己的目标，那么无论目标多么崇高，无论动机多么强大，都不会感到挫折，或者仅仅是一种想象中的挫折。

（4）必须对知觉和体验产生紧张的状态和情绪反应。

具体来说，行为主体在受挫后往往有焦虑、恐惧、紧张、愤懑等。

（5）主体必须对目标受阻有知觉。

这是指当一个人的行动遇到了阻碍或者遇到了挫折，他一定会产生一定的知觉和认识。如果有一个客观的阻碍，但是人没有意识到它的存在，那么就不能成为挫折。

2. 挫折的测量

我们可以通过下表来对自己挫折进行测量，如表 9-2 所示。

表 9-2　挫折的测量

题目	答案 是	答案 否
1. 你认为自己是弱者吗？		
2. 你是否喜欢冒险和刺激？		
3. 你生活在使你感到快乐和温暖的集体吗？		
4. 如果现在就去睡觉，你担心自己会睡不着吗？		
5. 生病时你依旧乐观吗？		
6. 你是否认为家人需要你？		
7. 晚睡两小时会使你第二天明显精神不振吗？		
8. 看完惊险片，很长一段时间内，你一直觉得心有余悸吗？		
9. 你常常觉得生活很累吗？		
10. 你是否有一些无话不谈的知心朋友？		
11. 当考试成绩不理想时，你会感到非常沮丧吗？		
12. 你认为自己健壮吗？		
13. 当你与某个同学有分歧后，你一直无法消除相处时的尴尬吗？		

续表

题目	答案是	答案否
14. 大部分时间你对未来充满信心吗？		
15. 你有一个关心、爱护你的家吗？		
16. 当你在课堂上回答不出问题时，你在课后还会久久地感到烦恼吗？		
17. 每到一个新地方，你是否常常会出现身体不适，如吃不下饭，睡不着觉，拉肚子，头晕等？		
18. 即使在困难时，你还是相信困难终将过去吗？		
19. 你明显偏食吗？		
20. 当你与父母发生不愉快时，你是否想过离家出走？		
21. 你是否每周至少进行一次喜欢的体育运动，如登山、打球、游戏等？		
22. 你觉得自己有些神经衰弱吗？		
23. 你认为你的老师喜欢你吗？		
24. 心情不愉快时，你的饭量与平时有差别吗？		
25. 看到苍蝇、蟑螂等讨厌的东西，你感到害怕吗？		
26. 你相信自己能够战胜挫折吗？		
27. 你是否常常与同学们交流看法？		
28. 你常常因为想心事而躺在床上久久不能入睡吗？		
29. 在人多的场合或在陌生人面前说话，你是否感到窘迫？		
30. 与其他人相比，你是否认为你受到的挫折根本算不了什么？		

评分方法：

第 2、3、5、6、10、12、14、15、18、21、23、24、26、27、30 题答"是"记 1 分，答"否"记 0 分。其余各题答"是"记 0 分，答"否"记 1 分。各题得分相加，统计总分。

结果解释：

总分为 0～9 分：你的心理承受能力差。当你遇到困难易灰心，常有挫折感。

总分为 10～20 分：你的心理承受能力一般。你能轻松地承受一些小的压力，但遇到大的打击时，还是容易产生心理危机。

总分为 21～30 分：你的心理承受能力强。你能在各种艰难困苦面前保持旺盛的斗志。

（五）挫折产生的原因

1. 主观原因

（1）生理因素。

生理因素是指人的先天条件，如身体、外貌、健康状况、生理缺陷等对人的身体造成的限制。比如，体质差的学生很难成为好的运动员；相貌平平的学生，在人际交往等社会活动中可能会处于不利地位，往往不能在社交场合中施展自己的才华，甚至会影响到正常的交友，让自己陷入孤独的境地等，这都会给大学生造成一定的挫折感。

（2）不适应生活环境。

当前，高校学生的平均年龄普遍在 18～22 岁，他们的身体大部分已经发育成熟，但是他们的心理发展还远远没有成熟，还存在着一些冲动、幼稚和依赖性。很多同学初次离家，来到一个陌生的环境，很难很好地适应自己的角色，导致一些同学在生活中遇到了一些小问题，或者是一些不尽如人意的事，就会出现受挫的心理，表现出孤独、苦闷、烦恼、忧伤等不良的情绪。同时，这段时间也是从青少年到成人的转折点，他们的独立意识和自主性还不够成熟，很多学生还不能很好地适应新生活。除此之外，随着年龄的增长，学生们会越来越感受到学习上的持续紧张与竞争的压力，许多大学生的心理压力会变得更大，他们很容易产生茫然、空虚、压抑、紧张和无所适从感，所有这些都容易导致心理挫折感的出现。

（3）自我认知偏差。

大学生因为没有太多的社会阅历，所以对自己的认知常常不够准确，因此在遭遇到挫折和失败的时候会产生一种挫折感，或者是一种焦虑和痛苦的情绪，从而对自己产生了轻视，甚至是对自己产生了怀疑和否定。大学生一旦有了一些成就，就会对自己有更高的评价。比如，一个刚刚进入大学的大学生，给自己定了一个高标准：要获得一级奖学金，要成为三好学生。但是，由于不能适应大学生和中学生在学习方法上、评定标准上的不同，认为自己只需要努力学习就可以了，主观和盲目地给自己设定了过高的目标，最终的结果自然是达不到，这对一年级的大学生来说，无疑是一次不大不小的挫折。

（4）动机冲突。

此外，动机冲突也是导致大学生受挫的一个重要因素。丰富的校园生活以及社会转型时期的良好机会，在为大学生的全面发展创造了良好的条件和广阔的发展空间的同时，也给他们在政治、经济、专业取向、恋爱、社会交往、择业等方面提出了选择问题。在多种动机因素并存的情况下，人们很难做出选择，于是就产生了动机冲突，进而导致大学生往往会出现"进退两难"，内心产生激烈冲突和焦虑不安的情绪。一些大学生因此而寝食难安、心烦意乱，学习效率降低。随着社会的进步，大学生的自由选择范围将日益扩大，由此而产生的动机冲突也必将增多。高校学生在学习过程中存在着多种类型的动机冲突，具体来说，主要可以分为以下四种形式：

第一，双趋避冲突。双趋避冲突也被称为双重正负冲突，指的是同时有两个目标，存在着两种选择，但两个目标各有所长、各有所短，使人左顾右盼，产生难以抉择的心态。

第二，双趋冲突。双趋冲突又称正正冲突，是指一个人同时拥有两个都很吸引人的目标，但是这两个目标却不能兼得，很难取舍。在大学生群体中，双趋冲突最为普遍。当两种目标都与需求相适应，而动机的强弱程度相当，而两者又不能同时满足时，就会产生一种难以抉择的矛盾和冲突。

第三，双避冲突。双避冲突又称负负冲突，指的是在同一时间有两个可能对个体具有威胁性、不利的事情发生，这两种情况都想避免，但是受到条件的限制，他们只能避开其中一种，接受其中一种。在做选择的时候，他们的内心会产生矛盾和痛苦，就像是进入"前有狼，后有虎"的两难境地。

第四，趋避冲突。趋避冲突又称正负冲突，是指对同一个事物既有趋近心理，又有回避心理。它既能满足人们的一些需要，也能对人们造成一定的危害，具有吸引和排斥两种力量，给人们带来了一种难以抉择的心理困境。

（5）情感问题。

在高校中，很多重大的问题都是由于感情受挫而引起的。随着性机能的成熟、性意识的觉醒和性心理的发育，大学生活给大学生们创造了许多的交往机会，他们都希望能够交到更多的朋友。恋爱中出现的"单恋""被动卷入"和"失恋"等情感问题，会使大学生产生更多的心理挫折。

2. 客观原因

（1）自然环境因素。

自然因素是指非人力所能及的一切客观因素。对大学生来说，疾病、家庭遭自然灾害导致贫困等都可以导致挫折。

（2）社会环境因素。

个体在社会活动中受的政治、经济、道德、风俗、习惯以及人际关系等条件的限制就是这里所说的社会环境因素。

社会对大学生身份的认同感降低，他们已经不再是天之骄子，而是没有实践经验、动手能力差的劳动者。大学生毕业前后价值的认同落差，让其产生强烈的心理落差造成挫折感。

就业压力大。大学生需要通过供需见面、双向选择、择优录用等方式寻找工作。由于社会竞争的加剧和经济危机，就业市场的不景气，择业的竞争必然会使大学生心理上产生困惑和不安定感，这使大学生的人格弱点浮现出来，形成心理疾患，许多心理问题也随之产生。

（3）家庭因素。

家庭结构、教育方式、养育方式、人际关系、父母自身的素质，都会直接或间接地影响到大学生的心理挫折感。家庭的社会经济条件会对大学生的心理造成潜移默化的影响。在此过程中，不仅要面对个人发展和就业方面的压力，贫困大学生还面临着很大的生活压力和经济压力。如果因为经济问题而影响到他们的学业发展和个人发展，就会造成更多的心理冲突，进而产生挫折的情绪。

（4）学校环境因素。

高校教育制度的变革给大学生的心理造成了很大影响。伴随高校教育改革的持续深入，改革了奖学金制度，实施上学交费制度，推进淘汰机制等。心理脆弱、社会经验不足的大学生，必然会在不同程度上受到影响。

第一，高校的校园环境建设还不够完善。大学生通常都会对自己的大学校园和大学生活充满了美好的向往。但是，在现实生活中，很多学校的校园设施并不完善，住宿条件、就餐环境等后勤保障都无法跟上学生的需要，这导致了大学生们不满情绪不断上升。特别是在扩大招生之后，随着学生的数量越来越多，学校对学生上课、自习教室等的安排显然跟不上大学生的主动学习需要，这给大学生的学习造成了负面影响，让他们在心理上产生了挫折感。

第二，校园文化偏差。高校校园文化是一种亚文化，直接、深刻地影响着高校学生的心理健康。近年来，随着学生学习负担的加重，就业压力的增加，校园文化呈现出品位不高、气氛不浓、频度不足的特点，很多学生社团都是有名无实。校园中的人际关系也变得越来越庸俗化，这就导致了大学生的内心深处出现了一种孤独的感觉，同学们之间的相互猜疑、猜忌，小团体主义、个人主义的现象时有发生，人与人之间的金钱关系、利益关系也或多或少地存在着，这些现象让很多学生感到了一种孤寂和强烈的不适应。

第三，高校教育内容和管理方法的落后。大学生具有很强的求知欲和成就动机，他们经常想要了解最新的知识，想要在社会上有所作为。然而，因为种种原因，一些大学的课程内容已经落后于现实社会的变化与发展，这让他们产生了失望、沮丧的情绪。除此之外，因为学校不能以新的社会发展为基础，及时地对学生的教育内容进行调整，不能以学生的个性发展、心理特征为依据，及时地对学生的管理方法进行调整，经常会在管理过程中使用过强的共性约束，导致学生的个性发展被压制，从而导致大学生非常容易出现不满意的心理，从而增加了他们的挫折感。

（六）挫折对大学生成才的积极影响

1. 挫折有利于增强大学生的聪明才智

失败乃成功之母，错误乃真理之母。人在受到挫折后往往会进行自我反思，认真地总结自己的经验教训，分析造成失败的原因，寻求走出困境的办法。所以，挫折经验对大学生来说是非常有价值的。它能让大学生学会反思，学会思考，学会总结，学会探索，学会创造，学会提高自己的知识，学会增长自己的智慧。

2. 挫折有利于激发大学生的进取精神

对有抱负的大学生而言，遇到挫折就会激起其斗志，激发其进取精神。在这个错综复杂的世界里，成功和挫折、失败并不是绝对的，它们之间只有一步之遥，这一次的失败，很可能会影响到下一次的成功。如果不接受失败，就不会接受成功。所以，最好的防止失败的办法就是有取得成功的决心。挫折是一个人走向成功的一种催化剂。每次挫折的洗礼，都有助于激励大学生理解为人处世之道，使他们对自身的认识，尤其是对自身的错误与缺点的认识，使他们在思想上和行为上更加成熟，并最终获得成功。

3. 挫折有利于增强大学生的耐受力

目前，大部分的大学生都是家里的独生子女，在父母的关爱下，他们的成长过程和成长之路通常是平坦的，因此导致他们的承受能力较低。在某些情况下，挫折会毫不留情地打击到大学生的自傲心理，让他们不得不反思自己的过去，进而消除或降低自己的骄傲，变得更加谦虚，为人处世更加谨慎。不似从前那般自视清高，反而虚心求教，善于取长补短。

4. 挫折有利于磨砺大学生的意志

挫折是一种打击，也是一种压力、一种磨炼，可以提高人的意志力。古往今来，一帆风顺地取得巨大成绩者少之又少，而真正卓越者，多半是经过了艰难困苦，在挫折中锻炼了坚强的意志力，在逆境中进行了不屈不挠的斗争。越王勾践隐忍三年，终于报仇雪恨；

尽管身体残缺，罗斯福仍以其广博的学识、睿智的头脑和自强不息的精神赢得了人们的支持，并在美国连续四任总统的任期中赢得了广泛的赞誉。挫折是人生的一种财富，只有对自己的行为进行深刻反省，对自己以往所犯的错误进行深刻反思，找出错误产生的原因，并提出改正和预防错误的方法，这样才能让人少走弯路，并最终登上成功的顶峰。

第二节 大学生常见的压力与挫折问题

一、大学生常见的压力问题

（一）学业压力

学业压力是每一个大学生都要面临的主题，随着就业压力的增加，新的学习压力也在不断增加。大学生必须要有足够的知识储备，才能在工作中取得足够的成绩。但是，一个人的精力就那么多，经常会顾此失彼，最后落得一事无成的下场。同时，高校对课本的更新也存在一定的滞后性，使学生的课业负担加重。学生们一边要学那些早已过时的学校课程，一边要找一些未来可以用得上的课程，再加上各种各样的考试，让他们应接不暇。由于就业压力的存在，更多的大学生选择了继续攻读硕士和博士学位，许多人在毕业之前的一两年就已经开始为考研做准备了。另外，由于大学扩招，如今的很多大学生已经不像过去的大学生那样拥有扎实的学习基础，他们对新知识的接受能力较低，但课本仍然深奥，一些基础不好的学生听课就像是在听天书一样，这让那些拿着旧课本教书的老师们感到很无奈。

（二）经济压力

感受到经济压力的大部分都是贫穷家庭的学生。很多偏远山区农村家庭的孩子在上学的时候，更多的是要考虑到自己的生存问题，以及怎样筹集学费。空闲的时候，他们也会去打工赚钱。虽然有了助学贷款，但他们仍有较大的经济负担。随着年级的增长，学生的各种开销也在不断地上涨，有些同学选择挣些外快，应对一时。

（三）交际压力

"风声雨声读书声，我不吱声；家事国事天下事，关我何事。""宿舍里面不吭气，

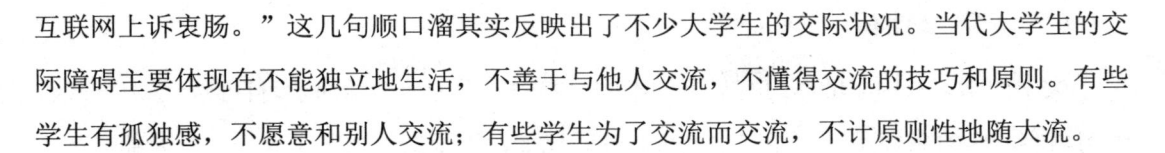

互联网上诉衷肠。"这几句顺口溜其实反映出了不少大学生的交际状况。当代大学生的交际障碍主要体现在不能独立地生活，不善于与他人交流，不懂得交流的技巧和原则。有些学生有孤独感，不愿意和别人交流；有些学生为了交流而交流，不计原则性地随大流。

（四）自理压力

在这个时代，学生们在高考前最重要的事情就是读书，至于怎么管理自己的人生，怎么与人相处，怎么处理事情，这些都是他们不熟悉的科目。由于不能与人和谐相处，不少学生产生了很大的心理压力，严重的还会患上精神方面的疾病，从而使他们的性格变得孤僻，脾气暴躁，影响了他们正常学习。在遇到挫折时，无法调整自己，不能很好地适应新的环境，也会产生新的心理压力。

（五）就业压力

中国社会研究中心对大学生的心理健康进行了一次调查，结果表明，75%的学生认为社会就业是导致他们产生压力的主要原因。50%的学生对未来的发展方向感到困惑，没有明确的目标；41.7%的学生认为现在还不需要考虑这个问题；仅有8.3%的受访者对自己的将来有清晰的目标和自信。作为一个人口众多的国家，中国高校毕业生的数量在不断增加，但就业机会的数量并没有太大改变。据预测，今后几年内，中国新增的年轻劳动力将以1500～2200万的速度增长，这一增长趋势将持续下去，而高校毕业生的首次就业率也将不断降低，这将直接造成大学生就业压力的持续增大。

二、大学生常见的挫折问题

（一）适应挫折

适应挫折往往发生在大一、大二的学生中。绝大多数大学生都是独生子女，生活自理能力较差。在进入大学之前，什么事情都是父母安排好，不用自己操心，如今一切全要自己上阵；第一次住集体宿舍，不知如何与人相处，很难适应他人；大学的校园环境、教学方式等都与过去有着较大的差异，确实需要比较强的适应力才能驾驭大学的学习、生活。另外，过去的自己非常优秀，可现在到了大学，人才济济，这种感觉实在令大学生们接受不了。大学带给大学生们巨大的冲击，很多大学生出现了这样那样的不适应，一些大学生甚至会出现适应不良综合征。

（二）学习挫折

大学的学习与中学的学习有显著的不同，有的同学因为大学的学习目标、学习方式、学习内容、学习条件不适应而产生挫折心理。比如，大学新生上英语课，大学老师全英语授课，而且信息量大，有的学生听不懂，有的学生消化不良，许多学生因此而十分焦急，产生严重的挫败感。

（三）情感挫折

感情的获得和满足对每个人来说都必不可少。但大学生涉世未深，思想单纯并且承受能力有限，把感情看得过重，对感情过于执着就极易受到伤害，受伤害后又承受不了挫折打击，结果就导致了苦闷、抑郁。我们可以将大学生的情感挫折分为两类。

1. 亲情挫折

大学生与父母、长辈之间由于年龄不同，生活圈子不同，接触的事物、人物各异，在思维方式、价值观念、行为方式和道德标准的选取方面存在较大的差异。如果这种差异不加以改善而让它扩大，两代人之间便会形成一堵无形的墙，出现心理学上所说的世代隔阂，即"代沟"。代沟困扰大学生与亲人间的交流与沟通，导致青年大学生对亲人特别是父母产生偏见和歧视——轻则与亲人互不理解，重则抱有敌意，甚至以不满、顶撞、反抗、违法等方式试图摆脱成人或社会的监护。另外，家庭的变故如亲人去世、父母离异或不睦等也易使大学生受到亲情挫折。

2. 爱情挫折

高校学生在恋爱中产生的情感危机是导致他们出现心理问题的主要原因。爱情的挫折常常会引起大学生的心理变化，有些人会因为爱情的挫折而走上极端，最终酿成悲剧。从心理学的角度来说，我们每个人都有自己的感情需求，也有爱人和被爱的权利，但是，这份感情最后能否被接纳，却是一种心理互动的过程。

（四）专业挫折

近年来，专业挫折已成为大学生挫折心理的一个主要方面。大学生在填报高考志愿时往往不是非常了解自己将要学习的专业，有些学生的志愿根本就不是自己的意愿，而是父母、老师的意愿。进入大学后，很多大学生才发现自己并不喜欢所学的专业。尽管现在有些高校允许转专业，但改变专业不是随意就可以达成的。高校转专业的比例相当小，而且对有意转专业同学的成绩要求也比较高。所以对一般的大学生来说,转专业的愿望是不太可能实现的。一些大学生学习成绩差,对学习没有兴趣,其中一个重要原因就是专业思想不稳固所导致的,没能就读自己渴望的专业,或就读于冷门专业,感到没前途,学习没动力,情绪低落。

(五)生活挫折

大学生在校读书,虽然离开了父母、家庭,但还是不完全的独立,主要的经济来源还得靠父母。家庭经济收入的差异,必然导致学生经济状况的差异。不少大学生来自农村的贫困家庭或者是城市的下岗职工家庭,经济上相对拮据。近些年来,经济贫困的大学生往往心理上也很"贫困",成为社会关注的"双困生",尽管社会、学校想方设法采取了一些措施,不让任何一位大学生因为经济困难而辍学,但是看到身边同学的阔绰,相对于自己的寒酸,大学生很容易心理失衡。经济条件好的学生可以把课余生活安排得丰富多彩,生活得很潇洒,而经济拮据的学生在与同学的交往中因囊中羞涩,特别害怕过周末。另外,家庭中的重大变故、常见的心理疾病以及生理疾病等,对学生的不良影响也是不可低估的,容易使学生产生挫折感和自卑感。

(六)就业挫折

大学是步入社会的重要转折时期,毕业后莘莘学子就要走上工作岗位。而随着大学生择业与市场经济体制的接轨,自谋职业成为今天的天之骄子们走出象牙塔、走入社会的主要模式。近几年来高校扩招,"供大于求"的状况使现代大学生的就业压力越来越沉重,特别是大四毕业班的大学生在就业的过程中常常会体验到就业挫折。比如,有些大学生盲目自信,对一些单位看不上眼,或者由于自己的犹豫不决,没能把握机遇,结果错过了一些好单位。有的大学生应聘多家单位,可是无一家单位愿意录用他,这使他的自信心受到重大打击,失去了再应聘的勇气。更有甚者,由于平时的学习不努力,成绩一塌糊涂,等到了该就业的时候,徘徊在"双选会"会场之外,焦虑不安,连去面试的勇气都没有。就业挫折是对大学生特别是毕业班的大学生心理的一次锤炼。

(七)交往挫折

不少大学新生从充满亲情和乡情的人际环境中走出来,不知道如何与来自五湖四海、语言不同、性格各异、习惯不同的同学和老师交往。有的同学在交往中不善于处理人际矛盾，与同寝室同学关系搞得很僵，也不善于与老师沟通，有时被老师误解，心情十分苦闷。有的同学面对大学复杂的人际环境不知所措，有的同学在人际交往中处处碰壁。有的同学在中学阶段是班干部、三好学生，被家长宠爱，被老师器重，有一种心理优越感，但进入大学以后，在群体中不被同学老师认可，因竞选干部失败、学习成绩不突出等问题导致心理失衡，感到孤独和失败，挫折心理油然而生。

第三节 大学生应对压力与挫折的方法

一、大学生应对压力的方法

（一）运动疗法

运动对于缓解压力有重要的作用。大学生们在学习和生活中遇到的紧张和不安都沉淀在身体中，而通过运动就可以把这些能量释放出去，无论是肌肉的紧张还是心情的紧张，都可以在运动中得到释放。

锻炼初始，要坚持每天锻炼，运动锻炼一定要坚持才会有效，如果已经比较健康了就可以每周3次，每次至少坚持20分钟。在锻炼的过程中，心律要达到一定水平才有效，最简单的计算方法是190减去年龄，得到的数是心律上限，再减20就是下限。初始锻炼时保持在下限水平，以后随着锻炼增加。

（二）音乐疗法

音乐疗法是一种系统化的介入过程。音乐能直接触及人的心灵深处，影响情绪、身体以及行为，对人身心压力的缓解大有帮助。对被治疗者来说，在音乐的感染下，痛苦的情感体验和生活经历逐渐转化为一种悲剧式的审美体验得到升华，最终成为自己人生不可多得的精神财富，其人格也因此走向成熟。合适的音乐对生理也会产生影响，如可以刺激和增加人体激素性物质，还可以调节自主神经。

（三）情感释放疗法

情感释放不仅是要向外宣泄和表达，还包括向内深入地体验。也就是说，我们可以通过放声痛哭、向知音倾诉等方式把不良的情绪适当地排解出去，也应该学会把生活中分秒

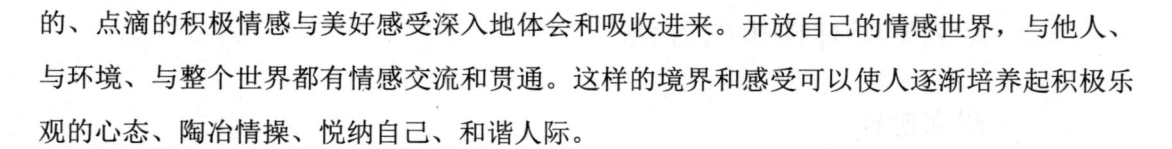

的、点滴的积极情感与美好感受深入地体会和吸收进来。开放自己的情感世界，与他人、与环境、与整个世界都有情感交流和贯通。这样的境界和感受可以使人逐渐培养起积极乐观的心态、陶冶情操、悦纳自己、和谐人际。

（四）放松训练疗法

散步、慢跑、钓鱼等一般的放松方法都可以使我们感觉到一定程度的身心放松。而放松训练疗法是有一套操作动作和步骤的。放松训练疗法是为达到肌肉和精神放松目的所采用的一类行为治疗方法。在进行这种疗法时，首先应选择一个安静的环境，并且有充足的时间，然后找到一个合适的姿势坐好。当你坐好后，闭上眼睛，平静而均匀地呼吸，一切都是那么自然而缓慢。把注意力放在自己的呼吸上，一呼一吸都清晰可观。然后握紧右手、右臂，直到肩膀也感觉到僵直了，接着再轻轻地松弛下来，这时你感觉到从手指尖到肩膀在一步步地松弛；然后换左手，如此这样地紧张再松弛，如此进行几次。依此类推，你也可以做全身的放松。

（五）冥想疗法

冥想指的是"闭目沉思"。在冥想的时候，大脑会平静下来，精神也会变得安定，身体逐渐放松，体内的β-内啡肽、吗啡、多巴胺等激素的分泌也会更加旺盛，身体的抵抗力会提升。并且，冥想还能让人改变自己的坏习惯，变得更加理智，更加沉稳，记忆力、思维能力、创造力都会得到提升。这里有一些基础的冥想方式。

（1）注意你吐纳方式，寻找呼吸与身体、精神的统一。除此之外，还可以利用外物来辅助自己的冥想。

（2）穿着宽松的衣服，做一些舒缓压力的运动。首先，用手轻轻捏紧，然后轻轻地揉捏腹部，使身体慢慢地放松下来。然后，在地上滚动躯体，让全身的肌肉都放松下来。最后，让自己沉浸在一片光明中，感受到幸福与安宁。

（3）选一种瑜伽的静坐姿势，两只手的拇指与食指相对，另外三根手指伸展开来，然后两只手的手掌向上，放在两只脚的膝盖上。然后，将全身的肌肉都放松下来，慢慢地缓解身体的紧张。

（4）冥想约20分钟后，做腹式呼吸5分钟。平躺，双手轻轻地放在肚脐上，伴随着呼吸的频率，收缩腹部肌肉，尽可能地将肺里的气体排出。掌握了腹式呼吸法后，就可以开始进入冥想的状态。

二、大学生应对挫折的方法

（一）树立榜样

当一个人有了坚定的信念，有了积极的行为，有了对未来的期望，有了成功的憧憬，就会有无与伦比的勇气。因为，当一个人战胜了一切困难就能看到希望。以这样的一个人为榜样，有意识地去观察和学习这个人的处世态度、反应模式以及面对挫折的心态和反应模式，这对于激发大学生潜能，从而能够成功地应对挫折都是非常有利的。

（二）建立和谐的人际关系

良好的人际关系是一个人很重要的社会支持系统。社会支持体系是指当一个人处于困境中时，能够获得帮助的一种社会支持力量。而对那些抗挫折能力较差的人来说，则需要较多的社会支援系统来帮助其度过这个心理危机。因此，在高校中构建起自身的这一社会支撑系统是非常重要的。

（三）合理运用心理防卫机制

心理防卫机制是在遭遇挫折的时候自觉或不自觉地寻找方法，来消除因挫折而引起的心理压力，减轻心理痛苦，恢复正常的情绪和心理平衡，从而进行自我调整和自我保护的方法。作为一种自发的心理调节功能，心理防卫机制一方面能够发挥出让人适应挫折、缓解精神痛苦、促进发展的功能，但另一方面也会让人选择逃避现实，减少对生活的适应性，进而造成更大的挫折，严重的还会引发心理疾病。恰当地使用挫折防卫机制，能够有效地减轻个人的情感痛苦，提升个人对挫折的承受能力，为个人最后战胜挫折创造条件。积极的挫折防卫机制还能够促进个人正视现实、积极进取、战胜挫折。

（四）提高情绪管理能力

学习倾诉、转移注意力、运动、升华、理性思考、音乐调节、饮食调节等情感疏导方式。如果心情烦躁，可以做做瑜伽，放松一下，或者寻找自己喜欢的文学、电影、电视剧，如果可以的话，最好能经常出去旅行。在情绪低落的时候，要多参加一些户外运动，比如打球、散步，和好朋友聊聊天等。

（五）提高挫折认知水平

在遭遇挫折的时候，要看到它的正面和负面两个方向。挫折具有正向效应，可以加强个人的情感反应能力，增加个人的承受能力，提高个人的认知水平；但同时，挫折也会给人带来负面效应，例如，它会使人失去积极性，使人失去追求目标的动力，使人的身体和心理都受到损害。所以，对挫折的二重性进行辩证的对待，力争把不利的条件变成有利的条件，把负面的条件变成正面的条件，把挫折向积极的方面进行转化。

（六）充实而有规律的生活

有规律的作息有助于精神健康。劳逸结合，脑力与体力的交替运用，不仅可以缓解精神上的疲倦，还可以调节心理压力，使身体和精神得到平衡。在此期间，一定要有一种平和的心态，在面对困难的时候要及时地调整自己的心理状态，要始终以一种乐观、坚强、自信的态度去面对人生。

（七）优化自身人格品质

大学生的挫折承受力与他们的人格特征有着一定的关联。那些脾气急躁的、心胸狭隘的、意志薄弱的或自我偏颇的人比较容易体验到挫折感。大学生在平时的学习生活中要积极主动地培养自信、热情、乐观、自强、进取、宽容、豁达、开朗、灵活等良好的人格特质；努力改变自卑、悲观、任性、退缩、狭隘、冷漠、偏执、孤僻等不良的人格特质。大学生要提高自己的挫折承受力，培养自身良好的人格特质、意志品质、心理品质等。这些良好的人格特质有助于大学生克服困难，战胜挫折，最终走向人生的辉煌。

（八）用行动的力量克服困难

当我们遇到困难时，选择积极应对比选择消极逃避所能获得的成功概率大很多。比如贫困生，不要只是自卑，应利用课外时间打工赚些生活费，减轻家庭的负担。要主动参与校内外的社会活动，比如做一些协会工作、班级工作、参加一些志愿者的活动，甚至可以自发地组织一些群体活动，在工作中成长，在工作中接受教育。在学习的过程中，应充分利用有限资源提高自己的知识面和综合素质。

（九）构建成熟的心理防卫机制

积极的心理防御机制，如升华、补偿、幽默等，可以更有效地帮助个体度过心理挫折。"升华"可以将心中的痛苦转化为动力，让自己变得更好，能够以更好的状态进行学习，这是受挫后最好的解决办法。其他的心理防御机制，如补偿、幽默等，可以让人在挫折之后得到心理上的平衡，维护自己的自尊心，缓解内心的疼痛与焦虑，因此也被认为是挫折之后比较理想的心理防卫手段。建立健全的心理防卫机制，不仅有利于增强大学生的心理素质，而且有利于锻炼他们的意志，增强他们的自信心。

（十）通过改善外部环境来减少挫折发生的概率

对于大学生，社会、学校、家庭等与他们有着密切的关系。社会、学校和家庭应该为他们的健康成长创造良好的环境，有责任帮助他们摆脱困境，战胜挫折。事实上，外部环境是大学生挫折心理产生的重要的挫折源，大学生的很多挫折来自外部环境。大学生是国家未来的栋梁，是一个比较特殊的群体，社会各界包括学校、家庭都要重视他们的成长与发展，努力减少他们遭受挫折的机会，对于大学生的挫折行为及其反应都给予了充分的宽容和理解，要想方设法改善外部环境对大学生的消极影响，减少挫折的发生。

（十一）积极总结经验教训

挫折给人以压力、痛苦，但只要善于总结经验与教训，它同时也给人以智慧。总结经验教训时应注意以下四个方面。

1. 目标是否恰当

如果个体已经尽了全力但仍未达到目标，这时个体应检查主观的智力、能力、体力等水平是否适应目标的达成。若目标过高，就要及时调整目标，既可以降低目标，也可以改换目标，甚至应学会放弃。

2. 方法是否稳妥

若目标确属可行，就要检查达到目标的途径、方法是否稳妥。如发现"此路不通"，就要另辟蹊径，以免坐失良机。

3. 寻找阻力的根源

有时"目标可行，方法妥当"但还是失败，这时就要进一步分析造成挫折的原因，是自然因素还是人为因素，要想方设法排除阻力，化阻力为助力。

4. 正视失败，不懈追求

如果经受过挫折，对挫折仍漠然视之，若无其事；或是打肿脸充胖子，把错误当正确；或是灰心丧气，自暴自弃，都不可能将消极情绪变为积极情绪。只有正视挫折，认真吸取挫折教训的人，才不会因暂时的挫折而气馁。只有在总结经验与教训的基础上不懈地追求，才有可能取得成功。

第十章 大学生心理危机的健康教育

当今社会大学生面临的各种各样的压力明显增加，由此引发的心理问题不断增多，严重影响着大学生的自我完善与健康发展，也逐渐成为学校内部的一大安全隐患。在素质教育背景下，大学生心理健康问题已经引起了社会各界的高度重视，对大学生心理危机进行有效干预，已经成为高校学生工作的当务之急。

第一节 大学生心理危机的一般规律

一、大学生心理危机的分类及特点

大学生的心理危机是大学生由于无法克服主客观因素的负面影响而产生的一种严重的心理失衡状态。

（一）大学生心理危机的分类

根据不同的标准，可以将大学生的心理危机分为以下两类。

1. 根据诱发原因差异进行分类

根据诱发原因差异，可以将大学生的心理危机分为以下四大类。

（1）因角色冲突而诱发的心理危机。

因角色冲突而诱发的心理危机包括新旧角色交替危机与多重角色冲突危机两种亚类型。新旧角色交替危机是指由于进入人生的不同阶段，个体内角色需要发生转换时产生的不适应。多重角色冲突危机是指同一阶段内需要扮演不同角色时所产生的冲突。

（2）因违反大学生行为准则引发的心理危机。

虽然违反行为准则本身可能不会对大学生造成心理危机，但如果这种违反行为被公开或者扩大化，会导致大学生因此而受到惩罚，就有可能导致大学生出现心理危机。

（3）因情境变迁所引发的心理危机。

大学生在成长的过程中受各种因素的影响，不可避免地会出现各种情境的变迁，当情境变迁是在大学生所能承受的范围之内，就不会对大学生造成严重影响，反之，如果情境变迁超出了大学生所能承受的范围，那么大学生就会因此而出现心理危机。

（4）因价值危机而引发的心理危机。

价值危机是指大学生在对诸如社会责任、人生价值等抽象概念的思考和反省过程中所产生的一种心理危机。当社会中的某些黑暗面和现实生活的残酷，与大学生心中所认为的理想状态之间出现差异的时候，他们就很容易陷入某种焦虑和不安之中，从而导致心理危机。

2. 根据所产生结果的差异进行分类

根据所产生结果的差异，可以将大学生的心理危机分为以下三大类。

（1）哀伤情绪的心理危机。

大学生群体中会出现因亲友亡故等意外事件而陷入悲痛欲绝的情绪状态。比如，面对父母或亲人的离世，大学生可能会因为没有尽到孝心而自责，而朋友的亡故也可能让他们体验到丧失感和自责感。当悲伤情绪到达一定程度就可能产生心理危机。

（2）焦虑情绪的心理危机。

学习问题、就业问题、人际冲突、环境适应以及性格上的缺陷等原因会引发大学生的焦虑情感。当焦虑情绪进行积累而达到质变的程度时，个体的焦虑危机便应运而生。

（3）失恋的心理危机。

个体在大学阶段建立亲密关系的需要较为强烈，但亲密关系处理方式的技巧性与成熟性相对较低，因此该时期的恋爱问题常常发生并成为大学生的心理困扰。个体在恋情出现情感危机或失恋后不能恰当及时地处理情感情绪，就容易使一些学生陷入失恋危机。

（二）大学生心理危机的特点

大学生心理危机的特点主要包括以下五方面。

1. 普遍性

心理危机从某种程度上来说是普遍存在的，每个人在人生发展道路上都可能遇到因受挫而造成的危机，这表明个体正在努力适应环境的变化，保持自我与环境的平衡。对处于发展关键阶段中的大学生来说更是如此，高校时期需要探索自我、规划职业人生、适应未来社会多变的环境，这是一个不断打破自身的平衡，寻求新的自我秩序的过程，每个人都可能会遇到各种各样的心理危机。

2. 复杂性

大学生心理危机的复杂性主要体现在以下两方面。

第一，形成心理危机的原因是多方面的，既有外部原因，如环境的变化与要求，也有内部的，如生理的变化、心理功能的差异。

第二，对心理危机的处理能力也存在着个体差异性，这与个体的背景包括生活环境、家庭教育、成长经历、同伴交往等，也与个体的心理特点如认知、价值观、个性等综合因素相关。

3. 动力性

大学生在遇到心理危机时，如果处理得当，就会从中得到经验，这些经验对于大学生的成长具有重要的作用，所以心理危机也具有动力性的特点。

4. 时代性

心理危机与时代背景有着高度的相关性。当代的社会环境、政治格局、经济发展等各方面对大学生群体的影响有其特殊性，大学生在个人对理想的追求与社会现实的距离中体会到冲突与矛盾。经济发展迅猛，信息爆炸让一部分大学生感觉必须跟上时代，常常害怕自己比不上他人、害怕自己落后掉队，这就导致大学生的压力增大，心理危机产生。

5. 两极性

危机是一把"双刃剑"，危险与机遇并存。如果大学生能够正确地处理好自己所面临的心理危机，那么这种危机在化解之后，大学生可以从中学到很多知识，积累许多经验，对其成长具有重要意义。反之，如果大学生不能正确对待心理危机，使心理危机一直朝不利的方向发展，最终导致人际关系问题和学习问题的产生。最严重的是，有些危机还会使学生产生自杀的想法。所以说，大学生心理危机具有两极性的特点。

二、大学生心理危机的规律

（一）心理危机历程与察觉

心理危机并不是突然发生的，而是一个动态发展的过程。卡普兰在其危机理论中描述了心理危机的演变过程，认为心理危机的演变可以划分四个阶段。

第一阶段，个人感觉到生命中突然发生了或将要发生变化，这是个人内在的平衡被破坏的征兆，这一时期的特征是：警惕性增强，开始经历压力。个人尝试着用过去在有压力时惯用的方法来应对这种新的心理失衡。在这种情况下，人们通常不会向别人求助，甚至对别人提出的办法或建议感到厌烦。

第二阶段，个人在经历了第一个阶段所做的努力之后，发现自己以往处理问题的方式并没有得到预期的结果，进而产生了更大的焦虑。个人会试着尝试一些错误的办法来解决问题。在这一阶段，当事人已经有了向别人求救的想法，但那只是一种试探而已。应当注意到，情感上的过度紧张，会在某种程度上影响到当事人的理性思维，从而不利于他们采取有效行为。

第三阶段，当个人尝试了很多次都没有成功地解决问题时，就会变得越来越紧张，越来越想要找到新的方法来解决这一问题。这个时候，个人的求救欲望是最强的，无论什么时候，什么场合，什么对象，他们会向任何人求救，哪怕是在他们原来看来很荒唐的方式，也愿意去尝试采用，以此来解决问题。在这一阶段，个人很容易被他人的情绪所影响。当事人可能会通过不规律的饮食、酗酒等非正常的、无效的行为来发泄自己的压力，这种行为不但不能有效地解决问题，还会损害个人的身心健康，加重压力和挫败感，降低当事人的自我评价。

第四阶段，如果前三阶段都不能解决这个问题，那么当事人就会陷入一种无力感。到了这个时候，当事人就会失去自信，感觉人生失去了希望，甚至还会对自己的人生产生怀疑。

通常情况下，心理危机的发展需要经历以下五个时期：

第一，前危机期。个人心态平和，能应对日常生活中的应激事件。但是，当个体遇到压力较大的事情时，所使用的常规方法并不能有效地解决问题。从那一刻起，个人会开始感觉不安。

第二，冲击期。在剧烈的生活事件发生之前的数小时，会有不理智的思考、焦虑、恐慌、恐惧等情况出现，一些人还会出现意识模糊的情况。在这段时间里，个人将情境视为一种威胁、损失或挑战。如果在这段时间里，问题得不到一定程度的解决，个人的压力就会变得更大。

第三，危机期。冲击期的表现持续下来，表现为不能解决面临的困难，向后退缩，并否认问题的存在，将其合理化，或者形成不适当的投射。在这个时期，个体的紧张程度和焦虑程度不断增加，使得个体难以忍受，急切地渴求解脱。一般而言，处于危机期的个体会感受到强烈的痛苦，有着极其强烈的求助动机，容易接受别人的帮助。

第四，适应期。用积极的态度接受现实，以有效的办法成功解决问题，个体的焦虑减轻，对自我的评价提升，自己的社会功能恢复。也就是说，在适应性阶段的个人，在自身或外部的协助下，采取了某种方法来处理危机，并且获得了某种干预效应，个人可以逐步地适应社会生活。

第五，危机后期。一些人会变得更成熟，会更主动地处理问题，并能成功地解决问题；有的人会产生性格上的变化或敌意，甚至会出现情绪低落、酗酒、精神紧张等不良状况，或是会出现长期的身体不适，还有的人会有自杀的倾向。

（二）心理危机可能产生的结果

因为个体在应对危机时有不同的态度和性格特征，因而他们在危机中得到的社会支持也不尽相同，所以，每一次危机的发生都会有不同的结局。

第一种情况，个人不但成功地渡过了一次心理危机，还在这次危机中学习到了新的应对方式和应对技能，从而使人的心理适应性和对心理危机的抵御能力有了显著提升，人的心境比之前更加成熟、坚强，整体的心理质量也有了很大提升。

第二种情况是一个人看似渡过了心理危机，但是其负面情绪只是被压制在了潜意识里，这并不意味着精神问题就会得到根本性的解决，反而会在精神上留下一个"疤痕"，让其在下一次面对类似的事情时，变得更加难以接受。

第三种情况是没有渡过心理危机，个体会陷入绝望之中，会采取诸如酗酒、药物滥用等负面的应对方法，或者会变得焦虑、自责、孤独、多疑、抑郁、不适应，或者会变成神经症，甚至是精神病人。

第四种情况是未能渡过心理危机，由于承受不住巨大的压力，对自己的未来感到绝望，想要自杀，寻求解脱。

在实际工作中，第一种情况是学校工作中需努力达到的结果；为了避免第二种情况的发生，我们应该对相关学生的心理状态进行科学评估；第三种情况说明学生未能获得有效的帮助，应继续给予关注并采用专业手段进行帮助；而第四种情况是心理危机最严重的后果，也是在学校实际工作当中需要积极预防、杜绝的。

（三）心理危机转移状态

1. 危机转移状态的界定

危机通常持续 6～8 周，但可迁延为慢性状态。在危机的最后阶段，人们的主观不适感得到缓解，但这次危机之后紧接着出现的情况，将决定这次危机是否会演变成一种病态趋势，或者演变成一种慢性状态。尽管初始的危机事件被压抑在人们的意识中，并且人们认为危机已经过去，但是新的刺激因素的产生却会使人们再次陷入危机之中。这种"过山车"般的心情，可以持续几个月甚至几年，也可以被称为"危机转移状态"。从心理学的观点来看，它属于一种压抑的防御机制。从实质上说，危机转移状态是一种长期的危机，若不能及时化解，将会引起情绪、认知等方面的异常，进而发展成为病理性（如精神病、自杀等）。在这种情况下，危机转移状态需要危机干预技术进行处理。

2. 危机转移状态的关键特征

（1）危机反复出现。

心理创伤、人格特质、物质滥用、精神病或长期的环境刺激，无论何种原因引发的心理危机，这些都不一定会完全消失，反而会不断地重复，而且总是保持在一定的程度范围内。在这种情况下，尽管人们可以在一定程度上保持自身的机能，但是他们始终处在一种"危机"的状态中。

（2）微小刺激易陷于危机。

单一的、少量的、附加的刺激可能会破坏表面的平衡，使个人再次陷入危机。所以，在评估危机时，除了要注意个人的临床状况与诊断，还要注意事件发生的周期性，以及引发这次危机的历史原因。对患者危机转移状态的认知，可为干预者选择何种干预方式，采取长期或是短期的干预活动，以及干预到什么程度，提供关键信息。危机转移状态下的个体可以在特殊经历的过程中学习到看问题的新维度，这样就会使对自己不利的观念不再增长，心理失衡状态得到缓解。当事人正是通过这种独特的"危机过渡"的体验，才学会了"观念平衡"，进而提升了他们的心理认知能力。通过学习，可以改变学生的个性，从而达到一种有利于学生心理发展的良好境界。所以，危机干预中调动当事人思维观念中的判断功能是干预成功的关键。

3. 转危机点

危机转移状态的一个共同特点就是在治疗性介入时会产生一个转折点，这个转折点通

常表现为求助者进入了一个新的阶段,或者表现出其他方面的问题。其特点是:

第一,转折点的出现具有随机性、不可预测性和非线性的特点。

第二,转危机点是采取积极治疗的标志。这种转危机点是在寻求帮助、冒险和开始采取向前发展的行动步骤中出现趋避行为。

为了避免求助者再次陷入引起危机的病态状态,危机介入人员不但要把这次危机作为切入点,更要与之后的每个转危机点都进行斗争。危机介入治疗者要及时把握住转危机点的出现,让治疗者得以进入新的阶段。

(四)大学生心理危机的发展阶段

大学生心理危机,尤其是理智型自杀,不是突然发生的,多有比较明显的心理发展过程和心理表现。我国学者一般把大学生心理危机的发展过程分为如下三个阶段。

1. 大学生心理危机形成阶段

在很多大学生心理危机的案例中,当事人之所以会产生心理危机,是因为他们在现实生活中遇到了不如意事情或遇到了自以为难以克服的危机,从而选择逃避现实生活,变得郁郁寡欢、神经质,甚至以自杀结束自己的生命,以求解脱。比如,有的大学生会因为学习成绩不好,感到对不起父母的殷切希望和培养,产生强烈的自责自罪心理,这种心理如果长期得不到缓解和治疗,将发展成为严重的心理危机——自杀。有的大学生会因为失恋而心情沉重,除了影响正常的学习生活,甚至为了报复自己的男女朋友而选择自杀或者将心爱的人杀掉。

2. 大学生心理矛盾冲突阶段

在这一阶段,大学生的心理危机较为严重,可能会有自杀的意念,但求生的本能和对世事的牵挂通常使其在做出最终的自杀决定前陷入生与死的剧烈矛盾冲突状态中。此时,大学生可能会经常与人谈论与自杀有关的话题,表现出直接或间接的自杀意图。这些可以被看作处于心理危机状态之中的大学生向他人发出的寻求帮助或引起注意的信号。这种信号如果能够及时被周边的人觉察到并且给予适当的关注,或通过外界的帮助找到解决问题的办法,大学生可能就会打消自杀的念头,慢慢走出心理危机状态。

3. 大学生心理危机的平静阶段

处于心理危机状态之中的大学生在这一阶段好像已经从所面临问题的困扰中解脱出来,抑郁情绪有所减轻,各种行为表现得和正常学生一样,这使周围的人们以为其心理状态真的好转，从而放松了警惕。但这可能是一种假象，大学生的心理危机可能已经发展到极端状态，不再为生与死的抉择而苦恼。他们表现出各方面情况的好转，只不过是为了避免周围人阻碍和干预其自杀行为，他们所要做的事情考虑自杀方式，准备自杀工具，并寻找一个合适的时机来结束自己的生命。

第二节 大学生常见的心理危机

大学生由于其特定的年龄、社会角色、成长的任务以及生活、学习环境等因素，使他们不可避免地成为心理危机的高发群体。心理危机对大学生的学习与发展，对学校的正常生活和教学秩序会造成不良影响，因此了解大学生常见的心理危机对有效预防危机具有重要意义。

一、大学生常见的心理危机

（一）成长危机

成长危机往往出现在大学生成长过程中有某些重大转变的时候。大学生已经进入青年中期，正处于生理发育的基本成熟和部分心理发展相对滞后的特殊时期，价值观逐渐形成，心理状态还不够稳定，容易受到外界各种各样的影响而产生不同程度的心理危机。例如，刚进入大学的新生可能对环境不适应，班级、宿舍等的调整都可能引发心理危机。

（二）人际关系危机

和谐的人际关系不仅是大学生心理健康的一个方面，同时也是他们获取心理健康的一个重要途径。大学生的人际关系危机主要指的是，在校大学生在与他人相处和交往的过程中所表现出的不适、自闭、逃避、自恋、自负以及难以调和的不良心理状态和行为表现，如同学之间关系紧张等。大学里，来自全国各地或者世界各地的同学汇聚在一起，每个人都有不同的家庭背景、性格、价值观、生活习惯、兴趣等，这些不同必然会带来摩擦冲突和情感损伤，如果得不到妥善解决，就会产生人际关系上的危机，不利于大学生的心理健康和全面发展。

（三）就业危机

由于社会竞争的加剧，大学生就业越来越困难。有的大学生看不到自己的前途，尤其是学习成绩不够突出、其他方面的能力又不强的学生，就业的压力就更大，他们整天忧心忡忡，表现出严重的危机感；有的大学生为了适应市场经济对人才的需求，不断给自己施加压力，逼迫自己在努力学习专业课程的同时又花费大量时间、人力、财力学习热门专业，这使得自己长时间处于紧张状态，难以以正常的心态面对失败。

（四）学习危机

对大学生来说，学习是主要任务。有的大学生对自己所报考的专业不了解，在学习专业课程时打不起精神，这使他们内心感到苦闷和不知所措；有的大学生学习方法有问题，花费很多时间参加各类证书考试，结果总是以失败告终，这使得他们精神长期过度紧张，每天精神恍惚，感受着学习方面的巨大压力，甚至出现强迫、焦虑、精神分裂等心理疾病。

（五）情感危机

情感危机是指大学生在感情上遭受到突如其来的重大打击，使他无法控制自己的情绪，从而不能够冷静地、全面地、客观地思考问题，甚至无法维持正常的学习与生活。在极度的悲痛、烦躁、恐惧等消极情绪下，大学生极易失去理智，不能对事情进行正确判断，继而产生攻击行为或者精神崩溃。在大学生中，失去亲人和恋人是最为常见的情感危机，有的大学生因失去至亲而变得沉默寡言，拒绝参加集体活动，从而导致性格孤僻，人缘差；有的大学生因为恋爱失败而导致心理异常，甚至做出自杀或者杀害恋人的极端行为，给家庭带来沉重的悲痛。

二、大学生常见的心理危机表现

心理危机发生后，大学生会在躯体、认知、情绪、行为等方面发生变化。在躯体方面，会产生心慌、头痛、胸闷、失眠、疲劳、多梦（噩梦）、周身不适、疼痛、食欲下降、消化不良等症状。在认知方面，在危机状态时注意力集中于急性悲痛之中，会产生功能失调或紊乱，并导致知觉和记忆的改变，如反应速度减慢、判断能力下降、记忆力下降。在情绪方面，常常出现焦虑、愤怒、烦躁不安、担心、害怕，或情绪抑郁、敏感、脆弱、易激怒等情绪。在行为方面，不能完成职业功能、不能专心学习、从事家务活动；逃避现实、行为退缩，回避人或采取不寻常努力以使自己不孤单，变得令人生厌或具有黏着性；兴趣减少，当事人感到与人脱离或相距甚远，悲观失望，消极性自我关注，可能发生对自己、对周围的破坏行为并以此作为解决问题的最后努力；拒绝他人帮忙，认为接受支持是自己软弱无力的表现，其行为和思维、情感是不一致的；还会出现一些平时不多见的行为。

从过程来看，大学生在心理危机发生后可能出现一系列反应。

第一，事后震惊。是指危机过后，当事人可能产生的一种潜在反应。表现和特征为周期性或持续性的颤抖，长期心烦意乱或心不在焉，极端不安和精神恍惚，精神错乱。

第二，责难。责怪自己和他人。

第三，内疚和焦虑。面临危机的个体可能因为害怕、忧虑而手足无措。他们告诉咨询员紧张的情绪将引起他们突然发作或者衰变，精力过剩导致他们以一种坐立不安的方式行动，这在日常生活的坐、站、步行中可以得到证明，他们借助于抽烟、喝酒、吃饭、祈祷等途径来减少焦虑。伴随焦虑反应的共同心理症状有过多的出汗、头痛、心悸、胸痛、战栗、换气过多、头晕眼花。焦虑使他们不时地在思索、幻想、睡梦、噩梦和演讲中反复体验创伤，一般正常的问题被夸大了，并被设想得特别严重，似乎是不可克服的，日常的家庭杂务变成了主要的障碍物，需要相当完善的计划才能完成。

第四，抑郁。当事人在面临危机时往往表现得很抑郁，甚至会极度悲伤、绝望。在这种情况下的个体在认知上会表现得很无助，他们会认为面对如此的情境，无论采用什么方法和手段都无济于事，无论谁也无法摆脱这种情况。

第五，逃避和专注，并有假装适应的反应。这是所有心理危机的反应中最敏感的。这些人看起来好像能处理好心理创伤和压力，但是事实上是故作轻松。假装适应的反应是由抑制、自我克制等多种因素所支持的一种较为脆弱的防御方法。假装适应的人几乎不会去求助。

第六，休克。指那些受了心理创伤的人会不知所措，只剩下一种"那不是真的"的想法。这从他们的外貌就可以看得出来，他们的目光常常是空洞的，说话时心不在焉，容易受到暗示的影响。有些人在遇到意外情况而产生压力时，会采取攻击别人或者自己的方式，认为只有把那些会伤害到自己的人毁灭，才能发泄心中的愤怒，找回自尊。还有的人会自毁前程，比如酗酒、疯狂驾驶等，直至失去理智为止。

第七，寻求改变。危机中的个体虽然对事件的不确定感到十分难受，处理问题的能力受到了限制，但个体会积极想办法找出路，只不过总是采用一些不恰当的方式来解决问题。

第三节 大学生心理危机的有效干预

一、要客观地分析产生心理危机的原因

客观地分析产生心理危机的原因是排除心理危机、走出逆境的基础。心理危机是怎样产生的？主要是由什么原因引起的？是目标追求过高或者目标定位不准？是自身刻苦拼搏、执着努力不够？是客观条件不具备或自然界、社会生活中的偶然事件？或这几个方面都存在？对心理危机产生的原因要进行冷静、客观、全面的分析。

二、要勇于正视心理危机

这是排除心理危机、走出逆境的心理和思想前提，一个人遭遇心理危机是不可避免的、不能选择的，当遭遇心理危机、身处逆境时，既不能怨天尤人，消沉颓丧，悲观绝望，也不能消极逃避，自欺欺人，而是以乐观向上的态度勇敢地面对它，正视它，并积极地创造条件，寻找转机去战胜它，克服它。

三、要培养健康、科学的人生态度

人生态度是指人们在一定的社会环境下，根据自我生活的体验，对人生及人生问题所形成的比较稳定的心理倾向。

培养健康、科学的人生态度是排除心理危机、走出逆境的根本。所谓健康、科学的人生态度，是指乐观向上、积极有为、有益于社会进步的人生态度。具体说来，要做到以下几点。

第一，要锻炼意志力。意志力包括恒心、毅力和自制力，表现为行为的坚持性、忍耐性、顽强性和心理危机承受力，也就是说，一个意志坚强的人为了追求目标、理想和信念，会坚定执着，锲而不舍，即使面对困难和心理危机，也会百折不回，不达目的誓不罢休。

第二，要热爱生活。热爱生活表明人对自己、对他人、对社会及其生活的一种积极乐观倾向，这种倾向内在地奠定了人们正视产生任何挫折可能性的心理承受基础。当一个人

热爱生活时就会珍惜生活，用乐观的心境体验生活，他们感受到的是山川的秀美，人间的温暖，生活的美好，人生的幸福。尽管也看到社会生活中的阴暗面，但能用积极的心态去看待它，或者看到这是任何社会都避免不了的，或者看到随着社会的发展它终将被消除。有充分的信心去战胜困难与心理危机，他们在困难和心理危机面前不逃避、不悲观、不消沉、不气馁、不绝望，而是充满信心和希望，勇敢地去战胜心理危机和困难。在古今中外的历史上，像这种热爱生活不屈从于心理危机和逆境，勇敢地战胜心理危机和逆境，为人类做出伟大创造和贡献的例子举不胜举，贝多芬、奥斯特洛夫斯基、张海迪就是这方面的典范。

第三，做任何事情都要有最坏的心理准备，朝最好的方向努力。这是前人人生经验的总结，更是生活辩证法的要求，因为任何目标追求都内含着目标无法实现的可能性。我们在做任何事或进行任何目标追求，都不要把它绝对化，应该有目标不能实现的心理准备。当目标真的没能实现时，由于有了事先的心理准备，就能理智地接受和面对，否则，当面对目标没有实现的可能，由于事先没有心理准备，就会措手不及，惊慌失措，深感失望与失落，产生较大的心理挫折。

四、要积极地寻求恰当的方式方法战胜自我

心理危机是人的目的和动机得不到满足时的紧张情绪体验，它的形成在一定程度上还与人的个性有关。一般来说，自私、贪婪、嫉妒、自卑、自傲、孤独、内向的人容易产生心理危机，挫折感强烈；相反，热心、豁达、利他、自信、谦虚、外向的人产生心理危机的可能性要小得多，心理危机感不强烈。因为有良好个性的人，心胸开阔，不斤斤计较于个人的名利、荣誉、权势与得失，志向远大，理想崇高，不会为一时的困难、心理危机所吓倒，就是身处逆境也满怀希望而信心，勇敢地与命运拼搏，所以，对他们来说，轻微的挫折不算挫折，逆境也不过是一种轻微的挫折而已。相反，个性不良的人，心胸狭隘，斤斤计较于个人得失，稍不顺心，就感受到强烈的挫折。所以，要排除挫折，走出逆境，还必须树立远大志向和崇高理想，超越自我中心主义，克服自私、自卑、自欺、自弃等不良的个性心理倾向，培养优良的个性品质。

五、要积极展开心理调适

大学生心理调适是指大学生利用自身所具有的心理调适机制摆脱痛苦，战胜心理危

机，最终达到心理平衡，达到自我三个世界完整统一的适应性倾向。

（一）心理调节机制

心理调节机制是指自我对遇到的心理危机，采取理性的方法，分析研究心理危机的原因，战胜心理危机，以实现自我统一，实现目标取向的心理适应过程。

心理调节机制具有以下特点。

第一，任何一个与自我"目标取向"相抵的刺激，都会唤起自我的调节机制。

第二，心理调节机制是个体自我有意识、有目的、有理性地对引起心理危机的刺激采取的积极措施。

第三，心理调节机制是自我正视心理危机事实，力图改变心理危机性质、强度、时间的主动出击。

第四，心理调节机制的目标是使心理危机引起的焦虑、心理不平衡、自我不统一的现象得到解决。

第五，心理调节机制的最高目标是化挫折为动力，愈挫愈奋，为目标取向的顺利完成注入新的活力。

第六，心理调节机制是人在心理、情绪、精神正常的情况下运用的。

（二）心理防御机制

心理防御机制是人们本能所具有的一种回避、曲解挫折以达到摆脱痛苦，减轻不安，恢复情绪稳定，达到心理平衡的适应性倾向。

心理防御机制具有以下特点：

第一，它一般在心理调节机制克服挫折失败的情况下，自发地发挥作用。

第二，这种机制以间接满足自己目标取向的方式保护自我遇到挫折时可能遇到的伤害。

第三，这种机制并不改变挫折本身，只是以回避、曲解现实、自我欺骗等方式改变自我对挫折的理解与思考。

第四，大多数防御机制只能暂时地减轻痛苦和焦虑，并未使挫折真正解决，有时反而使挫折情境、挫折原因变得更为复杂而陷入更大的挫折。

第五，防御机制主要是无意的、非理性的对付挫折的方式。

大学生常见的心理防御机制有以下几种，具体如表10-1所示。

表 10-1　大学生常见的心理防御机制分类

心理防御机制	具体阐述
压抑	弗洛伊德认为被压抑的东西可以通过梦的解析、自由联想、催眠以及口误或记忆错误的分析揭示出来
文饰	文饰又称"合理化",是指自我总是用逻辑证明的方式来为那些若不用某种方式解释就会引起焦虑的结果寻找理由
投射	投射是一种个人用以对自己某些真实的存在,若承认它就会引起焦虑的事情进行压抑以及把它们转嫁他人的机制,把责任推给别人,或认为别人也是如此;在大学生中运用这种机制保护自尊的是很普遍的
反向	在一般情况下,人的行为方向和他的动机方向是一致的,一个人对自己真实我所憎、所爱的事物,在现实我的行为上也会很自然表现出来。但是当真实我的欲望、行动不为自己、他人和社会规范所容忍、许可时,其常被压抑到潜意识中去,人们由于害怕它会突然表现出来,不得不严格把关,于是在现实我上表现出截然相反的态度或行为

六、要引导学生学会利用正确的挫折归因模式

要引导学生正确认识挫折的二重性影响,找出挫折产生的因素,如大学生人为地夸大某一方面的原因就很容易使其走向极端,而无助于克服挫折。如有的大学生把学习上的挫折归因于教师教得不好或归因于自己的能力差等,就无助于战胜挫折。

七、要加强对大学生的社会化塑造

大学生社会化是指社会对大学生进行的有关参与社会生活的基本知识、技能、本领和行为规范等一切影响和一系列有组织的教育活动过程。它是施化者与受化者之间的互动过程,施化者包括学校、社会、家长、舆论体系等。为使大学生提高对挫折的适应能力,应加强对大学生以下几方面的社会化塑造。

(一)传递角色规范

现实我的世界实际上也就是自我的角色世界,一个人一生要扮演很多角色,其身上也同时具有很多角色,每一角色表现就是一个现实我,作为某一特定角色,它必须满足三方面的期望。

第一,满足来自特定角色规范的期望。

第二,满足来自同群体其他人的期望。

第三,满足来自占据一定地位的个人、集体或某一象征的期望,当个体扮演的角色满足了这三方面的要求,其角色表演就会受到保护。

当他遇到挫折时,就会受到以上三方面的支持,个体也会因之减少挫折的负面影响。

（二）传递社会价值观

现实我与真实我相统一的前提是，个体能接受社会整体价值观。即个体的自我价值观与社会价值观基本趋同，这样现实我就不必过多地去掩饰与伪装，与真实我的距离不会太大，二者的冲突变小，所遭受的自我挫折感也会减弱。

（三）提高挫折适应能力

挫折适应能力受很多因素影响，除了个体自身努力外，社会化的施化者也应予以具体指导，以提高其挫折适应能力。

（四）完善自我结构

大的自我结构具有明显的特征，要通过社会化使大学生正确认识自己的三个世界，完善自己的三个世界。

八、要允许学生发泄不满

精神分析理论认为，个体遭受挫折就会产生紧张、焦虑的情绪，这种情绪必须发泄出来才能保持心理平衡。否则，随着挫折的增多，消极情绪的积累，就会诱发个体心理不健康，甚至精神失常。

九、要积极开展心理咨询

心理咨询就是通过咨询员对受挫者的个别谈话、出主意、提希望，把受挫者的消极心理反应消灭在萌芽状态。大学生正处在寻找自我同一性的时期，这一时期是挫折多发期，而大学生又缺乏挫折的处理经验。开展心理咨询工作，能较确切地找到大学生挫折原因，告知学生如何摆脱挫折，就能减少悲剧的发生，从而使大学生能以积极的态势适应环境。

十、提高大学生的情绪调节能力

情绪是心理困扰或心理危机最直接最容易体现的表现，同时对人的影响作用也非常强烈，这些影响体现在生理、心理及社会功能等各方面。某个程度上来说，情绪是引发大学生心理问题的主要因素。大学生要掌握基本的情绪心理，学会用有效的手段，科学地调节自己的情绪。当遇到不愉快的事情或者心情不好的时候，可以采取一些方法排解。经常保持良好的心境和乐观的情绪，形成适度的情绪反应能力和抗干扰能力，避免情绪的大起大落，避免产生情绪的极端变化波动。

十一、增强大学生的社会适应能力

社会适应是个体与各种环境因素连续且不断改变的相互作用过程。在每一个阶段，个体都需要调整自我以取得与环境的关系，这个过程中产生的一系列心理和行为的变化体现了个人的社会适应。某些个体面对新情境时会出现不适应性，表现出伴有压力和生理及心理上的功能障碍。作为社会中的一员，大学生应树立不断调整适应变化的观念，积极适应自身、环境、社会的种种变化，增强社会适应能力。

十二、建立有效的处理机制

学校可以成立心理危机紧急处理小组，由分管校领导负责，学生工作部门、心理健康教育部门、安全保卫部门、校医院、宣传部门、各院系的相关人员组成。当学生中出现因心理危机引起的突发事件时，通过各种信息渠道掌握应激源、学生心理和情绪变化情况等信息，按照工作预案快速有效地开展工作，实施救助，控制局面，防止扩散，维护稳定。

十三、建立学校心理危机干预的三级机制

一般来说，心理危机干预机制分为3个层次。

（一）发挥班级心理委员或寝室心理委员的作用

作为班里的一员，班级或寝室心理委员在日常生活中更容易了解周围同学的心理状态，从而辨别可能存在的心理危机状况，及时向负责老师报告，使得危机干预能更有主动性。

作为心理委员，应该有良好的心理健康状况，乐于帮助他人解决困难，通过学习培训等掌握一定的心理学健康知识。

（二）二级院系的关心辅导

各系的班主任、辅导员及教师通过与学生的接触，建立师生间的信任与沟通，关爱学生，关注学生的心理状况，帮助学生解决心理困惑。对出现心理问题迅速恶化的现象，或新发现有严重心理问题的学生，立即向危机干预的有关部门报告，并在专业指导下及时为学生提供帮助，实施危机干预。

（三）校级心理危机干预中心

通常以心理健康中心或心理咨询中心为核心，整合各方资源，积极开展心理危机预防和干预的宣传教育，及时组织开展大学生心理健康测评，为全校学生建立心理健康档案，及时排查有心理问题学生的情况并及时关注，重点掌握心理危机的高危个体以及心理危机干预重点对象的相关情况。对大学生中出现的心理危机事件进行及时处理、疏导和危机干预。

第十一章 大学生心理健康教育的实践探索

第一节 大学生心理健康教育课程与活动

一、大学生心理健康教育课程

课程教学是对大学生进行心理素质教育的主渠道，是高校心理素质教育的重要组成部分。大学生心理健康教育课程不同于高校的其他学科课程，大学生心理健康教育课程的教学内容和教学方法要体现学生良好心理素质培养的总目标。因此，探索和创新大学生心理健康教育课程建设，是高校心理素质教育的重要任务。

（一）心理健康教育课程的建设理念

课程的教育理念是课程建设的核心，它决定了教学目标、教学内容的建构以及教学方法的选择。建设大学生心理健康教育课程应当遵循的理念主要包括以下四个方面：

1. 课程教育的重点是大学生

大学生心理健康教育课程关注的是人，是学生这些活生生的人的心理健康。人是课程设计的出发点，理论和知识都是为人服务的，不能本末倒置。关注人的课程价值理念要在课程内容设置上研究大学生的心理发展特点、大学生心理成长发展的需要以及大学生心理发展的困惑，以学生为中心选择课程内容，选取相应的心理学理论。关注人的课程价值理念就是要研究学生喜欢和可以接受的教学方法，使学生真正愿意学、喜欢学，使其学习的内容可以用于自身，达到人格的完善和心理的健康发展。

2. 课程关注学生生命的成长

关注学生生命成长的积极取向为整个课程内容的立足点。从人的心理健康的发展来看,心理健康有三种不同层次的标准:

第一种是底线标准,即心理健康就是心理的非病状态;

第二种是心理健康就是良好的适应状态;

第三种是较高要求的标准,即负责任、成熟、积极的状态。

目前心理健康标准大多是第二种,即心理健康就是良好的适应状态,而第三种鲜有涉及,这会使学生误认为心理健康教育是针对有心理疾病的人或易产生心理疾病的人,所以一般学生不愿积极主动地参与,因此没能起到很好的教育效果。引导人们关注和挖掘个体和群体中积极的品质和潜能才是使人更幸福的关键,是心理教育关注的重点。

因此,心理健康教育课不管在教育取向还是在教学内容上都需要重新调整:变呈现问题、谈论危害、提出解决之道的消极应对模式为发现问题背后的意义、自我接纳、增强正向能量的积极成长模式,提倡素质和潜力的培养,激发学生的潜能,而不是问题行为的矫正。从人的心理发展来看,人的心理是不断变化发展的,处于成长阶段的大学生更是如此。他们在成长过程中会遇到各种心理困扰,但同时又具有巨大的心理潜能。

教师要相信通过心理素质教育课程的教育一定会使大学生发生积极的改变,即使外在改变不明显,其内在生态系统的改变也一定会发生。另外,促进学生心理发展还要积极引导学生。教师的教学设计和要求要稍高于大学生现有的心理发展水平,让学生通过努力可以达到目标,体验成长的快乐,激发学生的主观能动性,不断开发大学生的心理潜能。此外,促进大学生心理发展需要大学生心理健康教育课程的内容、教学方法、课程风格及展现形式根据时代的发展、大学生的接受水平不断进行调整,将心理健康领域最新的研究进展、适合学生成长的健康理念传递给学生,从而引导学生走向自我实现之路。

3. 课程激发大学生主动学习

大学心理健康教学的核心是促进学生了解自己,让学生在原有的基础上变得更加积极主动,投入生活,学会为自己负责,为自己做选择、做决定。而学生要做出这样的改变,既不是靠教师的讲授,也不是靠教师从外部的灌输可以完成的;必须经由其由内而外的心理转化才能达到。因此,只有充分重视和尊重学生的内心世界,才能促使其去发现并接受真正的自我,学会为自己负责,并做出适合自我个性的选择。这个过程只有靠激发学生内在的主动性，让其从"要我学"到"我要学"，使他们从单纯接受者的角色转变为学习过程的主体，从接受式学习转变为发现式学习、探究式学习。激发学生的学习欲望，提升学生的学习兴趣，培养学生的创新思维和创新能力，使学生以积极主动的状态参与教学活动。

心理健康教育课程重在关注生命成长，即让心理健康教育课程的学习成为师生人生中一段重要的生命经历，成为其生命中有意义的构成部分。一方面，关注生命不仅要尊重每一位学生，注重让学生在课堂上积极参与，使他们在体验中感悟，在感悟中收获成长，还要在传授心理调节知识和技能的同时，培养学生健全的心智与健康的人格，充分领悟和体验生命的意义和生活的价值；另一方面，课堂教学是教师职业生涯中的重要组成部分，课堂上学生与学生之间的分享、师生之间的互动，学生的疑问和反思都可能成为教师专业成长、情感升华、体验到生命价值的重要契机。心理健康教育课程让课堂焕发生命的活力，成为学生和教师体验生命价值、感受自我成长、进行生命实践的重要舞台，对教师和学生的生命成长都具有重要的意义。

4. 课程提倡回归现实生活

心理健康教育课程如果要帮助学生获得更好的心理发展、更好的生命成长，就必须回归生活，在课堂学习时注重理论联系实际，使学生在学习后将所学的理论方法付诸实践，使自己在生活、学习上更适应，拥有幸福感。心理健康质教育课程若想回归生活，就要以真实的生活环境为中心设计教学内容和教学活动，通过对大学生在生活实际中遇到的适应问题、人际关系困扰、情绪管理、生命困惑、危机事件等给予指导，帮助学生将所学的心理调适之道应用于生活中，关注生活，体验生活，提升生活品质，成为自己身体健康与心理潜能的开发者。

心理健康教育课程回归生活，就要敢于直面学生在心理发展中的热点问题。对于学生提出的热点及敏感话题，不回避，不说教，而是从关爱出发，引导学生讨论，让学生学会为自己、为他人负责，从而正确地做出选择。回归生活主要从以下四个方面来理解。

（1）课程价值取向方面。

心理健康教育课程培养的是热爱生活、接纳自我、身心和谐的人，而不是进行心理学研究的研究者。心理健康与大学生的学习、生活息息相关，是生活中重要的构成要素。通过心理健康教育课程，可以帮助大学生对生活经验进行整理、反思和丰富，在课程生活和整体生活的互动中成为一个身心健康的人。

(2) 课程目标方面。

心理健康教育课程致力于人与人、人与自然、人与社会的和谐健康发展，培养学生悦纳自我，热爱生活，积极交往，形成健康向上的情感态度价值观，同时注重大学生一致性与差异性的统一，培养学生尊重彼此的差异性，学会欣赏别人，处理好大学生在生活中的各种人际关系。

(3) 课程内容方面。

在课程内容方面，将大学生在生活中不可避免会遇到的心理困扰及其关注热点引入心理健康课堂，主要包括生活适应、学习适应、情绪管理、人际关系、恋爱与性、珍爱生命、应对挫折、转换生活视角等。心理健康生态课程内容不仅存在于课本中，生活是更广泛的课程内容，心理素质教育课程就是让大学生针对生活中的各种问题，学习心理调适之道，并将所学知识应用于生活实践，从而提高大学生的适应能力，达到人与自然、人与社会的和谐统一。

(4) 学习效果评估方面。

从学习效果评估方面，分别以自我评估、教师评估、学生评估三种方式对大学生进行评估。不仅要评估大学生对课堂上学到的心理健康知识和心理调适方法的掌握情况，更要重视大学生的知识获取及应用能力，即大学生是否能在日常生活中关注自己和他人身心健康，通过阅读、开展或参与心理素质教育活动等方式提高自己的心理健康水平，以及主动将所学知识应用于生活实践。此外，课程评估不仅要评估大学生学习心理素质教育课程的结果，还要关注在整个学习过程中学生参与课堂及课外活动的积极性及态度。

（二）心理健康教育课程的教学内容

1. 课程内容选择的原则

心理健康教育课程要从大学生实际的心理需要出发，针对他们在成长过程中可能遇到的心理困扰，整合心理学相关理论，设计适合学生身心发展规律的教学内容，提高其心理素质及解决问题、完善自我、感受幸福的能力。为了使课程内容选择更符合教学目标，符合课程教学本身的内在规律，需要了解课程内容选择的有关知识。

心理健康相关课程内容选择原则主要包括：①学生必须具有相关的行为经验。②使学生在实现目标的行为中获得满足感。③使学生具有积极投入的动机。④使学生看到自己以往反应方式的不当之处，激励学生尝试新的行为反应方式。⑤学生在尝试学习新的行为时，应该得到某种指导。⑥学生具有从事上述活动所需要的学习材料。⑦学生有足够的时间学习与实践，直到新的行为反应方式成为他的一部分技能。⑧学生有机会循序渐进地从事大量实践活动，而不只是简单地重复。⑨为每个学生制订超出他原有水平但又能达到的标准。⑩使学生能够判断学习结果，在没有教师的情况下能够自学。

综上所述，心理健康教育课程内容选择原则的核心是从学生实际出发，根据学生的最近发展去设计出让学生有更多体验的课程内容，调动学生的积极性，发挥其潜能，让学生在学习中体验到成就感，并培养其自主学习的能力。

2. 课程内容构建的特点

大学生心理健康教育课程的内容构建，主要体现在以下三个方面：

（1）以需求和应用为导引构建课堂内容。

传统的专业课程是以传授知识为目的，按照理论知识的内在逻辑构建课程内容。而大学生心理健康教育课程内容的构建是以学生心理发展的需求、以学生的实践应用为逻辑。课程内容的构架是以大学生成长最需要的心理品质和心理发展能力为其内在逻辑的。课堂内容包括：对大学生心理健康理论的概述，大学生自我意识的培养，大学生学习心理的调整，大学生人际关系的和谐，大学生情绪的管理，大学生抗挫折能力的培养，大学生性心理和恋爱心理的调解，大学生的生命教育以及大学生的职业生涯发展等。

以需求和应用为导引构建课堂内容，不仅体现在课程整体内容的构建上，也体现在具体内容的构建上。这就要打破知识体系本身的严密逻辑性、系统完整性，选取以促进学生生命发展为目的且最适合学生应用的心理学理论和方法，让知识服从于学生的生命发展。

（2）整合相关理论构建课堂内容。

大学生心理素质教育课程中所选用的心理学理论不是一种单一的心理学理论流派，而是根据学生的需要整合心理学的相关理论，如基础心理学、心理卫生学、发展心理学、社会心理学、心理咨询与心理治疗等理论的相关内容和观点。在这些理论的选取中，既要重视经典理论的使用，又要不断吸取国内外心理学的最新理论研究成果，从而让学生不断接收到新的信息。同时，要帮助学生认识并理解自己心理特点的形成与发展，学会在社会生活中运用它；在课程内容上，除了整合心理学的相关理论知识外，还要选用相关的其他学科，如哲学、社会学、教育学、人类学等学科的相关知识，以开阔学生的视野，丰富学生的认知。

（3）拓展实践资源构建课堂内容。

大学生心理素质教育课程注重理论联系实际，因此，它强调的是知、情、意、行的统一性，重视认知与行为改变。

通过课堂内外的互动结合，把心理健康教育的内容和目标具体化为可以训练养成的行为特征和内部的心智操作活动，提升心理品质，完善人格结构，让学生在实践活动中亲身体验，获得成长与发展。因此，在课程内容上，要密切联系大学生的实际，设计相关的实践活动，如案例分析、心理训练等；课程内容既要配合课内教学，也要安排学生实践。例如，学生自信心训练、人际沟通、情绪自我调节的训练作业，设计、组织、参与学校或班级的心理健康教育活动，为社会提供心理服务等。

（三）心理健康教育课程的教学方法

教学方法服从于教学目标，是教师为达成教学目标而搭建的教师的教与学生的学之间的桥梁。它不仅涉及教师如何教，也涉及学生如何学和怎样真正学。为使大学生心理健康课程真正帮助学生在学习并掌握心理健康知识的基础上，将其运用于自己的学习生活中，形成良好的心理素质，提高心理发展的技能，就必须改革传统的教师单向向学生灌输理论知识的教学方法，探索新的教学方法，主要包括以下五个方面：

1. 多元互动式的课堂教学

"多元互动"教学是在对"教"与"学"关系进行检讨与反思的基础上，根据建构主义、认知学习等理论，提出的一种新型的"教"与"学"关系的教学模式。互动式教学提倡在教学过程中，教师和学生之间进行交流、沟通、协商和探讨，在彼此平等、倾听、接受和坦诚的前提下，让不同的观点进行碰撞和融合，从而激发出教师和学生的积极性，让学生能够更好地构建自己的知识体系，发展自己的创新思维，从而提升教学效果。相对于传统的教学模式而言，多元互动式教学模式最大的特点就在于它的互动性。从教育学和心理学的角度来看，互动式教学主要包括以下三个方面：

（1）教师和学生的积极参与。

传统的课堂教学以教师为中心，以教师为主体，而学生为被动接受者。而在互动教学中，学生由被动接受变成了主动学习，由"要我学"变成了"我要学"，由被动的学习变成了发现、探究的学习，从而激发了学生的创造意识和创造欲望，增强了他们的创造兴趣，培养了他们的创造力。所以，在心理健康教育的教学活动中，教师和学生都是一种有意识的、能动的交换或传递者,他们都以一种积极的、主动的状态来参与到活动中。

(2)教师和学生的共同参与。

与传统的"老师讲,学生听"的静态教学模式相比,互动教学更注重一个"动"字,就是让学生在课堂上进行手动、脑动、情动,让学生在"动"的过程中体会、理解、内化所学的知识,并将其运用到实际中,实现理论联系实际的目的,从而提升学生的理论知识与实际知识相结合的能力。所谓"动"指的是创设不同的教学情境,进行不同的教学活动,如师生角色互换、情景模拟、小组讨论、个案分析、游戏活动、课外实习等。这是一种将各种形式的教学方法与老师的授课相结合的方式,实现了课内与课外相结合,使学生的理论与实践相结合,培养了学生的创造力,增强了他们的动手能力。

(3)教师与学生之间的多元互动。

与传统的教学相比,互动式教学是指在教学中多种构成因素的多元互动,具体包含了教师与学生之间的互动、学生与学生之间的互动、人与情境的互动等内容。这种相互之间的多元互动,让教师和学生可以得到更多的信息,让他们可以互相教育、互相触动、互相启发、互相学习,从而达到自我提高和成长的目的。

在心理健康教育课程上,教师们运用的互动教学方法主要包括以下六个方面:

第一,课前情感分享。课前情感分享即在讲授正式课程内容前,让同学们分享个人最近的生活感受,主要是积极正向的感受,也可以谈个人的压力感受。在这个过程中,一方面,可为同学们创造情感交流的空间,增进彼此的相互了解;另一方面,也可以使同学们在表达和倾听彼此的感受与看法中,拥有一个发现不同、向他人学习和完善自己的机会。情感分享可使学生由外在的互动转化为内心的互动,从而受到启发,得到成长。

第二,专题短讲。专题短讲让学生将所学到的心理学知识与生活实践结合起来,谈自己的认识、理解和解决方案。专题短讲不仅可以调动学生自主学习的热情,也可以使学生在学习中获得自主解决心理问题的能力。

第三,课堂讨论。课堂讨论有多种形式:一是邻近座位的2～3人的讨论,这种方式比较随意、便捷,可随时进行,互动性强,每个人都有发言机会,而且由于位置邻近、人数少、安全性强,学生顾虑少,参与性更强。二是小组讨论,一般8～10人一组。小组可以有固定的小组成员,也可以根据课程内容和课堂情境随机分成小组。教师根据课程内容提出问题让小组讨论,可以就课程中的体验活动引发的感悟和理解展开讨论。在讨论中鼓励学生畅所欲言，各抒己见，让学生在充分讨论中获得对某个理论内容的深入理解，或获得对某个问题的多种解决方式，从而拓展思维的深度和广度，增加更多的适应性。根据各高校上心理健康课的教师人数少、课堂学生人数多的实际情况，小组讨论学习的方式比大班讨论更为适宜。

第四，全班讨论。全班讨论通常是在小组讨论的基础上，让各小组代表或选几个小组代表表达本组讨论的结果。这种方式可利用更大范围的扩展互动扩展同学的思维。有时教师也可以在全班提出问题，直接交由同学讨论。在这种情况下，那些思维活跃的同学会表达自己的意见，带领大家学习。无论哪种形式的讨论，教师都可以适时、适度地参与，表达自己的感受和观点，形成师生互动、对学生进行积极引导的局面。

第五，热点辩论。热点辩论是教师就当前大学生在心理发展中遇到的一些困惑、有不同观点的热点问题，引导大学生进行辩论。辩论时分正方、反方两组，各组就话题展开辩论。在辩论前，学生们查阅相关文献，搜集实例，为辩论做准备。在辩论中，学生们旁征博引，对各自观点进行阐述和辨析，这一过程可加深对相关理论的理解，找到处理问题的方法。

第六，操作训练。为了提高大学生自我关爱、自我调节、自我完善、自我发展的能力，教师可以配合教学内容为学生设计一些体验式活动，让学生在参与中互动交流。

2. 体验内化式的课堂教学

大学生心理素质教育课程不是为了让学生记住多少心理学的理论与方法，而是要让他们将这些理论和方法内化为自我的认识，再由认识转化为完善自我的行动。当代建构主义倡导的体验式教学为人们提供了一种体验内化的教学方法。

体验式教学注重"体验"，也就是在个体经历中领悟、理解，它不仅是个体学习的过程，也是个体学习的成果。体验式教学就是在教学的过程中，通过对活动和情景的精心设计，让学生在体验、观察、反思、分享、理解和建构知识的过程中，不断地提升自己的能力，并将所学的知识应用于实际生活中。建构主义认为，学习并不是一个从外部吸收知识的过程，而是一个学习者建构知识的过程，每一个学生都在自己原有的知识经验的基础上，构建自己的理解。在具体操作层面上，体验式教学主要包括以下方面：

（1）创设体验情境。

创设体验情境是指创设一些情境和活动。大学生心理健康教学常用的体验活动有冥想、案例分析、心理测试、电影（视频）赏析、心理游戏、角色扮演、心理情景剧等，是设置某一种活动情境让学生参与其中并从中获得经验的过程。

（2）观察反思。

观察反思是指学生在情境中感知、观察、体验、思考，这是一个内在发生的过程。学生进入教学情境之后，为了让他们对经验有更深的体验，教师对其引导，丰富他们的生命体验，促进其觉察与反思。教师可以就事实和感受两个层面对学生进行引导。教师注重引导学生在互动活动中关注自己和他人的感受和体验。学生就会从对这一具体活动的关注中产生对课程内容的兴趣，继而被激起热烈的情绪而投入课堂学习中，学生也会把对这一具体情境的体验性学习带入生活中的各种情境，从而学会观察生活、观察自己、观察他人，感受自己、感受他人、感受生活。他们会从生活中学习改变与成长。

（3）总结提升。

总结提升是将学生所获得的体验、觉察、认识，用心理学的理论来引导思考和分析，使他们形成新的人生经验。总结提升是把以前自己得到和从分享交流中获得的片段而零散的新体验、新感受、新认识进行统一调整，提升并赋予新意义的过程。这个过程很重要。例如，学生在分享了用表情、动作进行交流时的感受后，总结出了"非语言是人的内心表达""观察可以增进入际交往""语言表达可以直接交流，避免误解"。这一阶段可以采用学生的自我总结、学生团体总结和教师总结的方式。

（4）迁移应用。

迁移应用是指学生如何将获得的体验应用在学习及生活中。学生获得了新的认识和经验后，最重要的是要去应用，将其用到自己的日常生活学习中，转化为自己的行动。这既是对所学到的心理学理论和方法的实践验证，更是对自我的改变与提升。为了促进学生把学到的新经验更好地应用于生活中，教师可以提出问题对其进行引导。教师也可以给学生布置作业，强化学生的应用。

3. 动态生成式的课堂教学

动态生成式教学是指课堂上要根据学生实际情况灵活调整或改变原来预设的教学计划，针对学生的问题与想法展开教学，使课堂处于动态和不断生成的过程中。要使师生在教学中成长，就要把师生的教学活动当作不可剥离、相互锁定的有机整体，把教学过程看作师生为实现教学任务和目的，围绕教学内容共同参与、沟通和合作活动，产生交互影响，以动态生成的方式推进教学活动的过程。心理健康教育很重视课程的动态生成性，根据大学生实际生活中遇到的问题生成教学内容，通过师生之间的互动、体验与分享，提升大学生的心理保健意识，培养大学生解决家庭生活、学校生活、社会生活中遇到的各种困扰的能力。

需要注意的是，动态生成的生态课程观并不是不需要预设成功，即提前备课，顺利完成教学计划。预设是有效教学的基础，因为教学是一个有目标、有计划的活动，教师必须在课前对教学任务有一个清晰、理性的思考与安排。只有预设教学内容、教学设计，进行备教材、备教案、备学生，才能更好地在课堂发挥教师的主导作用和学生的主体作用，提高教学效率。因此，心理健康教育课程要将动态生成和预设成功有效地结合起来。教师根据大学生在生活中可能会遇到的问题做好充分的预设和充足的准备，这样才能对整个课堂有更强的掌控力；同时，要适时关注课堂生成的新问题、新内容、新方法，体验师生之间、生生之间思维碰撞、心灵沟通、情感融合的生命活动历程以及随之而来的意外收获。

4. 学生实践式的课堂教学

行动学习注重培养学生在行动实践中解决实际问题的能力。大学生心理健康课程是应用性课程，必须注重引导学生参与解决自身心理问题，学会运用心理学理论帮助自己成长，使学生成为学习者和实践者，将理论应用于实际。

引导学生行动实践，可以在课堂上或课后进行，让学生反思并提出令自己或大学生群体困惑的心理问题，然后小组研讨解决方案，个人再按照这一方案实施，在实践一段时间后，再进行个人和小组的总结反思，最后在全班组织分享报告。这种方式能够使学生"在学中用，在用中学"，将普遍的理论方法沉淀为心理素质，内化为自身的心理发展能力，如人际交往、情绪管理的能力等。

引导学生行动实践还包括引导学生在课外参与并开展各项心理素质教育活动，如参与组织心理社团，担任朋友辅导员、心理委员等，组织班级和学校的心理素质教育活动，让他们在这些实践中运用所学，向同学普及宣传心理健康知识，帮助同学健康成长。同时组织他们参与社会心理服务活动，让他们通过参加实践，培养他们的人际沟通能力、理解他人的能力、调控自己情绪的能力，并在与他人的互动中学会认识自我、完善自我。

5. 现代网络化的课堂教学

随着现代网络科学技术的发展，大学生们使用网络的普遍性提高，网络平台延伸了课堂教学与学生之间的沟通，弥补了大班教学、课时有限等问题的不足。采用网络的方式符合学生的使用习惯，把课程带到网络的同时也是带到学生的实际生活中。由于网络的隐匿性和去束缚性等特点，在班级课堂上表现不出众的学生很可能在网络上很受欢迎，这样的形式对于发现并鼓励这部分学生具有极其重要的意义。学校可以充分利用学校现有的网络学堂平台，并且通过微博、邮件等形式提高学生对课程的参与程度。因此，运用现代网络技术进行大学生心理健康课程的教学既可以使教学方式更为现代，拓宽教育渠道，也可以拓展教育资源，同时这也符合大学生的心理特点，从而能够提高课程的教育效果。利用网络平台进行心理健康课程的方式主要包括以下方面：

（1）拓展教学内容。

课堂教学的时间有限，网络资源库的建设能够提供更多的资源，以满足学生进一步学习的需要。教师应及时更新资料并在学校的网络学堂平台上发布，使之成为一个丰富的教学资料库，供学生浏览。

（2）利用网络答疑疏解。

为了与学生更紧密地联系，教师可以利用邮件或微信平台进行答疑和疏解，开辟心理健康教育课堂教学的另一个网络途径。为此，教师可以建一个专门的公共邮箱或微信群，在开课之前公布这个公共邮箱或微信群，以便学生沟通和联系。教师可以通过邮件或微信解答学生的个别问题，用邮件或微信进行答疑或心理辅导，及时帮助一些同学解决具体的问题。

（3）建立能力导向考核体系。

大学生心理健康教育课程的目标是培养学生良好的心理素质，培养学生的心理自我调节、自我完善、自我发展的能力，因此，要围绕这一目标建立以能力考核为核心的课程考核与评价体系。

以能力为核心的考核评价体系是一个多维的综合体系，通常包括的因素：①出勤情况。课堂出勤表明学生的学习态度，在考核中占一定的比例。②课堂参与互动情况。考核学生参与课堂互动的主动性及其发言的质量，看其是否真正积极、主动地投入学习，而且获得了领悟与成长。③平时课后实践作业，包括文本或视频等，考察其学以致用的情况。④课程结束时的卷面成绩。通常这样的考试是开放式的，让学生就学习的某一课程内容专题，从理论联系实际谈自己的理解和运用。这样既考察了他们对理论知识的学习和理解，也考察了他们实际运用的情况。这些考察成分的权重侧重于课堂互动和实际应用。

以能力为核心的考核评价体系的作用，一是培养学生为自己负责的学习观，使其认识到学习是为自己学，是增强自己、完善自我、发展自我的能力，满足自身适应社会所应具备的心理素质和能力，激起学生内在的学习动机；二是培养学生学以致用的能力。通过考核，激励和培养学生将所学的心理健康的理论和方法运用于自己生活、学习的实际，让他们动手、动脑，在"做中学"，在参与活动中锻炼自己的能力。

例如，在以能力为核心的考核评价体系中，将学生课堂参与讨论、发言情况，课后围绕课程内容完成的文本作业、视频制作等，或者是自我反思作业等纳入考核，而不只是"死背"知识，使学生注重日常学习的学习态度和学习习惯，而不是只关注期末的最后一次考试。此外，以能力考核为核心的课程考核与评价体系也为学生训练、展示自己的能力搭建了一个实践平台。

二、大学生心理健康教育活动

（一）心理健康教育活动的设计原则

如何使高校心理健康教育活动开展得更有效，使活动更能切合大学生的心理特点，满足大学生的心理成长需要，发挥心理健康教育的功能，在设计及实施心理健康教育活动时应注意以下原则：

1. 活动设计的主体性原则

心理健康教育活动的目的是提升学生的心理素质，是以学生为主体的。在设计及实施心理健康教育活动时，一定要尊重学生主体的需要，主要表现在以下方面：

（1）活动内容设计贴近学生需求。

活动内容应符合学生心理发展水平和特征。学生心理素质的发展必须以他们已有的身心发展水平为依托；同时，每个学生对主客观世界的认识方式和作用方式均受到其已形成的思维模式和行为习惯的影响，表现出个体的特征。因此，在进行心理健康教育活动时，活动内容必须适合不同年龄阶段学生的心理发展水平和特征。只有这样，才能调动他们的主动性和参与性。

（2）充分调动学生积极参与活动。

充分调动学生参与活动的独立性、能动性和创造性，让每一个学生都成为活动的积极参与者。在活动过程中，教师只能起指导作用，不能包办代替。要注意防止两种倾向：一是对活动插手过多，学生失去了自主性，只能按教师意图行事，最终失去对活动的兴趣；二是将活动看成学生自己的事而袖手旁观，听之任之，这实质上是一种不负责任的表现。教师既要确定学生在活动中的主体地位，又不能放弃自己的主导作用。

（3）充分体现学生自主性。

学生在心理健康教育活动中的自主性主要表现在以下两个方面：

第一，活动方式选择的自主性。要允许学生凭自己的经验、兴趣去选择自己认为最好的活动方式；或者在主动参与中获得成功，从而掌握某种经验；或者在协同参与中获得兴趣，从而认识了探索的价值；或者在被动参与中得到启发，从而获得某种情感体验。教师的主要任务是让每一个学生都能自主地参与活动。

第二，活动过程中主体的自主性。心理健康教育活动是一种由下而上的活动，所以，教师应将那些自上而下的指令更多地转化为在与学生平等互动中的渗透：只有当学生感到教师也在与他们一起平等参与，没有感受到压力时，他们才能从活动中获得最大的情感体验，才能最大限度地发挥自己的潜能。

2. 活动设计的开放性原则

心理健康教育活动的开放性表现在以下两个方面：

（1）形式上的开放性。

在形式上，心理健康教育活动可以向不同的对象开放，尽可能地将能够促进大学生心理素质提升的资源整合起来，主要包括以下三个方面：

第一，向校内开放。以班级集体活动为例，既向同年级开放，又向其他年级开放，这样既可加强班际联系，又可促进集体活动质量的提高。为此，可设计为"兄弟班联谊""手拉手年级竞赛"等。

第二，向家庭开放。活动可以延伸至家庭，请家长也来参加。有时家长较忙，不便参加活动，则可请家长献计献策，指导学生搞好活动，这样做既得到了家长的帮助和指导，又提高了家长对心理健康教育的认识。

第三，向社会开放。走向社会，既能提高学生参与活动的兴趣，又可引导学生正确地认识社会。因此，在设计争取社会力量配合的活动时，可采取"请进来""走出去"的方法；或者请先进人物来校作报告、座谈；或走出去调查、参观、访问、提供社会服务等。

（2）内容上的开放性。

内容上的开放是指在设计活动时要善于从学生的学习、生活实践中选材，主要包括：①从平凡的生活中挖掘活动素材。作为活动设计者，应做到独具慧眼，对生活中的小事深入开掘、巧妙策划，设计出相应的活动。例如，"寻找最美的笑容"摄影活动，就是通过收集笑容的照片，促进学生发现生活中的美好。②从周围的环境中寻找活动素材。学生总是生活在一定的社会空间里，每一个社区都有自己独特的自然风光、风土人情和悠久历史，其中蕴含着丰富的教育资源，只要能因地制宜、有的放矢地选择，就可以找出相应的活动内容。

3. 活动设计的有效性原则

为了使活动有效，在设计心理健康教育活动时，一方面，要针对学生的实际来设计活动。例如，针对刚入学的大学生，开展新生班级辅导活动，促进学生更快融入大学校园。另一方面，设计时要考虑所设计活动的可操作性。为此，要注意活动规模不宜太大，活动节奏要适度，比如针对失恋者的团体辅导应以 8～10 人的小团体连续多次的活动为宜；而新生班级辅导则可以在几十人的班级中开展，并且一次 2 小时的活动就会收到较好效果。

4. 活动设计的系统性原则

学生心理素质的提升不是可以轻易实现的，是一个系统工程。在设计心理健康教育活动时，要注意内容的系统性，使单个活动组成系列活动，具有指向集中、主题鲜明、内容丰富的特点，从而使全体学生都受到深刻的心理健康教育，也注重学生知、情、意、行诸方面的全面发展。例如，在入学时开展新生班级辅导活动；在大二、大三时开展自我探索，确定职业发展的活动；在大四时开展求职辅导，使学生适应社会的活动。

（二）心理健康教育活动的类型划分

1. 根据活动组织时间划分

（1）日常性心理健康教育活动。

日常性的心理健康教育活动指不受时间限制，高校日常开展的心理健康教育宣传活动，主要有心理报刊、心理橱窗、心理网页的宣传，心理讲座、团体辅导活动、各种志愿者活动的开展等。这些活动没有时间限制，根据同学需要随时开展。日常性的心理健康教育活动可以随时让学生学习到心理健康知识，起到对学生的心理教育不断重复、不断强化的作用，日积月累，润物无声，学生们逐渐增长了心理健康意识，学会关心自我和他人的心理健康，学会自助与助人。

(2) 集中性心理健康教育活动。

集中性的心理健康教育活动指高校在限定的时间内，集中组织的系列心理素质教育活动。集中性健康教育活动的好处是能够形成一种宣传教育的强大影响力，如果在同一时间段内进行丰富多彩的心理教育活动，能够引起学生更大的关注，引发学生积极参与的兴趣。

2. 根据活动人群范围划分

(1) 个人层面开展活动。

在个人层面开展的心理健康教育活动主要是面向个体开展的，注重个体在活动中的体验及参与，旨在提高个体的心理健康意识，增强个体对自我的认识、理解和接纳，提升心理适应能力。如心理专题讲座、现场心理咨询、心理测试、心理电影赏析、心理读书会、心理对对碰、微博短故事征集大赛等活动。

(2) 宿舍层面开展活动。

宿舍是大学生学习、生活、休息、社交的重要场所。宿舍人际关系是大学生的一种特殊的人际关系，一个宿舍的成员大多是同一个班级或年级的同学。一方面，距离的优势为大学生之间的交往创造了频繁接触、相互熟悉的环境；另一方面，距离的邻近也影响着相互之间的利害关系。由宿舍成员共同营造的宿舍文化氛围潜移默化地影响着大学生人生观、世界观、价值观的形成和水平。以宿舍为单位开展心理健康教育活动对大学生的个性塑造、心理健康具有深远的意义，它不仅可以减少宿舍矛盾和冲突，促进宿舍成员之间的理解和接纳，而且可以营造温馨和睦的宿舍氛围，增强归属感，从而促进个体情绪管理能力、人际交往能力等心理素质的提升。在宿舍层面开展的心理健康教育活动主要有：幸福宿舍评比、宿舍团体活动、宿舍心理微电影等。

(3) 班级层面开展活动。

大学中的班级是大学生活的基本单位，是学校、学院开展工作的终端，是大学生共同学习、共同生活的基础，因此，在班级中开展心理健康教育活动可以促进班级凝聚力的提升，增强同学的归属感，促进个体情绪管理能力、人际交往能力等心理素质的提升。在班级层面开展的心理健康教育活动主要有：心理班会、班级心理健康知识竞赛、优秀班级活动评选等。

(4) 校园层面开展活动。

校园文化是一种社会亚文化，是社会文化的有机组成部分，校园文化具有育人功能、导向功能、娱乐功能和辐射功能。心理素质教育活动是高校校园文化的重要组成部分。在全校层面开展心理健康教育宣传及实践活动对于构建良好的心理生态环境非常重要：一方面，充分利用报刊、网络、电台、电视等宣传手段，在全校宣传心理健康知识，营造积极、健康的文化氛围；另一方面，在全校层面开展心理素质拓展、心理情景剧表演、心理团体辅导等活动，营造特定的校园心理氛围与环境，由于渗透面广，能够让更多的学生了解、知晓心理健康理念，让学生在有意或无意中受到教育，对学生积极心态的形成、乐观向上生活态度的培养以及和谐人际关系的建立，都产生着综合影响。高校日常的心理健康知识的普及宣传教育都在营造一种良好的校园心理文化氛围，帮助学生健康成长。

3. 根据活动形式划分

在实践中，高校教师和大学生们创新了许多高校心理素质教育活动形式，主要包括以下方面：

（1）心理素质拓展训练。

心理素质拓展训练是体验式学习的一种，它是借助教育学、心理学、组织行为学等相关学科成果，针对社会的需求和学生身心特点设计出来的一种体验式培训活动方案，旨在通过模拟自然的环境，让学生体验经过设计的活动项目，接受个人潜力激发和团队凝聚力的挑战，然后经过回顾反思和交流分享，加深对自我和团队合作的认识与领悟，并将活动中的认知和积极体验迁移到生活中去的一种训练活动。

素质拓展训练借助于拓展训练的设施，由专业的素质拓展培训师带领，运用团体心理辅导技术、心理素质拓展训练技术，设计各种形式的富有挑战性和探索性的素质拓展训练课程和活动项目，对学生进行素质拓展训练。学生们在训练中通过体验式的培训，激发潜能，提高团体的凝聚力；学会了相互信任、分享情感、与人合作和相处；学习认识自我和接纳自我，增强了自信；学习解决问题和正确决策的技巧、学会承担责任；开发了个人潜能，增强了领导思维和协调意识。总之，素质拓展训练让学生在轻松快乐的氛围中提升了心理素质。

高校在组织素质拓展训练中，要注意运用团体心理辅导的理论和方法，不能仅是组织学生进行体育活动和娱乐，如果把素质拓展训练等同于体育锻炼和娱乐活动，就会偏离心理素质教育的目的。

（2）心理讲座。

心理讲座是高校常用的、最普遍的心理素质活动。心理讲座的组织一般是由教师调查大学生们的需求，根据学生的需要邀请校内外专家就大学生最关注的话题讲解相关的心理健康知识，对学生的心理发展进行指导。例如，大学生自信心的培养、大学生的人际沟通与人际交往、大学生的情绪管理、大学生的恋爱心理等。此外，也会有心理危机的识别与预防等专题。许多高校都有"心理大讲堂"活动，每月举办一次专家讲座。

（3）心理健康知识竞赛。

心理健康知识竞赛是普及心理健康知识的一项活动，这项活动的重点并不在于比赛的结果，而是学生们在准备比赛过程中学习心理健康知识。在比赛前，教师把大学生应知应会的心理健康知识和最常用的心理调节方法编制成小册子，发给同学学习，如心理健康的标准、认识自我的方法、情绪的种类和情绪调节的方法、人际交往的作用和人际交往的原则和方法等。在此基础上编写竞赛题目。通常竞赛题分为基本知识理解题和实际应用题。实际应用题是运用心理学的理论与方法解决大学生常见的心理问题。实际应用题目既考查了他们对心理调节方法的掌握，也让他们学会用这些方法帮助自己和他人维护心理健康。

心理健康知识竞赛题中还会有大学生常见的心理疾病及心理危机的识别，以及心理危机预防干预程序，以普及心理危机预防干预知识。通常竞赛中也会有一些宣传学校心理咨询机构的题目，例如，学校心理咨询中心所在的位置、电话等。让同学知晓这些信息，学会主动运用学校心理咨询的资源，可以帮助自己和同学心理成长。在学生充分学习、准备的基础上，再举行初赛、复赛和决赛。这个层层比赛的过程是进一步强化对心理健康知识学习的过程。心理健康知识竞赛是一项集学习、竞争、趣味为一体的普及心理健康知识的活动，大学生参与热情很高，已成为各高校大学生心理素质教育的传统活动。

（4）心理情景剧。

校园心理情景剧是广受大学生们欢迎的一种新型的心理素质教育活动形式。心理情景剧是大学生们在教师的指导下，运用心理剧的基本原理和方法，将大学生自己在学习、生活中遇到的一些心理冲突及其解决方案自编、自导、自演成为情景剧，再现校园生活中类似的情景和经历。例如，大学生活中常见的宿舍人际冲突的解决、恋爱中各种情感矛盾的处理、大学新生不适应的解决等。由于心理情景剧是由大学生自编自导，心理剧的素材来源于校园现实生活，内容反映的是大学生的生活实际，更容易引起学生的共鸣，也更易于被学生接受。

在校园心理情景剧的编排过程中,参与者不断地再现情景和体验各角色的感受,尝试不同的解决办法,同时与同伴交流、分享,形成解决方案,同时也受到了实际的教育。舞台上的投入表演使他们展示了个性及表演才能,增强了自信。在排演的过程中,他们不断调整着个人与他人的关系,相互合作、相互配合,增进了彼此的了解和交往;排演过程中的反复训练磨炼了他们的意志;尤其是许多高校举办的班级心理情景剧比赛,把班级建设和心理情景剧的编排、演出结合在一起,调动了全班同学的积极性,增进了同学的相互了解,增强了班级的凝聚力。

高校在运用心理情景剧进行心理素质教育的过程中,要注意正确处理教育性和艺术性的关系。与专业的演出相比,大学生情景剧更注重内容的教育性,注重反映大学生常见的心理冲突的出现及解决而非表演技巧,如果教师对学生进行表演技巧指导,提高学生的表演能力,能够更好地表现教育内容本身,会收到更好的教育效果,但是,从心理素质教育的目的来看,教育内容是最重要的,表演才能是次要的。

(5)团体辅导活动。

团体辅导活动是以活动为载体,通过在团体活动中团体成员的互动,促使成员在交往中通过观察、学习、体验,认识自我、探讨自我、接纳自我、调整和改善与他人的关系,学习新的态度与行为方式,以更好地适应生活。团队辅导活动的作用是将活动作为情景,让学生在参与活动中获得体验、感悟、理解,从而达到心理成长。活动本身的趣味性、新鲜感能够吸引学生参加,激发他们积极参加的兴趣,学生们远离了成人式逻辑思维,回到了自然状态,凭兴趣、直觉去行动,可以进入无意识状态,从而能认识自己内心真实的需要和自己的心理特点,从而达到对自己更深入地了解。

同学们在共同参与活动的互动中,又会通过对别人的观察、了解,透过别人的反馈,学习别人的积极品质和能力,完善自己的不足,获得自我的完善和提升。团体辅导活动可用于各种主题的心理健康教育。教师要有意识、有目的、有计划地选择、设计、构建适合于教育目的、教育内容的活动。例如,自我认识、人际交往、情绪管理、压力管理、生命教育等。这些活动中蕴含着心理教育的内容,学生们在参与中能够通过对自我和他人的观察和体验,达到对自己和他人的新认识,从而调整自己的行为,达到自我完善、自我成长。

活动选择宜精不宜多。使用活动不是单纯地为了让学生有兴趣,重要的是让学生在游戏活动中体验,活动后的分享讨论是重点。教师要充分挖掘游戏中蕴含的心理教育因素,结合学生的讨论，学习相关的心理学理论，使学生在玩、做、乐中理解和掌握心理学的理论与方法。当团体领导者陷入机械性地利用活动时，活动就成了玩游戏。不加区别地利用活动会增加团体的抗拒程度。

团体辅导活动不是学生游戏的带领者，也不仅是为了用活动来使学生放松和快乐，它的主要目的是让学生通过活动的方式更好地理解和掌握心理健康知识，获得心理的成长。团体辅导活动的带领教师起着重要的作用。因此，在带领团体辅导活动时，教师首先要准备好自己，保持自身的心理健康，还要具备团体辅导的技能。这些技能既包括对心理学理论和知识本身掌握和运用的技能，也包括团体辅导所要求的独特的技能。

4. 根据教育途径划分

从教育的途径来划分，心理健康教育的宣传活动可分为实体的宣传教育活动和网络宣传教育。实体的宣传教育途径包括创办心理健康教育宣传报刊、心理宣传橱窗、电视、广播等。各高校都有自己的心理健康教育宣传刊物或报纸。这些报刊一般都由学生自己编写，内容主要是宣传心理健康知识，介绍大学生心理调节的方法、大学生常见的心理问题、心理危机识别知识等。由于这些刊物由同学自己编写，内容贴近大学生的心理需求，编写形式图文并茂，很受大学生的欢迎。宣传橱窗、学校电视和广播则是宣传心理健康知识的重要渠道。

网络宣传包括学校或大学生心理社团建立的心理健康网站或网页，用于心理沟通的微博、手机微信平台，学校可以通过这些网络媒体宣传心理健康知识，搭建同学心理沟通平台，疏导大学生的情绪，发展健康心理。随着现代网络技术的发展，网络由于具有快捷性和方便性的特点，被大学生喜爱和广泛使用，运用网络途径进行心理宣传教育也越来越成为高校广泛采用的教育形式。

（三）心理健康教育活动的实施策略

如何实施心理健康教育活动，是提高活动质量、保证教育效果的重要环节。为了提高学校心理健康教育活动的实施效果，结合实践经验，应该注意以下四个方面的问题：

1. 把握活动实施的时机

在学校中开展心理健康教育，存在着抓住时机的问题。实践证明，把握好开展活动的时间，能让学生在参与活动中情绪饱满，兴趣浓厚，注意力高度集中。所以，在时机还没有到来的时候，要有耐心；时机一到就要抓住；对于错失的机会，要擅长迂回。这样，就可以从质量上确保大学生心理健康教育的成效。所谓把握时机，主要包括以下方面：

(1) 新的生活开始时。

大学生的感知易受外界事物的暗示，新事物、新景象或新生活作为一种强烈的刺激，会使学生产生好奇心和求知欲。利用这一特点，当新学期开始，学生与新教师、新同学接触交往时，或当新的景象涌现时，教师都可相继开展心理健康教育活动，以帮助学生适应新生活，增强自信心。

(2) 享受成功的喜悦时。

当学生经过不懈的努力取得成功时，心情格外激动，自信心也随之增强。如能因势利导地在这一时机开展恰当的心理健康教育活动，让学生在享受成功的快乐时提出更高的奋斗目标，可以引导他们为取得更大的成绩而继续进取。

(3) 遭遇困难和失败时。

人在遭遇困难时最需要别人的理解和支持，要抓住这一时机开展心理健康教育活动，教育学生正确地面对困难和失败，帮助他们树立信心，鼓励他们以实际行动去战胜困难，必将有助于他们战胜挫折、走向成功。

(4) 产生浓厚的兴趣时。

当学生对某种事物或某项活动产生兴趣时，就会产生一种积极探求的内驱力，主动、自觉地投入其中，直至取得成功。所以，当学生产生浓厚兴趣时，教师要抓住机遇，及时组织活动，使学生能长久地保持兴趣，并使学生的兴趣循着有趣—乐趣—志趣的轨道发展。

2. 精心准备相关活动

活动除应有较好的设计方案外，还必须认真准备，准备得越充分、细致，就越能取得预期的效果。准备工作包括以下方面：

(1) 心理准备工作。

心理健康教育活动的成功开展有赖于学生参与人数的多寡及参与的程度。参与的人数越多，程度越深，成功率越高。因此，教师的首要工作是使学生做好心理准备，激发其参与意识。教师在指导学生做好参与活动准备时，要注意留心观察，仔细分析，把握每个学生对活动所持的态度，有针对性地激发那些持消极观望态度或有不满情绪学生的参与意识。对那些没有被分配到活动具体事务的学生，应设法使之有事可做（如让他们参谋、评价某些准备工作）；对那些因没有得到自己想做的活动或具体事务而心怀不满的学生，应使他们体验到其所做工作的重要性。

(2) 物质准备工作。

物质准备工作主要是指把活动要用的东西及时准备好。由于活动所需的物质条件在设计方案时已周密考虑过并交代学生具体落实,因此,教师此时应按其重要程度和困难程度逐一检查落实,诸如活动的具体地点、活动的环境布置、活动所需的器材、活动所需的技能技巧等,都要逐一过问。总之,在活动准备阶段,教师要善于把自己的心理健康教育的要求和打算转化为每一个学生自我教育的愿望与要求。教师要通过启发和引导,充分调动和发挥每一个学生投身于准备工作的主动性和积极性。

3. 认真实施具体活动

教师在具体进行活动时要做到以下方面:

(1) 再次检查准备工作。

再次检查准备工作的目的是,当发现有不足之处时能及时弥补。值得注意的是,即使发现有不足之处,教师不可在活动开始之前责怪学生,教师应尽量帮助和鼓励学生克服困难,争取把活动搞好。

(2) 亲临活动现场指导。

教师要自始至终亲临活动现场,不能以任何理由缺席。教师亲自参与活动表明了其对活动的重视,对学生也是一种鼓舞。当然,教师只能以普通参与者身份出现,不能干预主持人的工作,不应随意改变活动主题、进程,不应随便插话和打断学生的讨论与发言,不可于活动中途发表评论。教师如要发言,必须得到主持人准许;如活动偏题,只能通过主持人以建议的方式加以引导。总之,教师要明了其在学生中的特殊地位,因而需要谨言慎行,以免对学生的心理发生不良影响,干扰活动的正常进行。

(3) 辅导学生主持活动。

在学生主持活动前,教师要帮助其认真细致地进行准备,并鼓励其大胆主持,学会临场应变。在活动过程中,教师要通过自己的口头语言和体势语言对主持学生进行点拨、提示、鼓励。但这些举动不宜太多,如果太多会使主持人无所适从,从而影响活动效果。

(4) 慎重处理突发事件。

尽管事前考虑十分周密,但临时不免有意外事情发生。一旦出现了意外,教师应处变不惊。这既能显示教师的机智,也是对学生进行现场的心理健康教育。总之,对意外事件的处理应及时、彻底,以确保活动继续进行。

(5) 坚持全程有效指导。

在活动过程中,教师在指导活动全程方面要做到:①充分发挥学生干部和骨干分子的积极性和创造性,把他们推到主人翁地位,自己组织、自己主持,教师只是从旁参谋、辅导,帮助他们取得成功。②要充分发挥每一个学生的个性,使学生在活动过程中人人有岗位，个个有任务，人人有角色，个个做贡献。要注意协助学生机动灵活地安排活动顺序，把握活动进程。③要充分发挥教师本人的主导作用，注意引导每个学生紧紧围绕活动主题，用自己的语言来表达自己所思所想。④要仔细观察和记录活动的过程，对学生的情绪、意志、兴趣、爱好、性格等都要清清楚楚地记录，以便发现某些教育契机。

4. 进行活动的总结工作

总结是对活动进行一次认真的回顾，肯定成功的方面，找出问题和不足，吸取教训，明确今后的努力方向，找出规律性的认识。总结的要求主要有以下方面：

（1）明确目的，端正态度。

总结的目的是更好地教育学生，因此，总结者更应坚持实事求是、认真负责的态度。只有这样，才能在客观、实际的基础上寻到规律性的认识。

（2）语言准确、行文简明。

总结是一种应用文体，语言表达一定要准确，不能模棱两可、似是而非。总结的结构要严密，层次要清楚，例证要确凿，行文要简明。总结撰写的格式如下：①标题，即总结的名称，主要包括活动的名称、总结类别（全部活动总结或专题活动总结）、时限。②正文，即总结的内容，一般包括：a. 活动的基本情况：简要叙述开展某项活动的情况，要求是重点突出，有数据资料，避免空话与套话。b. 经验体会：这是总结的中心部分，是全文的主体。在写作方法上可先叙后议或夹叙夹议。c. 存在的问题和教训。③具名，具名在总结末后右下方，具名下面注明总结的日期。

活动总结除了上述书面总结外，还包括：①评述：对活动各方面加以评论。②办刊：把活动中的心得、体会、感受等形成文字，办成墙报。③座谈：以小组为单位或全班座谈，谈自己的收获和体会。④训练：将学到的技能训练成熟。⑤锻炼：提出行为规范和行为准则并加以实践。

第二节 大学生心理咨询与辅导员团队建设

一、大学生心理咨询

心理咨询指的是来访者就自己存在的心理不适或心理障碍，用语言、文字等交流手段，向具有专业素质的咨询员诉说、询问和商讨，在他的支持和协助下，经过探讨，找到导致心理问题产生的原因，并对问题的症结进行分析，从而寻找走出困境和解决问题的条件和方法，使来访者能够重新获得心理上的平衡，从而提升自己对环境的适应性，实现自己的身心健康。

（一）心理咨询的主要模式

心理咨询的模式是指导高校心理咨询工作的基础，它既与整个心理科学的理论发展有密切联系，又与学校心理咨询自身的需要息息相关。一般认为，心理咨询模式主要包括发展模式、教育模式、社会影响模式和医学模式四种。

1. 发展模式

发展模式意味着心理咨询应该按照个体心理发展的普遍规律，根据学生在各个发展时期所面对的任务、矛盾以及个体的差异，引导他们正确地处理好心理矛盾，充分地发挥他们的心理潜力，使他们的人格品质达到和谐发展，从而成功地完成他们的任务和责任。

发展模式的基本特征是注重对学生发展历程、发展障碍和发展规律的了解，强调咨询师的间接咨询功能。具体而言，发展模式包括三方面的特征：一是发展模式不仅在一个时间横断面上要了解学生心理发展的性质与状态，更强调在时间延续性上考查学生心理发展的潜力与水平；二是发展模式注意对学生发展障碍的早期发现和预防，尤其重视心理危机的早期觉察和干预；三是发展模式试图使学生在日常生活情境中能从教师、家长等成年人那里获得科学的辅导和帮助。

2. 教育模式

教育模式又被称作指导模式，是指咨询者在对学生的素质、专长、兴趣、性格和其他人格特质进行全面了解的基础上，对来访学生的学习、适应、升学、就业等方面进行的综合性指导。

其主要特点是重视对大学生的心理特征、心理问题的认识，重视对大学生心理健康发展的合理引导作用。其主要特点包括：一是重视来访者的稳态特性（如基因、智力、经历、性格、行为习惯等）对来访者行为的影响；二是强调辅导员的引导功能；三是教育模式重视对来访学生解决问题和做出决定的技能训练，并使其将学到的技能迁移到实际学习和生活中，以促进来访学生的适应；四是教育模式注重信息收集，尤其是有关职业指导方面的信息收集。

3. 社会影响模式

社会影响模式指的是在心理咨询过程中，咨询师根据社会心理学的相关原则，重视咨访双方的社会角色、性别差异、文化素养、价值观念、个性倾向、社会习俗等各种社会因素和社会环境对咨询的效果产生的影响，从而提升咨询的效果，并对咨询的结果进行强化。

社会影响模式的特点表现为，从人际交流、社会因素等角度对心理咨询的条件、方法进行探索。具体来说，其特点主要表现为三方面：一是关注不同的社会文化环境对心理咨询活动的影响；二是强调人际互动的社会互动方式，强调人际互动的结果（包括人际互动的价值观念、人格倾向、角色心理、沟通方式等）在心理咨询中的作用；三是社会影响模式强调了咨询过程中所处的社会情境对咨询效果的作用。

4. 医学模式

医学模式又被称作治疗模式，是指在咨询的过程中，咨询师从医者的角度，对求助的心理异常者进行严谨的心理诊断，并进行耐心的心理治疗，充分发挥治疗对象在治疗过程中的积极作用，从而减少来访者的心理压力和精神痛苦，使他们的心理机能得到有效的恢复和协调。

医学模式的一个重要特点就是将心理咨询视为咨询者与病人的治疗性关系，运用多种临床心理学方法来处理病人的心理偏差。具体来说，其特点主要表现为三方面：一是医学模式中的咨询师比一般的心理咨询过程中的咨询师更多地考虑临床心理学各个方面的使用；二是医学模式注重来访者的自我选择和自我矫治；三是医学模式强调咨访双方的体谅、信任、合作和坚持精神。

（二）心理咨询的遵循原则

在心理咨询工作中，必须坚持以下三项原则，这样才能有效地为来访者排忧解难，实现来访者的自立自强。

1. 职业要求方面的原则

心理咨询是一项非常专业、非常特殊的工作，对其专业化、伦理道德和职业道德方面都有很高的要求。咨询师应严格遵守相关准则，这是进行心理咨询的首要前提。

（1）保密原则。

心理咨询是人与人之间的心灵交流，也是一门人际交流的艺术。在向心理咨询师倾诉自己内心深处的迷茫与烦恼时，想要得到心理咨询师的理解，想让心理咨询师分担他的痛苦，也希望对方不要把自己的私密与烦恼说出去。因此，保密不仅是专业伦理的需要，而且也是咨询能够有效开展的最基本的原则。这就是心理咨询和普通朋友之间交流的区别。

（2）中立原则。

咨询师在进行心理咨询的时候，应该保持一种不偏不倚的态度，保证心理咨询的客观性和公平性，不能掺杂自己的个人情绪和利益，保持冷静、清醒的头脑，在咨询的过程中不能随意地指责别人，不能将自己的价值观强加给别人。

要客观审视来访者的问题和不当行为，来访者的咨询代表着信任和接受，想要尊重和接受每一位来访者，就需要对人的本质抱有一种正面的信仰，要相信每一位来访者都具有独一无二的潜力，要重视他们的人格尊严和价值，只有这样，咨询师才能用一种积极的、正面的审视态度去引导来访者的转变和成长。

2. 心理咨询活动的原则

在心理咨询过程中，咨询师应坚持一些基本原则，这些原则直接影响着心理咨询有效与否。

（1）理解与支持原则。

在心理咨询过程中，心理咨询师需要将自己代入心理咨询对象的心理状态中，才能对咨询对象的心理问题有更深入的认识。从职业上来说，这是一种真正的了解，是产生同感的基础。咨询师及时地肯定和支持来访者的自我反思和改造，可以让他们受到激励，重新认识自己，帮助来访者消除心中的抑郁，重新振作起来，增强自信。

（2）疏导与启发原则。

咨询师要正确地引导来访者的负面情绪，给予恰当的抚慰，并在咨询过程中及时地对其表示肯定。与此同时，要注重启发性，要引导来访者正视自己所面对的问题，要激发他从多个角度去考虑问题，要自觉地理解、调整、树立正确的态度，从而增强来访者的独立性。

（3）耐心细致原则。

耐心和细致的原则，是指心理咨询师要对来访者的行为变化做一个较长时间的心理准备，不能因为当前的挫折和反复而丧失对来访者的信心。因为心理咨询的难易性和弱效性问题，来访者在进行自我反思和转化时，会因为各种内外因素的影响，而表现出反复无常的行为和言论。所以，在与来访者进行交流时，必须要有一种主动的心态，用一种耐心、一丝不苟的心态与来访者展开交流。

（4）非指示原则。

人文主义流派主张，心理咨询在本质上是一种启发和推动内在成长的关系，而非外在的引导和灌输的关系。认为每一个人都有很大的发展潜能，而要想利用咨询来激发潜能，是不可能用几句话来解释的。非指示原则需要咨询师在咨询的过程中，对来访者保持绝对的尊重和接纳，竭力促使对方去进行独立的思考，以此来增强其自助的能力，并避免直接提供建议。

（5）预防性原则。

对于有可能演变为精神疾病的心理疾病患者，咨询师应该给予提示，及早进行预防。

3. 应用咨询方法的原则

现在，全世界有超过 400 种的心理咨询方式。至今各种理论流派仍层出不穷，效果也是各有千秋。目前，国内外学者普遍认为，心理咨询法根据其产生的理论可分为三种：精神分析法、行为主义疗法和人本主义疗法。其他的方式可以被看作这三个主要类别的派生或者是结合形式。所以，在运用心理咨询方法的过程中，必须遵守如下两个基本原则：

（1）综合原则。

由于各种咨询方法都有其优劣之分，适合于不同的情境，所以目前还没有可以相互取代的心理咨询方法。一些学者认为，心理咨询应综合使用各种心理咨询方法，应在充分认识各种心理咨询方法的特点基础上，根据来访者心理问题的不同，采取相应的心理咨询方法。还有一种观点认为，心理辅导的早期主要采用人本主义疗法，中期主要采用精神分析法，后期主要采用行为主义疗法。

（2）发展性原则。

人的心理活动是一个动态的发展过程，因此，心理咨询工作也是一个不断发展和变化的过程。心理咨询师应以发展与变化的眼光来对待来访者，所选用的方法应能帮助来访者的成长与发展，并能适时地进行调整。

尽管心理咨询和心理治疗之间存在着一定的差异，但是实质却是一致的。心理咨询过程本身具有某种治疗的作用，而治疗又是与心理咨询过程分不开的。所以，在心理咨询过程中，咨询师除了要向来访者解释其心理问题的成因，让他们认识到自己的不足之外，还要采取相应的措施，才能取得更好的心理咨询效果。

（三）心理咨询的会谈技术

1. 心理咨询的倾听技术

（1）专注与倾听。

专注与倾听技术指的是在咨询的过程中，咨询师的语言和非语言行为都能反映出咨询师正在专心地听着来访者的语言表达，对来访者的非语言行为进行详细解读，对来访者的遭遇表示关切，对其表示同情和重视，并愿意陪着来访者一起了解问题发生、发展的整个过程。

咨询师的专注和倾听可以划分为两个层次：一是身体上的专注和倾听，二是心理上的专注和倾听。咨询师身体的专注与倾听包括五个基本要素，即面对来访者、身体姿势开放、身体稍微倾向来访者、良好的目光接触、身体放松。

第一，专注和倾听技巧的应用时间和需要考虑的问题。在心理咨询过程中，咨询师无论处于何种情境，都必须显示出全身心的全神贯注与聆听。因此，专注和倾听的技巧在整个咨询过程中都起着重要作用。当咨询师运用专注与倾听技术的时候，要根据来访者的语言和非语言行为的变化，适时地对自己的语言和非语言行为进行调整，并且用相同的节奏跟上来访者，这样才能体现咨询师的专注和倾听。

第二，专注与倾听技术的功能。咨询师的专注和倾听可以帮助他们建立起一种良好的咨询关系，并鼓励来访者敞开心扉，坦诚地表达自己的想法，倾听和观察来访者的语言和非语言行为，并深入了解他们的内心。

（2）询问与追问。

在心理咨询程序中，询问与追问十分重要，这不但能加速咨访关系的建立，还能使来访者无法隐瞒与说谎。在面谈过程中，倾听是很重要的，而恰当地提出问题，则可以让来访者觉得咨询师是一个严肃、有责任心的人。对那些心情烦躁、思想混乱的人来说，提问也有助于他们稳定自己的情绪、理顺自己的思想和内心的语言。在运用提问技巧时，应该考虑到下列问题：

第一，要多提开放性问题，减少封闭性问题的使用。在开放性的提问中，咨询师能够获得与问题相关的特定的事实，以及来访者的情感反应、看法和推理过程。

第二，在提出开放式问题时，使用"为什么"时要谨慎。因为有时候来访者不太明白为什么要问这个问题，或者觉得很难把这个问题说出来；有些时候，解答问题的理由会涉及患者的个人隐私，此时，由于咨询关系尚不成熟，无法确保患者的答案是真实的，这将给后续的咨询或治疗造成很大的困难。

第三，封闭式的提问不能连续使用。接二连三地"我问你答"，容易让来访者感觉对方在对话中占主导地位，而将解决问题的责任转交给了咨询师，导致来访者在不被询问的情况下，通常会陷入沉默，不再主动探究，对咨询师的信任程度也会下降。

第四，运用"轻微鼓励"的方法。轻微鼓励指的是在交谈的过程中，咨询师会利用一些词组，或者是复述来访者交谈中的1～2个关键词或语气词，或者是通过点头、注视等表情动作，来支持对方继续说下去。

第五，不要连续提问。在咨询师发问之后，若来访者提供了某些重要信息，咨询师应以"认同"回应，而非继续追问，因为认同会激发来访者对自我的更深层次认识和探索。

第六，要善于运用积极性提问。积极性提问指的是，能够让来访者在回答问题时产生积极回答的提问方式。

第七，避免判断性提问。这些带有主观色彩的问题通常都是咨询师自己对来访者的一种评价，而来访者会觉得咨询师并不了解自己。

（3）重复。

所谓的重复，指的是咨询师根据来访者所描述的内容，挑选出最关键的一点，并将这一点重复一次，让来访者对自己所说的那一点进行更多的解释，或者按照重复的方向进行交谈。来访者的描述为对话打开了一扇门，而咨询师的复述则会把对话引向一些重要的话题，并进行更深入的讨论。

第一，重复技术的适用时机及注意事项。在咨询过程的各个阶段都可以采用重复性的方法。咨询师所复述的内容应为来访者陈述中的重要话题，或是来访者当时的感受与想法，而非咨询师自己的重复。一般来说，来访者描述的最后一段语言的信息才是最重要的，来访者可以选择这一段内容来进行重复。

第二，重复技术的功能。重复技术的功能为：①帮助咨询师加深对来访者的认识。②帮助来访者对自己有更多的认识。③确定谈话的方向。

（4）澄清。

澄清是一种技巧。咨询师要对已经找到的漏洞进行及时澄清，否则只会导致谎言的出现。初入心理咨询行业的人，往往会害怕澄清事实，担心来访者感到不受尊重。在事情没有弄清楚之前，先说一句："我是这么理解的，你不介意吧？"之类的问题，这样能更好地解决误解，减少双方的紧张感。

第一，澄清的目的。澄清能使来访者所要传达的信息更清晰，也能证实咨询师对访问者感知的精确性。①鼓励当事人提供更多的细节。②核实来访者所讲内容是否准确。③理清模糊的信息。

第二，澄清的基本步骤。①要确认来访者的言语和非言语信息的内容。②确认任何需要检查的含糊和混淆的信息。③确定恰当的开始语，要使用疑问（不是反问）的口气。④要通过倾听和观察来访者的反应来评估澄清反应的效果。

2. 心理咨询的非言语技术

会谈就是所谓的会面和谈话。在这种情况下，会谈的双方并不只是通过对话来进行沟通，还可以通过眼神的接触、身体的姿态等来进行沟通。在会谈中，来访者的话语中也会有一些暗示，尤其是当他们情绪激动的时候，咨询者需要更多的关注。

（1）目光接触与身体语言。

在会谈过程中，咨询师与来访者的眼神交流和肢体动作所形成的肢体语言，是决定咨询成败的关键因素。当一个咨询师准备开始一次会谈时，应该看着他的谈话对象并与来访者的目光保持自然的接触，以显示对他的关注。

在来访者说话的时候，如果咨询师看着来访者的眼睛，对方同样也可以了解咨询师。来访者能够了解他们的意见是否被咨询师仔细倾听，能否被接纳，能否被理解。通过他们的眼神，咨询者能够传达出诸如同情和理解、尊敬和关心之类的信息。所谓眼神交流，就是指咨询师必须把注意力集中在自己的眼睛上，在咨询师听别人说话或讲述的时候，可以直视对方的眼睛；当咨询师在讲话解释时，这种视线的接触可比听对方谈话时少些。也就是说，当来访者说话的时候，咨询师必须用眼神来表达他的专注；而当咨询师在讲话时，眼神可以适当离开来访者。

人类的肢体语言非常丰富，比如站姿、坐姿、举手投足等，都可以用肢体语言表达出来。在各自的生活经验中，人们可能会养成一些自己特有的习惯，比如习惯双手抱臂而立，或说话时爱在室内走动，或坐在自己的办公桌上，或思考问题时经常会抖动双脚，或在解释时喜欢使用多种手势等。不同文化的人们在肢体语言上也会表现出其他的差异，例如，"V"型动作暗示着胜利，耸了耸肩暗示着"无可奉告"，等等。

心理咨询师在面对来访者时，应该将自己的肢体语言与心理咨询活动相结合，以促进心理咨询活动的进行。较为合适的行为表达方式：第一次见面，可以握手以示欢迎和接受。如果有人不喜欢，也可以不和他握手，但需要站起来，让他坐下来。在整个咨询过程中，要让自己保持一个舒服、自在的姿势，与此同时，还要表现出对对方的重视，可以让自己与对方面对面，将身体稍稍偏向来访者，并通过点头等方式来表达自己对来访者谈话的关注。在解释问题的时候，可以通过一些肢体语言来增强语言的效果，但是要注意使用的适度，不要让动作看起来太过夸张。每一次面谈后，咨询师都要站起来送客，这既是礼貌，又显示了咨询师对待来访者的主观态度。

（2）其他非言语性技巧。

除眼神交流和肢体语言外，还存在着其他的非语言技巧，如说话的语气、语调和语速都是很重要的。在心理咨询的过程中，更多的是依赖于咨询师的语言，这就要求咨询师能够将自己的语音、语调运用得很好。当来访者倾听咨询师说话时，咨询师所说的话是他认为合理化的东西，而他从语调和语气中感觉到的是某种态度和情感，但其实并不仅仅是这样，而是还能诱发来访者的情感。所以，心理咨询师的声音必须让来访者感觉到温暖、舒服，有兴趣继续听下去。每一个人的嗓音都不一样，但重要的是，说话时要带着对对方的共情、理解和关切去讲话。只有这样，说出来的话，才能吸引人的关注。

当咨询师在讲话时，也要留意使用其他技巧。比如，不能在发音上保持平静，否则就会让人觉得乏味、无趣；说话要有一定的节奏感，有变速，有停顿，这样才能让咨询师的语言更有生气，更有魅力；说话的时候，要尽可能说得清晰，让对方能听清楚，若说得模棱两可，只会让人起疑心。此外，咨询师说话的速度不能太快也不能太慢，太慢的话会让人觉得拖沓，不够简洁，太快的话又会让人跟不上节奏，所以说话的速度要适中。此外，在对话中把握好停顿，可以帮助来访者思考问题。说话停顿并不是为了给对话留出空间，其作用主要表现在三方面：①留下言语的余韵。②求得同意、领会。③增强听者的注意力，使听者真正投入谈话中。

座位的角度也是其他非言语性技巧之一。椅子若面对面，来访者会感觉有压迫感，不理想。椅子并排被称为情侣坐法，但咨询师与来访者会谈时应保持一定的专业关系，故也不理想。也有人促膝而谈，但若遇到激动的来访者，会很危险。90°为较适宜的方式，这种坐法容易看到对方，也方便记录。

3. 心理咨询的其他通用技术

（1）结构化技术。

所谓结构化技术，是指对心理咨询的性质、限度、角色、目标及特殊关系所做的解释，包括心理咨询时间的限制、需要晤谈的次数、保密性问题、可能出现的其他问题和应有的期待等，也可以包括理论构架、咨询关系、咨询环境及相关程序。在心理咨询之初，就将这些情况向来访者说明和解释，可以减少来访者不当或更高的期望。

心理咨询往往需要经过多次的晤谈了解情况，每次晤谈的间隔时间也是颇有讲究的，尤其在咨询的第二阶段，既不能太长，也不能太短。每次间隔都是来访者消化前次咨询的内容、根据启发做进一步反省和领悟、实践阶段性目标要求、完成布置的作业的过程，与晤谈一样是心理咨询的重要组成部分。间隔时间一般以1～2周为宜。间隔太长不利于整个咨询过程的连续性，容易造成前后脱节，来访者的变化过程无法得到咨询师的及时指导和帮助，从而影响咨询效果。间隔太短，则不能有效地实现间隔阶段的治疗价值，不能体现咨询师指导、帮助来访者自治的咨询本质，容易造成来访者对咨询师的过分依赖，从而影响咨询效果，也使咨询师接待来访者的时间和精力被耗费。除非是来访者处于情绪危急状态，需要咨询师助其迅速缓解以应付正常生活，在这种情况下咨询的间隔时间可以适当缩短，但这种缩短也应是暂时性的。

结构化技术的功能。具体来说，主要有：

第一，减少来访者的疑惑与不切实际的愿望。如来访者认为：咨询师是个万能的人，有能力帮助他解决任何问题；自己只需等待咨询师的建议；问题可以很快得到解决；咨询只是听咨询师分析，找出问题的原因。这些想法都是错误的。

第二，协助来访者了解咨询过程，以减少来访者的焦虑。

第三，协助来访者做准备，以利于咨询的进行。

结构化技术的适用时机及相关程序。在咨询开始时，咨询师向来访者说明从咨询开始到结束的要素；在咨询过程中，咨询师进行每一项活动时，都有必要向来访者说明活动进行的方式、来访者在活动中的角色，好让来访者决定是否同意参与。

（2）评估。

咨询方法虽是咨询师与来访者共同研究选定的，但并不表明这些方法一定合适，也不能保证来访者会很好地实施，因此，需要对咨询方法进行评估。咨询方法的评估不应在问题处理终结的时候才进行,而需在运用咨询方法的同时注意收集有关资料,这样才能及时发现问题或是调整咨询方法,或是帮助来访者改变对咨询方法使用不当、投入不够的状态。

评估通常从整体的角度出发,以咨询目标为参照点,评估来访者进步的情形。评估资料的来源则主要是来访者,而其生活环境中的重要人物也是评估的资源之一。为收集评估资料,常采用的方法有以下三种:

第一,由咨询者向来访者提出问题,要求其做出回答。

第二,由咨询师通过观察收集资料。咨询师通常可以从与来访者的晤谈中观察其现实的情绪状态、认知特点、行为方式,也可以通过来访者生活环境中的重要人物了解其认知、情绪、行为的变化情况。

第三,指导来访者用写日记或咨询体会的方式收集资料。这既可以让咨询师了解来访者运用咨询方法的情况和效果,又可以使来访者自我改变。如果自我改变的结果显示其正在朝咨询目标的方向发展,那么这对来访者是一种鼓励,能增强来访者的信心;反之,也会通过言语和非言语反馈给咨询师。

(3) 结束咨询过程的技术。

要让来访者认识到整个咨询工作即将结束,咨询关系也即将终止,这样才能让他对咨询结束后的生活有个心理准备,避免结束的突然性,以及由此而产生的恐慌。

要做到这一点,就需要让来访者知道,他们的心理问题已经基本上解决了,他们已经在咨询中积累了丰富的经验,提高了自己应对问题的能力,能够独自应对各种生活环境。同时,咨询师还应对来访者许诺,在需要的时候,可以给予他关怀和协助,让他不会有任何的后顾之忧。特别要注意的是,在对来访者提出结束咨询的问题时,要尽量用平静的语气,使来访者觉得这是一件很自然、很平常的事。其实,用一种温和、委婉的语气来解释,要比用一种很热情的方法来解释,效果要好得多。

逐渐结束的方式也是一种常用的结束方式。逐渐结束的方式有两种:一是延长两次会面之间的间隔,如咨询师原本一周一次会见,在会见结束时可以延长到两个星期或一个月一次;二是把谈话的时间从原来的一次谈话一小时的时间缩短到半小时或更少。

二、大学生辅导员团队建设

（一）辅导员在心理健康中的作用

1. 促进辅导员工作科学化和专业化

大学生辅导员是大学生思想政治工作的重要组成部分，也承担着学生管理的重任。在实际工作中，很多学生的思想和行为问题都是由于心理问题造成的。随着时代的进步，对大学生的心理健康教育提出了更高要求。所以，对高校辅导员队伍进行培养，让他们拥有一定的心理学知识和心理咨询技巧，具备对学生进行心理素质教育的能力，这是在新形势下我国辅导员工作科学化、专业化的必然要求。

2. 深化并普及高校心理素质教育

辅导员是大学生思想政治工作的中坚力量。辅导员是高校的一线学生工作教师，不仅承担着对大学生进行思想政治教育和管理的任务，还承担着对学生进行心理辅导，促进学生心理健康成长的任务。教师在工作中与学生接触最多，对学生也最熟悉，因此，教师可以更好地发现学生存在的心理问题，并对其进行引导。依靠广大的辅导员，开展学生的心理素质教育，并开展心理辅导，这将有助于解决由于高校心理咨询专家数量不足而造成的心理素质教育的普及性不够，以及学生普遍存在的心理问题得不到及时疏导等问题，从而可以有效地落实对大学生的心理素质教育。

（二）辅导员在心理健康中的角色

虽然高校辅导员开展心理辅导很重要，他们承担着对学生进行心理素质教育和对学生一般心理问题进行辅导的功能，但是辅导员不是专业的心理咨询师，其角色与功能有别于高校心理咨询教师。高校辅导员在心理辅导工作中有其独特的角色定位和作用。在高校心理健康教育中，辅导员的角色主要有以下五个方面：

1. 大学生心理成长促进者

大学生处于人生发展的重要时期，辅导员应该结合日常学生工作，开展丰富多彩的心理健康教育和团体成长活动，促使大学生提高自我认识、增强人际关系；培养多种能力、磨炼意志、开发潜能；使其拥有正确的人生态度，树立正确的人生理想。

2. 大学生心理困惑疏导者

辅导员工作在大学生教育第一线，是学生工作的直接管理者。他们的工作特点使其与学生接触更广泛、更亲密，因此更容易与学生建立相互信任和尊重的关系，他们同学生的接触时间长，与大学生年龄相仿，生活阅历和成长背景与大学生接近，与学生有较多的共同兴趣爱好和话题，对学生的个性特征、家庭状况、人际关系等方面有比较清楚的了解，便于及时发现学生潜在的心理问题，能够对学生常见的心理问题进行及时疏导和提供建议，帮助学生及时解除心理困惑。在学生心理健康日常的维护上，高校辅导员扮演着不可或缺的角色。

3. 大学生心理咨询推荐者

辅导员是大学生心理问题的第一发现人，他们可以及时推荐有严重心理问题的学生到专业的心理咨询和心理治疗机构接受咨询和治疗。当学生有了心理问题不能主动求助时，辅导员可以对学生进行说服工作，帮助他们改变对心理咨询和心理治疗的不正确认识，去掉疑虑，主动寻求心理帮助。所以辅导员在学生和心理咨询中间起着重要的桥梁作用。

4. 大学生心理康复支持者

对于一些接受过心理咨询和治疗、正处于心理康复期的学生，重要的是让他们回归正常的社会生活。辅导员应当接纳这些学生到正常的学习生活中来，关心他们的学习和生活，解决他们的实际困难，发动周围同学给予其关爱，鼓励他们参加集体活动，培养其社会适应发展能力，协同专业机构对其进行辅导，巩固咨询和治疗效果，使其尽快恢复健康。

5. 大学生心理危机干预者

辅导员可以广泛地对学生进行心理危机预防干预教育，及时识别有危机的学生，对其进行及时转介和干预，可以有效预防大学生心理危机。学生心理健康的危机事件是学校工作的重点，学生心理健康危机事件有偶然性、突发性、伤害性大、影响面大、社会关注度强且处理过程复杂、工作难度大的特点，一个危机事件出现需要几个月甚至几年的时间来处理。

辅导员对上可以求助于学校心理中心的专业心理指导教师，对下可以调动学生党员、干部等群众力量，对外还可以及时与家长沟通，充分调动各方面的资源，共同帮助有心理问题的学生，因而辅导员在学生心理健康危机事件预防和应对的具体落实上发挥着重大作用。此外，有一些辅导员还要承担一定数量的大学生心理健康课程的教学任务，因此，他们也担任着心理健康课程的教师角色。辅导员要胜任职务角色，就需要学习和借鉴心理咨询的理论与方法，接受心理辅导能力的培训。

（三）辅导员心理辅导专业技能培训

对辅导员进行心理辅导技能培训是提高辅导员心理辅导能力的重要措施。它既是辅导员自身成长的需求，也是当代辅导员在学生工作中的需求。

1. 心理辅导专业技能培训的目的

心理辅导技能的培训是促进辅导员个人成长，保持身心健康的需要。从辅导员自身的个人成长来看，高校辅导员要承担学生的思想政治教育、管理、资助、就业指导与生涯规划、心理健康教育、心理危机预防干预工作，还要承担相关的一些课程和研究工作，学校各部门中与学生直接有关的工作都要通过辅导员来具体落实。学生中危机事件的发生不仅给辅导员增添了许多工作量，也会对辅导员的身心造成影响。

除工作之外，辅导员自身还承受着各种生活的压力，如个人的学习、进修、发展等。对辅导员进行心理素质教育能力的专业培训，可以帮助辅导员们运用所学的心理学理论和方法调整自己的心态，增加自我认同感和自我价值感，积极乐观地面对生活和工作，提升心理健康水平，促进个人成长。

心理辅导技能的培训也是辅导员专业化发展的需要。高校辅导员绝大多数是非心理学专业毕业的，在专业素养和专业能力方面都存在欠缺，大多缺乏系统严格的训练。在日常的学生工作中，如何与学生进行深层的心理沟通，如何了解各类学生的心理特点，怎样疏导学生的不良情绪，怎样识别精神疾病和心理危机是辅导员需要具备的工作技能，辅导员迫切需要接受心理辅导的相关培训，需要掌握心理学的相关理论和心理咨询的方法，提升自身的专业化能力，科学化地做好学生工作。

2. 心理辅导专业技能培训的内容

高校辅导员心理辅导专业技能培训的目标包括：通过培训使高校学生心理辅导员能够掌握与大学生心理辅导相关的专业知识；具备大学生心理辅导的操作技能；能够运用所学的心理辅导知识和技能开展本院系、本班级的心理素质教育工作，与学生进行心理沟通，对学生进行心理疏导及危机预防干预；促进辅导员自身心理健康与自我成长。高校辅导员心理辅导专业技能培训内容包括以下方面：

（1）辅导员自身心理健康与成长培训。

通过学习有关心理健康的理论，帮助辅导员了解心理辅导员个人成长的意义，明确辅导员的心理素质要求，学习心理调节的方法和促进心理辅导员个人成长的有效措施，使辅导员能够提升自我认识，正确处理压力，保持心理健康。

（2）心理咨询理论与方法培训。

个体心理咨询的理论与方法包括：心理咨询的定义、心理咨询的伦理道德、心理咨询关系的建立、心理咨询与思想政治教育的关系、我国高校心理咨询的发展、个体心理咨询的基本过程及常用技术（包括尊重、真诚、共情、非语言沟通技术、倾听技术、提问技术、影响技术等）；心理咨询的基本过程；心理咨询计划和方案的制订与实施；心理咨询的基本理论流派（包括精神动力学理论、人本主义理论、认知行为理论等）。另外，还有团体心理咨询的理论与方法，包括团体心理咨询的基本理论、团体心理咨询的主要阶段、团体心理咨询的基本方法、班级心理辅导的组织实施等。

（3）大学生心理健康专题培训。

大学生心理健康专题培训包括：大学生心理健康的概念、大学生心理健康的标准、心理健康对大学生成才发展的意义、大学生常见心理问题的表现及鉴别、大学生常见的心理问题及教育（大学生的自我意识、适应与发展、人际交往、情绪管理、恋爱心理、挫折应对等），还有开展高校心理素质教育活动的途径和方法等。

（4）大学生心理危机识别与预防干预培训。

大学生心理危机的识别与预防干预包括：心理危机及心理危机干预理论；心理危机的干预模式与干预技术；心理危机的发现与识别；高校心理危机预防干预体系的实施；高校心理危机干预的流程；高校心理危机干预案例分析。此外，大学生心理测量的基本方法也是培训内容之一，包括心理测量的基本原理及应用、心理测量的伦理要求、大学生常用心理健康相关量表的使用等。

对于辅导员的心理辅导技能培训，要采取理论联系实际的方法。引导辅导员在教学过程中结合自己的生活经历、成长过程、工作实际和心理活动进行学习和思考，自觉运用学习的相关理论，分析工作、生活、发展中遇到的实际问题。培训要有集中性的理论培训，也要注重实践环节，以培养辅导员的实际应用能力为目标，引导辅导员把学习的理论与方法运用到大学生思想政治教育中，运用到本校心理健康教育中，增强工作的科学性和实效性。对辅导员的学习与应用进行督导，可以帮助他们在实际工作中更好地运用心理辅导的理论和方法，因此，培训中要设置专业督导的环节。

参考文献

[1] 张萍,彭德珍,于婷.大学生心理健康教育[M].重庆:重庆大学出版社,2022.

[2] 王坚,谢康.大学生心理健康教育[M].苏州:苏州大学出版社,2022.

[3] 王珲.大学生心理健康教育[M].北京:北京理工大学出版社,2022.

[4] 赵燃,侯舒艨,华丹.大学生心理健康教育[M].哈尔滨:哈尔滨工业大学出版社,2021.

[5] 王祖莉,简洁.大学生心理健康教育[M].北京:北京理工大学出版社,2021.

[6] 张龙,梁超.大学生心理健康研究[M].昆明:云南大学出版社,2022.

[7] 杨惠.大学生心理健康教育:理论与实践[M].武汉:华中科技大学出版社,2022.

[8] 陈小梅.大学生心理健康教育[M].厦门:厦门大学出版社,2019.

[9] 格桑泽仁.大学生心理健康[M].2版.成都:四川大学出版社,2019.

[10] 郭志刚,赵四平.大学生心理健康指南[M].北京:中国原子能出版传媒有限公司,2020.

[11] 何杰民,王梦梅.大学生心理健康与积极成长[M].重庆:重庆大学出版社,2021.

[12] 李锦云.大学生心理健康辅导[M].北京:北京理工大学出版社,2020.

[13] 刘峘,刘岳.大学生心理健康教育[M].成都:电子科技大学出版社,2020.

[14] 刘新民.大学生心理健康的维护与调适[M].4版.合肥:中国科学技术大学出版社,2020.

[15] 乔瑜,王云,童放.心理健康教育导论[M].武汉:华中科技大学出版社,2022.

[16] 沈沛汝.大学生心理健康教育理论与实践[M].北京:北京航空航天大学出版社,2020.

[17] 王刚,曹菊琴.大学生心理健康教育[M].北京:北京理工大学出版社,2020.

[18] 王清, 王平, 徐爱兵. 大学生心理健康教育[M]. 苏州: 苏州大学出版社, 2022.

[19] 王文科. 大学生生命与心理健康教育[M]. 北京: 北京理工大学出版社, 2020

[20] 吴爱梅, 潘俊勇. 大学生心理健康教程[M]. 北京: 北京理工大学出版社, 2020.

[21] 徐英杰, 陈凯. 大学生心理健康[M]. 3版. 厦门: 厦门大学出版社, 2020.

[22] 薛春艳. 生命教育视野中的大学生心理健康教育研究[M]. 武汉: 华中科技大学出版社, 2020.

[23] 任晖, 刘小松, 向松林. 大学生心理健康[M]. 北京: 中国言实出版社, 2020.

[24] 曾巧莲, 邬华, 刘家金. 大学生心理健康教育教程[M]. 西安: 西安电子科技大学出版社, 2019.

[25] 苏碧洋. 大学生心理健康教育与辅导[M]. 2版. 厦门: 厦门大学出版社, 2019.

[26] 李宁. 大学生心理健康与自我管理研究[M]. 秦皇岛: 燕山大学出版社, 2020.

[27] 刘岗. 高校大学生心理健康教育工作创新研究[M]. 北京: 北京工业大学出版社, 2021.

[28] 阎晓军. 心理健康教育[M]. 沈阳: 东北大学出版社, 2021.

[29] 瞿珍等. 大学生心理健康[M]. 上海: 华东理工大学出版社, 2018.

[30] 谷庆明. 大学生心理健康自助教育[M]. 长春: 吉林人民出版社, 2021.

[31] 齐斯文, 贺一明, 吴迪. 大学生心理健康[M]. 长春: 吉林出版集团股份有限公司, 2018.

[32] 吕明, 倪娜. 大学生心理健康教育[M]. 西安: 陕西师范大学出版总社, 2018.

[33] 黄晞建, 朱健. 高校心理健康教育理论与实践[M]. 上海: 上海交通大学出版社, 2015.

[34] 陈秀清, 胡平贵. 大学生网络依赖行为与心理健康研究[M]. 长春: 吉林大学出版社, 2017.

[35] 林娟, 杨晓阳, 王悦. 高校学生思想政治教育与心理健康[M]. 长春: 吉林文史出版社, 2016.

[36] 黄慧琳. 高校大学生思想政治教育与创新能力培养探索[M]. 成都: 电子科技大学出版社, 2017.

[37] 陆洪, 宋彤. 大学生心理健康教育与发展[M]. 北京: 北京理工大学出版社, 2017.

[38] 罗春秋.大学生心理问题研究[M].长春：吉林人民出版社，2017.

[39] 王彩英，王兵，朱贵喜.当代大学生心理健康教育[M].北京：科学出版社，2011.

[40] 许德宽，朱俊梅.大学生心理健康教育[M].北京：清华大学出版社，2009.

[41] 张建平，李璐.心理健康指导手册[M].北京：国家行政学院出版社，2013.

[42] 臧平，张金明.大学生心理健康教育[M].北京：高等教育出版社，2012.

[43] 张金明，蒲文慧，陆时莉.大学生心理健康教育[M].北京：北京邮电大学出版社，2011.

[44] 王玉杰.大学生心理健康[M].北京：北京工业大学出版社，2018.

[45] 齐斯文，贺一明，吴迪.大学生心理健康[M].长春：吉林出版集团股份有限公司，2018.

[46] 张冬梅，谷丹.大学生心理健康教育[M].北京：北京邮电大学出版社，2018.

[47] 许德宽.大学生心理健康教程[M].北京：现代教育出版社，2009.

[48] 李艳.大学生心理健康教育[M].北京：北京邮电大学出版社，2017.

[49] 张金明，蒲文慧.大学生心理健康教育教程[M].北京：北京邮电大学出版社，2015.

[50] 辛勇，陈幼平，杨慧珍，等.大学生心理健康教育[M].北京：科学出版社，2017.

[51] 朱卫嘉.大学生心理素质培养与训练[M].成都：西南交通大学出版社，2001.

[52] 刘建锋，石静.大学生心理健康教育[M].上海：上海交通大学出版社，2016.

[53] 王丽.高校音乐教育与大学生心理健康问题研究[M].西安：世界图书出版西安有限公司，2018.

[54] 熊焰.基于网络环境的高校学生心理健康教育研究[M].北京：北京工业大学出版社，2018.

[55] 贾腊江.大学生健康促进与健康教育[M].西安：陕西科学技术出版社，2018.

[56] 程刚，黄黎，浦晓黎，等.大学生心理健康教育教程[M].杭州：浙江大学出版社，2018.

[57] 汪峰.高校辅导员心理健康教育能力研究[M].芜湖：安徽师范大学出版社，2018.

[58] 李泽艳.新媒体下大学生心理健康教育路径思考[J].中国报业，2023（4）：146-147.

[59] 杜炳鉴.探究大学生心理健康教育管理体系的构建与优化[J].区域治理，2022

（37）：23.

[60] 钱宇凤.积极心理学视域下的大学生心理健康教育[J].赤子，2021（33）：11.

[61] 陈四兰.贫困大学生心理健康教育模式构建思路探索[J].心理月刊，2020（7）：1.

[62] 张颖.大学生心理健康教育的积极作用及实施对策[J].启迪与智慧（下半月.儿童版），2021（10）：26.

[63] 马建新,王竝,赵永兵.儒家式应对思想在大学生心理健康促进中的运用[J].江苏高教，2022（3）：97-101.

[64] 宋斌.高校大学生心理健康教育体系探析[J].当代教研论丛，2019（3）：1.

[65] 潘苗,张三强,周升生,等.应激状态下大学生心理健康相关影响因素及应对方式[J].中国健康心理学杂志，2021，29（2）：309-313.

[66] 王丽聪.新形势下大学生心理健康现状与教育[J].科学大众：科学教育，2020（2）：1.

[67] 王琳娜.将传统文化融入大学生心理健康教育中的意义及对策[J].传播与版权，2019（9）：2.

[68] 王庆林.新媒体时代大学生心理健康教育工作的思考[J].菏泽学院学报，2019,41(3)：59-62.

[69] 谢阳熙.网络时代大学生心理健康教育的路径探索[J].食品研究与开发,2020,41(22)：后插23.

[70] 刘亚敏.积极心理学视角下高校大学生心理健康教育策略分析运用[J].邯郸职业技术学院学报，2022，35（2）：68-71，74.

[71] 李冰岩.民办高校大学生心理健康问题及对策研究[J].中文科技期刊数据库（全文版）教育科学，2023（4）：4.

[72] 马珺,黎雯霞,曹萌.大学生心理健康教育课程师生互动效果研究[J].卫生职业教育，2022，40（15）：51-53.

[73] 汪明贺.信息时代下当代大学生心理健康分析及危机干预[J].时代人物，2022（24）：17.

[74] 许淑琴,陈丽华,哈斯其美格.高校大学生心理健康教育的系统化探究[J].科教导刊，2022（5）：130-133.

[75] 韩劢.大学生心理健康教育课程内容建构刍议[J].教师博览：下旬刊，2022（2）：3.

[76] 王文波. 探究基于移动互联网的大学生心理健康服务体系构建[J]. 互联网周刊, 2023（8）: 18.

[77] 任小溪. 互联网时代背景下大学生心理健康教育实效性提升策略研究[J]. 俏丽·教师, 2022（7）: 16-18.

[78] 许芬. 构建和谐社会进程中的大学生心理健康教育研究[J]. 中文科技期刊数据库（全文版）社会科学, 2022（12）: 3.

[79] 宋博. 公共危机视域下提升大学生心理健康的策略[J]. 船舶职业教育, 2022, 10（1）: 66-69.

[80] 刘文娟. 大学生心理健康协同保障机制构建途径探析[J]. 山东开放大学学报, 2022（4）: 62-64.

[81] 张佳. 心理咨询技术在大学生心理健康教育课程中的运用[J]. 黑龙江科学, 2022, 13（21）: 109-111.

[82] 何忠霞, 张凯丽. 积极心理学融入大学生心理健康教育研究[J]. 中国科技经济新闻数据库教育, 2022（12）: 4.

[83] 张栩尘, 张晓阳. 网络文化视域下大学生心理健康教育的有效路径探讨[J]. 中国科技经济新闻数据库教育, 2022（10）: 3.

[84] 王婧艳, 马苗苗, 刘宇, 等. 心理育人背景下大学生心理健康教育教学改革策略研究[J]. 教育信息化论坛, 2022, 6（11）: 2.

[85] 孙春艳. 基于媒体融合的大学生心理健康教育实施路径[J]. 科教导刊, 2022（11）: 128-130.

[86] 郭鸣晓. 高校辅导员开展大学生心理健康教育的途径及策略[J]. 现代职业教育, 2020（39）: 200-201.

[87] 孔璞. 高校思想政治与心理健康教育协同育人探究[J]. 湖北开放职业学院学报, 2020, 33（17）: 79-80.

[88] 章小慧. 高校有效开展大学生心理健康教育工作探索[J]. 开封文化艺术职业学院学报, 2020, 40（9）: 15.

[89] 张虹. 试论积极心理学视域下大学生心理健康教育的可行性路径[J]. 现代职业教育, 2020（36）: 202-203.

[90] 杜妍.新时期高校大学生心理健康教育的现状及改善路径[J].科学咨询(科技.管理),2020(9):10.

[91] 刘冬.将传统文化融入大学生心理健康工作中的意义及对策[J].传播力研究,2020,4(24):15-16.

[92] 吴苑.新时代高校大学生心理健康教育的实践探索[J].佳木斯职业学院学报,2020,36(8):147-148.

[93] 黄雪松.辅导员在大学生心理健康教育中的角色探讨[J].文化创新比较研究,2020,4(21):35-37.

[94] 刘佳.新时期高校大学生心理健康教育中存在的问题与对策研究[J].文化创新比较研究,2020,4(19):22-24.